사울이 스데반을 만났을 때

한글과 진리는
바르고 정갈한 한글 그릇에 진리인 하나님 말씀을 담습니다.
한글과 진리는
온 국민이 한글 교재로 사용할 수 있는 책을 만들어, 한글 창달에 기여합니다.
한글과 진리는
신자를 진리로 무장시키는 사명을 수행합니다.

사울이 스데반을 만났을 때

일러두기

1. 성경 구절은 개역개정판을 인용합니다.
2. 인명, 지명 등 고유 명사는 그 사람 혹은 그 지역이 속한 국가의 국어 발음에 따릅니다. 예컨대, 어거스틴은 아우구스티누스, 카알 5세는 카를 5세 등입니다.
3. 세계사나 세계 지리에서 아주 유명한 인명, 지명 등이 성경에 나온 경우, 학교에서 배우는 이름을 먼저 쓰고 성경 표기는 우측에 작은 글씨로 병기합니다. 예컨대, 아구스도는 아우구스투스아구스도, 다메섹은 다마스커스다메섹 등입니다.
4. 한글과 진리의 띄어쓰기는 1988년에 개정된 "한글 맞춤법"에 따라서, 국립 국어원 자료, 초·중·고국어 교과서, 각종 국어 사전을 참고하여 결정합니다. 그래도 불명확한 경우에는 한글과 진리가 문법적이고 합리적이라고 판단한 바에 따릅니다.

서울대 입구 역의 돋는 해 교회
양봉석 담임 목사님과
돋는 해처럼 순전하신 성도들에게
이 작은 책을 바칩니다.

목차

일러두기 | 4
헌사 | 5
소중하신 독자께 | 8

1부 참다운 믿음 14

01 도마의 믿음 17
02 오직 의인은 믿음으로 25
03 믿음은 들음에서 35
04 은사로서의 믿음 43
05 하나님의 일 51
06 사랑과 믿음 61

2부 믿음의 대상 68

07 삼위일체 하나님 71
08 창조와 믿음 79
09 자존자自存者 하나님 89
10 하나님의 전능성 97

3부 "오호라 나는 곤고한 사람이로다" 106

11 하나님의 인간 사랑(1) 109
12 하나님의 인간 사랑(2) 117
13 아담의 타락 125
14 원시 복음 133
15 새로운 살 길 143
16 예배의 대상 151
17 하나님의 재창조 159

4부 인간이 되신 하나님 **168**

- 18 마리아의 희생 **171**
- 19 요셉의 순결한 결혼 **179**
- 20 영광 그리고 평화 **187**
- 21 새벽 아직도 밝기 전에 **195**
- 22 겟세마네 기도 **203**
- 23 빌라도 총독 **213**
- 24 십자가에서 내려올지어다 **223**
- 25 엘리 엘리 라마 사박다니 **231**
- 26 성전 휘장이 찢어지다 **241**
- 27 부활의 증거 **249**
- 28 부활의 첫 열매 **257**

5부 만남과 변화 **264**

- 29 창조적 변화 **267**
- 30 사울이 스데반을 만났을 때 **277**
- 31 자기 개혁자의 행로 **287**
- 32 아버지를 알려 주재! **295**
- 33 기독교 명문가의 시조 **305**

소중하신 독자께

사무실을 나오노라면, 맞은편 건물 모니터에서 항상 설교 방송이 나옵니다. 이처럼 우리는 언제 어디서나 쉽게 설교를 접할 수 있습니다. 그런데도 성도들은 여기저기 말씀을 찾아다니곤 합니다. 그런 분들 앞에서 아모스가 전한 하나님 말씀을 떠올리는 건 불경한 일일까요?

> 보라 날이 이를지라 내가 기근을 땅에 보내리니 양식이 없어 주림이 아니며 물이 없어 갈함이 아니요 여호와의 말씀을 듣지 못한 기갈이라 사람이 이 바다에서 저 바다까지 북쪽에서 동쪽까지 비틀거리며 여호와의 말씀을 구하려고 돌아다녀도 얻지 못하리니 그 날에 아름다운 처녀와 젊은 남자가 다 갈하여 쓰러지리라 (암 8:11~13)

15세기 중엽 독일 구텐베르크1400~1468가 발명한 금속 활자는 인류 문화 발전에 헤아릴 수 없는 공헌을 했습니다. 마르틴 루터 1483~1546의 종교 개혁도 금속 활자 덕택에 가능했습니다. 금속 활자에 부작용 같은 건 없었습니다. 그런데 20세기 후반에 득세한 미디어媒體의 변화는 경우가 좀 다른 듯합니다. 언어 기반의 매체에서 이미지 기반의 전자 매체로의 변화는, 인간의 감성 발달을 저해할 뿐만 아니라 기형화합니다. 또, 전자 매체의 이미지영상는 속도가 빨라서, 사람에게 생각할 틈을 주지 않습니다. 미국의 신학자, 목회자, 미디어 생태학자인 데이비드 고든은, 바로 그 때문에 설교 잘하는 목사가 드물다는 분석을 내놓았습니다. 전자 매체가 발달할수록, 책 읽기와 글쓰기 능력이 떨어져 소위 책맹册盲 문화가 진행되고, 목회자의 감성 능력이 저하되기 때문이랍니다.

  한글과 진리의 설교집 출간은, 전자 매체 시대의 책맹 문화가 더 깊어지기 전에, 벼랑으로 내달리고 있는 교회의 영적 환경을 조금이나마 개혁하고 싶은 외람된 충정의 발로입니다. 개혁은 없던 것을 새로 만들어 냄이 아니라, 본질로의 회복입니다. 매체가 아무리 진화해도 하나님 말씀만은 정결한 시적詩的 감성으로, 묵상하면서, 언어 매체로 읽어야 하지 않을까요?

  한글과 진리는 첫 책으로『삼위일체 하나님과 구원』을 발행했습니다. 그 책에 보내 주시는 성원에 감사드리면서,『사울이 스데반을 만났을 때』를 두 번째 책으로 마련합니다.『삼위일체 하나님과 구원』은 개혁주의 구원론을 다룬 교리서이고, 본서『사울이 스데반을 만났을 때』는 교리 설교집이기 때문에, 둘은 쌍둥이라 할 수 있습니다. 교리서로 하나님 말씀을 공부해 본 독자라면 본서를 읽으면서, 설교를 통해 교리를 확인하고 감성이 촉촉해지고 영적 생활이 풍요로워지는 새롭고 놀라운 설교 경험을 할 것입니다.

이 책에 담긴 설교는, 서울대 입구 역 인근행운동에 위치한 돋는 해 교회에서 한 달간 실제로 행한 설교 작업의 결과물입니다. 언젠가부터 설교 원고에 소제목을 달아 일반 서적처럼 편집·출간하는 게 유행이 되었습니다. 외람되지만 저는 현장에서 설교한 그대로 책으로 펴내어, 설교를 '눈으로 듣는' 문화를 창달하고 싶은 거창한 꿈을 꾸고 있습니다. 그래서 활자화하기에 아주 어색한 경우를 제외하고는 단어조차 바꾸는 걸 삼갑니다. 그렇게 하는 것이 설교의 정직함이라는 나름의 지론 때문입니다. 새벽 설교 중에는 "사랑하는 새벽 교우 여러분!"이란 구절이 나오기도 합니다. 새벽 설교를 하노라면, 새벽을 지키는 성도들이 고맙고 소중해서 특별하게 불러 드리고 싶은 날이 있어서입니다. 또, 특정 교회에서 특별한 시기에 외인外人이 한 설교이기 때문에, 명칭도 일반화하지 않고 그대로 둡니다. 모쪼록 설교 현장과 설교자의 회중 사랑을 상상하시면서 눈으로 설교를 들어 주셨으면 좋겠습니다.

제가 돋는 해 교회 양봉석 목사님을 처음 만난 건, 몇 년 전 명봉 의료 재단 이사회에서였습니다. 양 목사님은 기업의 최고 경영자 출신으로, 정신과 전문의이신 재단 이사장 이기연 장로님의 고등 학교 및 대학 동문입니다. 사회 경험이 일천한 저는, 이 장로님과 교회 학교에서 동역한 인연으로 거기 끼게 되었습니다. 목사님은 저보다도 늦은 나이에 신학에 입문해서 돋는 해 교회를 개척했습니다. 양 목사님은 12년 만에 첫 휴가를 가기 위해, 때마침 지방 사역을 접고 서울로 귀환한 제게, 몇 달간 그분 자리를 지켜 달라는 요청을 했습니다. 아직 병아리 목사에 불과한 제가 그런 막중한 책임을 감당할 수 있을지 적잖이 걱정되었지만, 법과 대학 선배 목사님의 요청을 거절할 수는 없었습니다. 그렇지만 행여 교회에 누라도 끼칠까 봐 한 달로 제한했습니다.

돋는 해 교회는 작지만 여러 모로 특별한 교회입니다. 담임 목사님과 성도들이 친구처럼 친밀합니다. 외람되지만 그렇게 소탈하고 청빈한 목사님을 아직 본 적이 없습니다. 청년들에게는 석사, 박사 과정으로의 진학이, 고등 학교 3학년생의 대학 진학처럼 범상한 일로 여겨지는 듯합니다. 일본에 가서 GRE대학원 입학 학력 시험을 치는 청년도 있고, 해외 유학도 으레 있는 일입니다. 사법 시험에 합격하는 여자 청년도 생소한 정경이 아닙니다. 그런가 하면 초등 학교만 졸업한 어르신도 아무 거리낌 없이 당당하십니다. 성도들의 교회 충성도는 엄청 높은 반면, 교역자에의 신앙 생활 의존도는 아주 낮습니다. 성도가 저마다 신앙의 홀로서기를 한다는 뜻입니다. 교회 구성원의 응집력은 걱정이 될 정도로 강합니다. 응집력은 집단 발전의 원동력이지만, 어느 지점부터는 신입 회원의 유입을 방해하는 독이 되기 때문입니다. 그럼에도 불구하고 가족적인 분위기 덕택에 온 교우가 행복합니다. 교회가 그러하기에, 저는 설교를 통해 질 높은 영의 양식만 제공하면 되겠다는 판단을 했고, 성숙한 성도 덕택에 설교에 전심전력할 수 있었습니다. 설교, 설교, 또 설교……. 자나깨나 설교뿐, 제 삶은 완전히 중단되었습니다. 한 달을 그렇게 보내고 나니 책 한 권 분량의 설교가 쌓였습니다.

책을 출간할 때마다 그랬던 것처럼, 이번에도 한글 띄어쓰기 때문에 죽을 만큼 고뇌했습니다. 모국어를 가지고 있음은 더할 나위 없는 고마움이고 자랑입니다. "한글 맞춤법"도 있긴 합니다. 하지만 국어 사전끼리, 초·중·고 국어 교과서끼리, 국어 사전들과 국어 교과서들 사이에 불일치하는 띄어쓰기를 만날 때면, 난감하고 슬프기 그지없습니다. 한글 사랑 동지 이성민 목사님과 늘 한글 논의를 하기에 외로움은 덜어졌지만, 막막할 때가 있는 건 마찬가지입니다. 언제쯤이면 대한 민국 정부가 나서서, 이런 고단한 문제를 해결해 줄까요? 하긴, 대학의 교양 과목에서 국어가 제외되고, 고등 학생이 학교에서 국사를 제대로 배우지 못하는 게 작금의 현실이군요!

이제는 감사 인사를 드려야 할 차례입니다. 부족한 후배에게 담임 목회란 걸 경험하게 해 주신 양봉석 목사님께 감사드립니다. 한 달간 설교를 경청해 주시고, 지난 8월 초, 전 교인 수련회에서 교회론 특강으로 다시 만났을 때는, 고향 사람처럼 반갑게 맞아 주신 성도들에게 감사드립니다. 이번에도 편집과 디자인을 맡아 준 이성민 목사님에게 한결같은 감사의 마음을 전합니다. 이 모든 감사를 뭉뚱그려, 한글과 진리의 실질적 대표이신 하나님께 찬양의 큰절을 올립니다. 그리고 소중하신 독자 여러분 가정에 하나님 아버지의 사랑과 복이 햇살처럼 임하길 기원합니다.

저자 겸 발행인 소을순 올림

1부

참다운 믿음

01 도마의 믿음
02 오직 의인은 믿음으로
03 믿음은 들음에서
04 은사로서의 믿음
05 하나님의 일
06 사랑과 믿음

요한복음 20장 24~29절

열두 제자 중의 하나로서 디두모라 불리는 도마는 예수께서 오셨을 때에 함께 있지 아니한지라 다른 제자들이 그에게 이르되 우리가 주를 보았노라 하니 도마가 이르되 내가 그의 손의 못 자국을 보며 내 손가락을 그 못 자국에 넣으며 내 손을 그 옆구리에 넣어 보지 않고는 믿지 아니하겠노라 하니라 여드레를 지나서 제자들이 다시 집 안에 있을 때에 도마도 함께 있고 문들이 닫혔는데 예수께서 오사 가운데 서서 이르시되 너희에게 평강이 있을지어다 하시고 도마에게 이르시되 네 손가락을 이리 내밀어 내 손을 보고 네 손을 내밀어 내 옆구리에 넣어 보라 그리하여 믿음 없는 자가 되지 말고 믿는 자가 되라 도마가 대답하여 이르되 나의 주님이시요 나의 하나님이시니이다 예수께서 이르시되 너는 나를 본 고로 믿느냐 보지 못하고 믿는 자들은 복되도다 하시니라

도마의 믿음 01

　　김 목사님이 교육 전도사였을 때의 이야기입니다. 지금은 수만 명이 모이는 대형 교회의 담임 목사이지만 그분 역시 교육 전도사일 때는 아주 가난했습니다. 교육 전도사는 신학 대학원에 다니면서 교회 학교 파트part-time 사역을 하기 때문에, 대부분 극도로 가난한 생활을 하는 게 한국 교회 현실입니다. 김 전도사님에게는 어린 아이 셋이 있어서, 다섯 식구가 조그만 단칸 셋방에서 살았습니다. 그것도 지하 방이었기 때문에, 겨울이면 방 가운데에 연탄 난로를 설치해야 했습니다. 그렇게 되면 작은 방이 더욱 좁아져 아이들이 무척 답답해했습니다.

　　그러던 어느 날, 네 살짜리 아이가 난롯가에 둘러친 철망에 손을 대 화상을 입는 사고가 발생했습니다. 부모가 한밤중에 택시를 불러 다친 아이를 데리고 응급실에 가는 등 한바탕 난리를 쳤습니다. 그 뒤, 김 전도사님은 어떻게 했을까요? 난롯가에 튼튼한 철망 하나를 더 둘렀을 것 같죠? 하지만 정반대였습니다. 있던 철망까지 걷어 냈습니다. 세 아이 모두가 불에 대한 두려움을 확실히 인식했기 때문이었습니다. 난로가 얼마나 뜨거운지 모를 때에는, 아이가 겁 없이 철망에 손을 댔습니다. 하지만 그 뜨거움을 체험한 후에는, 자동적으로 불을 멀리하게 되었습니다.

여러분은 난롯가 아이들의 두 가지 행동 중 어느 쪽이 용기라고 생각하십니까? 겁 없이 철망에 손을 댄 행위가 용기일까요? 아니면, 한 아이가 손을 크게 덴 후 난로에 접근조차 하지 않는 게 용기일까요? 우리는 흔히 용기를, 아무 두려움 없이 어떤 상황에 뛰어드는 행위라고 생각합니다. 하지만 용기란 두려움 없는 정신 상태가 아니고, 오히려 두려움과 싸우면서 그 두려움을 뚫고 올라가는 마음입니다. 그렇다면 아이가, 뜨거운 걸 모른 채 난롯가 철망에 손을 댄 건, 용기가 아니라 무지無知에서 온 만용입니다. 불이 뜨겁다는 지식을 습득한 후, 두려움 때문에 감히 난로에 다가가지 못하는 모습이 진정한 용기입니다.

이처럼 두려움이 인간을 구제합니다. 인간은 질병에 대한 두려움 때문에 건강을 챙깁니다. 지옥으로 떨어지는 두려움 때문에 신앙 생활을 합니다. 그 어떤 것에도 두려움을 느끼지 않는 사람이 있다면, 그는 브레이크 없는 자동차와 같습니다. 믿음도 그와 마찬가지입니다. 믿음에는 반드시 의심이 따릅니다. 처음부터 성경 66권이 그대로 믿어지는 사람은 거의 없습니다. 두려움을 극복하고 올라가는 마음이 진정한 용기이듯이, 의심을 하나하나 해결해 가면서 마침내 도달하는 경지가 참다운 믿음입니다.

오늘 본문의 도마가 그런 아름다운 신앙 모습을 우리에게 보여 줍니다. 흔히 도마를 믿음 없는 사람의 전형으로 치부하지만, 이는 다시 한 번 생각해 볼 일입니다. 그렇게 하면 도마는 현대인의 초상으로 부상합니다. 믿으려고 몸부림쳐도 믿어지지 않아 어쩔 줄 몰라 하는 현대인의 모습을, 그가 그대로 보여 주기 때문입니다. 도마는 예수님의 부활을 믿고 싶었습니다. 하지만 믿어지지 않는 데에야 어쩔 도리가 없었습니다. 그렇다고 믿어지는 것처럼 위선을 떨지도 않았습니다. 그러기는커녕 가슴 속에 고인 의심을 동료들 앞에 그대로 드러냈습니다. 25절 말씀을 보십시오.

> 내가 그의 손의 못 자국을 보며 내 손가락을 그 못 자국에 넣으며
> 내 손을 그 옆구리에 넣어 보지 않고는 믿지 아니하겠노라

도마는 원래 예수님을 무척 사랑해서 이미 예수님과 함께 죽을 각오를 한 사람이었습니다. 이는 요한복음 11장 16절을 통해 확인할 수 있습니다. 거기에서 그는 "우리도 주와 함께 죽으러 가자"고 했기 때문입니다. 그런 도마가 부활을 의심하게 된 것은, 부활하신 예수님이 맨 처음 제자들 앞에 나타나셨을 때 그 자리에 없었던 까닭입니다. 예수님을 아주 사랑했기에, 도마는 예수님의 죽음 앞에서 깊이 절망했습니다. 그 슬픔과 절망이 얼마나 깊었던지, 사람들과 함께 있을 수조차 없었습니다. 그래서 혼자 지내다가, 예수님의 부활 소식을 동료에게 전해 들었습니다.

예수님은 의심하는 도마를 책망하시기는커녕 그의 말을 그대로

수용하셨습니다. 그래서 도마에게 그의 말 그대로 해 보라고 허락하셨습니다. 27절 말씀을 보십시오.

네 손가락을 이리 내밀어 내 손을 보고 네 손을 내밀어 내 옆구리에 넣어 보라 그리하여 믿음 없는 자가 되지 말고 믿는 자가 되라

자신의 마음을 그대로 읽고 계시는 주님 앞에서, 도마의 의심은 무너져 내렸습니다. 그리하여 부활하신 주님 앞에 절절한 신앙 고백을 하기에 이르렀습니다. 28절 말씀을 보십시오.

나의 주님이시요 나의 하나님이시니이다

그 때에야 비로소 예수님은 당신의 심경을 토로하셨습니다. 29절 말씀을 보십시오.

너는 나를 본 고로 믿느냐 보지 못하고 믿는 자들은 복되도다

도마에게는 위대한 장점 두 가지가 있었습니다. 우선, 그는 아주 정직한 사람이었습니다. 그는 이해하지 못하는 걸 이해하는 척하지 않았습니다. 믿지 못하는 걸 믿는다고 말하지 않았습니다. 그는 마음 속에 전혀 의심이 일지 않는 것처럼 꾸며서 의심을 잠재우는 일 따위는 절대로 하지 않았습니다. 의심을 극복하고 어엿하게 확신에 이르고 싶었습니다. 그래서 정직한 의심이 더 큰 믿음일 수 있습니다.

다음으로, 그는 의심을 떨치고 확신에 이르면, 그 길로 끝까지 가는 사람이었습니다. 그에게 중간 지점은 없었습니다. 부활하신 예

수님을 만나 확실한 믿음을 얻은 그는 인도 선교사로 나갔다고 전해집니다. 주후 30년대에 벌써 복음을 들고 인도까지 갔다는 이야기입니다.

도마의 의심은 믿고 싶은 처절한 몸부림이었습니다. 아예 믿지 않으려고 하는 사람은 기독교를, 예수님을, 그리스도인을 비아냥거리면서 떠납니다. 그러므로 의심하며 달려드는 사람에게는 소망이 있습니다. 2천 년 전, 예수님의 제자 도마는 예수님의 부활을 믿을 수 없어 괴로워했습니다. 그는 3년 동안 합숙하면서 예수님으로부터 하나님과 하나님 나라를 배웠습니다. 예수님으로부터 미리미리 십자가와 부활 사건도 들었습니다. 그런데도 예수님의 부활을 의심했습니다. 도마가 그랬을진대 현대인이야 더 말해 무엇 하겠습니까?

인간이 달에 다녀온 지도 어언 40년이 넘었습니다. 인간의 지식 수준은 2천 년 전에 비하면 하늘과 땅 차이가 납니다. 현대인이 도마처럼 의심하는 건 너무나 당연한 일입니다. 그러므로 신앙 생활을 하면서 의심이 드는 건 결코 부끄러운 일이 아닙니다. 그 의심을 어떻게 극복하고 진정한 신앙에 이르느냐가 관건입니다. 두려움이 전제될 때 용기가 빛을 발하듯이, 신앙은 의심의 고통스런 과정을 거치면서 찬란한 진주가 됩니다.

아무런 의심 없이 믿는 것처럼 말하지만, 믿음이 전혀 없어 보이는 사람들이 있습니다.

첫째는, 믿는 대상에게 자신의 시간과 관심을 전혀 쏟지 않는 사람입니다.

　누군가를 사랑하면 그 사람의 어린 시절까지 다 알고 싶은 게 인지상정입니다. 교회에 머무는 시간은 긴데, 하나님을 더 아는 일에 별 관심이 없는 사람은 믿음이 있다고 말하기 어렵습니다. 교회에서 일은 죽어라고 하는데, 하나님이 누구시고 무엇을 좋아하시는지에 대해서는 관심이 없는 이도 믿음의 사람이라고 할 수 없습니다. 그러므로 교인이 교회에 머무는 시간 대부분을, 하나님과 하나님 말씀을 아는 데 사용하도록 여건을 조성하는 교회가 좋은 교회입니다.

　둘째로, 믿음이 우리에게 아주 중요한 영역임에도 불구하고, 믿음에 대해 건전한 회의나 의문이 전혀 없는 경우도 믿음이 있다고 말하기 어렵습니다. 이는 두려움이 배제된 감정을 용기라고 할 수 없는 것과 비슷한 경우입니다. 사람은 자신에게 진짜로 중요한 일에 태연할 수 없습니다. 내가 어떤 대상에 대해 아주 태연하다면, 그건 내게 그 대상이 전혀 중요하지 않다는 증거입니다.

　사랑하는 교우 여러분!
　믿음이란 의심과 싸워 가면서 하나님을 붙잡는 마음입니다. 도마가 그렇게 해서 위대한 믿음의 용사가 되었습니다. 오늘 이 새벽에 우리도 자신의 믿음을 한번 점검해 보아야겠습니다. 완벽한 믿음의 경지에 이르렀기 때문에 아무런 의심이 없는지, 아니면 내 안에 있는 의심을 무시하면서 든든한 믿음의 소유자처럼 가장하고 있는지, 그것도 아니면 하나님께 관심이 없어서 의심조차 생기지 않는지 확인해 보아야겠습니다.

두려움이 배제된 용기가 용기일 수 없듯이, 의심이 배제된 믿음 또한 바른 믿음이 아닙니다. 확실한 믿음에 이르기 위해 어떤 짓도 마다하지 않은 도마처럼, 우리도 하나님 공부에 열심을 내기 위해 모든 노력을 강구해야겠습니다. 그리하여 내 가슴에 고이는 의심을 따복따복 풀어 가면서, 하나님이 기뻐하시는 참된 믿음에 이르러야겠습니다.

로마서 1장 17절

복음에는 하나님의 의가 나타나서 믿음으로 믿음에 이르게 하나니 기록된 바 오직 의인은 믿음으로 말미암아 살리라 함과 같으니라

02 오직 의인은 믿음으로

여러분! 1517년 10월 31일이 무슨 날인지 아십니까? 마르틴 루터1483~1546가 "95개조 반박문"을 비텐베르크 교회 문에 붙임으로써 종교 개혁의 봉화를 올린 날입니다. 그렇다고 루터가 종교 개혁을 단행하기로 작정을 하고서 그렇게 한 건 결코 아니었습니다. 그는 여전히 교황에게 충성을 다하는 사제로서, 천주교의 오류가 개혁되기를 바랐을 뿐이었습니다.

루터는 신부요, 신학 교수였음에도 불구하고 당시의 천주교가 가르치는 대로, 행위로 구원을 얻는다고 믿었습니다. 그래서 천국 갈 공로를 쌓기 위해, 자기 몸을 학대하는 지경에 이르도록 고행을 했습니다. 로마에 있는 성당 입구의 기다란 계단을 피가 철철 흐르도록 맨무릎으로 기어서 오르내렸습니다. 그렇게 하면 천국에 갈 수 있다는 전설이 있었기 때문이었습니다. 그런가 하면 한겨울에 난방도 하지 않은 차디찬 마룻바닥에서 지냈습니다. 그뿐이 아니었습니다. 루터는 식음을 전폐하고 철야 기도하기가 일쑤였습니다. 그러다 마침내는 피골이 상접하여 해골같이 되어 버렸습니다. 그런데도 여전히 그의 마음에는 구원의 확신이 깃들지 않았습니다.

그런 몸과 마음을 하고서, 루터는 대학 강의를 준비하기 위해 로마서를 공부했습니다. 그런데 1장 17절에 이르러, 루터의 영혼에 청천벽력이 일었습니다.

> 복음에는 하나님의 의가 나타나서 믿음으로 믿음에 이르게 하나니 기록된 바 오직 의인은 믿음으로 말미암아 살리라 함과 같으니라

구원은 행위로 얻는 게 아니라, 오직 예수 그리스도를 믿는 믿음으로 얻는다는 사실을, 비로소 루터가 깨달은 것이었습니다. 그제야 루터는 밥을 먹고, 잠을 잘 수 있었습니다. 영혼은 구원받은 기쁨과 평화로 터질 듯했습니다. 훗날 루터는 그 시기가 조금만 늦어졌더라도, 몸의 기력이 쇠하여 죽고 말았을 거라고 술회했습니다.

구원의 진리를 깨달은 루터가 어찌 가만히 있을 수 있었겠습니까? 천주교의 오류를 낱낱이 지적한 "95개조 반박문"은 그렇게 해서 탄생했습니다. 계속해서 그는 천주교의 잘못을 지적하고 기독교의 진리를 설파하는 책들을 펴냈습니다. 1453년 구텐베르크가 발명한 금속 활자에 힘입어, 그 책들은 유럽으로 퍼져 나갔고, 마침내는 전全 유럽을 들끓게 했습니다. 이에 교황이 위기 의식을 느꼈고, 그래서 신성 로마 제국의 황제 카를 5세재위 1519~1556가 1521년 보름스 국회를 열어 루터를 소환했습니다. 가난한 광부의 아들로서 보잘것없

는 일개 사제에 지나지 않는 37세의 루터가, 당대 세계 최대의 영토를 소유한 스물한 살의 황제에게 심문을 받아야 하는, 절체절명의 순간이었습니다. 그 젊은 황제는, 루터가 그간의 주장을 모두 철회하면, 목숨은 살려 주겠노라고 회유했습니다. 하지만 그럴 수는 없었습니다. 어차피 목숨을 걸고 깨달은 진리였습니다. 이제 그 진리를 파수하기 위해 다시 목숨을 건다 한들 무슨 여한이 있겠습니까? 루터는 황제의 제안을 일언지하—言之下에 거절했습니다.

> My conscience is bound to the Word of God. It is neither safe nor honest to act against one's conscience. Here I stand. God help me. I cannot do otherwise.

> 저의 양심은 하나님의 말씀에 얽매여 있습니다. 사람이 자신의 양심에 반하여 행동하는 것은 안전하지도, 정직하지도 않습니다. 이것이 저의 소신입니다. 하나님이여, 도와 주소서. 달리는 어떻게 할 수가 없는 저이옵니다.

이렇게 절규한 루터는 파문을 당하고 말았습니다. 이제 그 어떤 사람이 달려들어 그를 죽인다 해도, 살인죄가 성립하지 않게 된 것이었습니다. 그러나 진리로 새로워진 루터를 하나님이 친히 지키시어, 세계의 역사를 바꾸는 위대한 종으로 삼으셨습니다. 개신교는 그렇게 해서 탄생했고, 바야흐로 기독교는 천주교와 개신교로 나뉘었습니다.

마르틴 루터는 세 가지 표어를 내걸고 종교 개혁을 단행했습니다.

"오직 성경으로!"

"오직 은혜로!"

"오직 믿음으로!"

그 당시 천주교는 교회의 전통과 교황의 성경 해석을 성경 자체의 권위보다 위에 두었습니다. 그래서 루터는 "오직 성경으로!"란 깃발을 세워야 했습니다.

천주교는 또 구원을 얻는 데 예수 그리스도의 십자가만으로는 충분하지 않다는 주장을 했습니다. 하지만 십자가는 인간 구원의 절대적이고 충분한 조건입니다. 예수 그리스도의 대속의 은혜 외에는 그 무엇도 인간을 구원할 수 없습니다. 그래서 "오직 은혜로!"가 나왔습니다.

그 당시 천주교의 행태 중 가장 문제가 된 건, 행위로 구원받는다는 가르침이었습니다. 이는 예수님의 십자가로는 부족하니까, 구원을 얻기 위해 인간 자신이 선한 행위로 공로를 쌓아야 한다는 주장이었습니다. 이런 공로설이 면죄부의 판매 근거가 되기도 했습니다. 사실, 중세 천주교는 계속해서 면죄부를 발행해 왔습니다. 루터 시대에 면죄부가 처음 등장한 건 아니었습니다. 그 당시에는 성 베드로 성당의 건축비를 충당하기 위해 면죄부를 판매했습니다. 그런데 테첼 신부의 판매 방식에 문제가 있어, 루터로 하여금 "95개조 반박문"을 작성하게 했습니다. 그는 마치 약장사처럼 큰 소리로 백성에게 면죄부 구매를 종용했습니다. 역사적인 기술을 토대로 해서 그 모습을 상상해 보았습니다.

'이 면죄부로 말할 것 같으면 조상의 운명을 바꿔 주는 신통력을 지닌 문서입니다. 여러분이 이 면죄부를 사고, 그 대금이 동전통에 떨어지는 쨍그렁 소리가 들리는 순간, 지옥에 있는 조상의 영혼은 연옥으로, 연옥에 있는 영혼은 천국으로 올라갑니다.'

구원은 오직 예수 그리스도를 믿는 믿음으로 얻습니다. 그런데도 천주교가 선한 행위를 강조하면서 면죄부까지 판매하니, 루터로서는 "오직 믿음으로!"란 기치를 높이 내걸어야만 했습니다.

우리는 종교 개혁으로 탄생한 개신교 소속 성도입니다. "오직 성경으로, 오직 은혜로, 오직 믿음으로"란 종교 개혁의 구호는 그대로 개신교의 원리입니다.

오늘 본문에는 오직 믿음으로 구원 얻는다는 이신칭의 교리가 등장합니다. 이신칭의는 이신득의以信得義라고도 하는데, '믿음으로 의롭다 하심을 얻음'이란 뜻입니다. 하나님으로부터 의롭다 하심을 얻는 것이 다름 아닌 구원입니다. "의인은 믿음으로 말미암아 살리라"는 하박국 2장 4절 말씀은 오늘 본문 말고도 신약 성경에 두 번 더 나옵니다. 갈라디아서 3장 11절과 히브리서 10장 38절입니다.

여기의 의義는 도덕적 의가 아니고, 법률적 의입니다. 그래서 이신칭의에서의 의는 법률적으로 죄가 없는 상태를 가리킵니다. 이를 좀더 쉽게 설명해 보겠습니다. 대한 민국 법을 모두 지킨 사람은 법적 의인입니다. 대한 민국 법을 어긴 사람은 죄인으로서, 감옥에 들어앉아 있을 것입니다. 법은 도덕의 최소한입니다. 그래서 법적 의인 중에 도덕적 죄인은 얼마든지 있습니다. 법적으로는 문제가 없지만, 도덕적으로는 지탄받아 마땅한 사람이 많다는 이야기입니다.

아담의 타락 이후, 전 인류는 하나님으로부터 유죄 판결을 받았습니다. 아담의 죄가 그 후손에게 전가되었기 때문입니다. 이에 예수님이 그 모든 죄를 짊어지고, 십자가 위에서 피를 흘리는 희생 제사를 드리셨습니다. 예수님은 그렇게 하나님 의를 이루셨고, 그 의 또한 인류에게 전가되었습니다. 그 결과, 하나님은 예수님을 구세주로 믿는 사람에게 무죄 판결을 내리십니다. 그것이 하나님의 '의롭다 하심'칭의입니다. 따라서 그리스도인은 하나님 앞에서 '죄가 있는 의인'이 됩니다.

바울은 이신칭의의 근거를 창세기 15장 6절에서 찾았습니다.

아브람이 여호와를 믿으니 여호와께서 이를 그의 의로 여기시고

아브라함이 구원을 얻은 건, 이삭을 하나님께 바치는 '행위'를 한 때가 아니었습니다. 이미 생산을 할 수 없는 나이가 된 아브라함에게 하늘의 별같이 많은 자손을 주시겠다고, 하나님이 약속하셨습니다. 그 때 아브라함은 단 한 마디의 토도 달지 않고 즉시 "예!"를 했습니다. 그 믿음을 보시고 하나님은 아브라함을 의롭다고 여기셨습니다. 즉, 아브라함에게 천국행 입장권을 주셨습니다.

종교학에서는 이 세상 종교를 고등 종교와 하등 종교로 구분합니다. 그 둘의 분기점은 자기 부인의 유무입니다. 자기 부인이란 영원한 가치를 위해 자기 욕망을 부인하는 것입니다. 이런 자기 부인이 있는 종교가 고등 종교요, 그렇지 못한 종교는 하등 종교입니다. 종교학에서는 기독교, 불교, 이슬람 교, 유대교 등을 고등 종교로

분류합니다. 물론 하등 종교에도 자기 부인은 있습니다. 하지만 그
것은 자기의 유익을 위한 것입니다. 무당도 굿을 하기 전에는 부부
관계를 하지 않는다고 합니다. 일종의 자기 부인이죠. 하지만 굿을
하고 돈을 받기 위한 것이기 때문에 진정한 의미의 자기 부인은 아
닙니다.

  기독교인이 하나님, 예수님, 천국이란 영원한 가치를 위해서가
아니라 복을 받기 위해 헌금을 하고 교회 봉사를 한다면, 무당의 행
태와 하나도 다를 바 없습니다. 외람되지만, 오늘 한국 교회의 수많
은 성도가 이런 식의 신앙 생활을 하고 있는 건 아닌지 모르겠습니
다. 아니, 그건 신앙 생활이 아니지요. 종교 생활 혹은 사회 활동에
지나지 않습니다.

  5백 년 전에 이미, 루터가 기독교를 어엿한 고등 종교로 회복시
키기 위해 종교 개혁을 일으켰습니다. 그럼에도 불구하고 한국 교
회가 다시 하등 종교의 행태를 자행한다면, 하나님이 중세 천주교
에 내린 철퇴를 이 땅에 가하실 것입니다.

  사랑하는 교우 여러분!
  우리가 구원을 얻는 건, 오직 예수 그리스도의 십자가에 의해서
입니다. 천국에 가기 위해 우리가 할 수 있는 건 정말이지 아무것도
없습니다. 그 은혜가 하도 감사해서 '나는 하나님을 위해 무얼 할
수 있을까?' 고민하다 시작하는 게 교회 봉사요, 이웃에게 베푸는
선행입니다. 거기에 다른 어떤 동기라도 개입된다면, 그건 하나님
과 하등 관계가 없는 내 일일뿐입니다. 한국 부모 중에는 이런 동기

로 맹렬히 교회 봉사를 하는 분들이 있습니다.

'내가 이렇게 열심히 교회 일을 하면, 하나님이 자동적으로 우리 아이들 공부 잘 하게 해 주시겠지? 그래서 일류 대학에 떡~하니 붙여 주실 거야.'

하지만 이런 마음가짐은 기독교가 아니라 미신입니다. 하나님의 구원 은총에 감격해서 봉사를 열심히 하다 보면, 부수적으로 하나님이 이 복도 주시고, 저 복도 챙겨 주실 뿐입니다. 오늘 이 새벽 우리는, 바로 내가 기독교를 5백 년 전으로 후퇴시키는 주범은 아닌지 돌아보아야겠습니다.

로마서 10장 17절

그러므로 믿음은 들음에서 나며 들음은 그리스도의 말씀으로 말미암았느니라

믿음은 들음에서 03

종교 개혁자 마르틴 루터는 교역자요, 신학 교수였습니다. 그럼에도 불구하고 이신칭의 교리를 배울 기회가 없어 구원 문제로 처절한 고행을 해야만 했습니다. 여러분, 그거 아세요? 볼링의 기원이 바로 루터랍니다. 종교 개혁을 하면서 교황청과 싸우는 일은 정말로 힘이 들었습니다. 게다가 마귀까지 나타나 괴롭히곤 해서, 루터는 그 때마다 잉크병을 던졌습니다. 바로 그 잉크병이 볼링 공으로, 마귀들이 볼링 핀으로 바뀌어 볼링이란 스포츠가 만들어졌습니다. 루터 같은 사람이 그러했을진대, 일반 백성은 그 얼마나 미몽迷夢에 잠겨 살았겠습니까?

제가 이렇게 말씀드리면, '그래도 그렇지 백성은 또 왜 그렇게 멍청했느냐?'는 생각이 드실 겁니다. 그 당시 천주교는 라틴 어 성경만을 사용한 데다가, 미사도 라틴 어로 드렸습니다. 그런데 일반 백성 중 라틴 어를 아는 사람은 거의 없었습니다. 그러니 하나님 말씀에 관한 한 눈 뜬 장님, 듣는 귀머거리였습니다. 교회가 믿음이 아니라 행위로 구원받는다고 하면, 백성은 그렇게 믿을 수밖에 없었습니다. 영국의 존 위클리프 목사는 그런 백성이 불쌍해서 성경을 영어로 번역했다가 화형을 당했습니다. 루터 또한 종교 개혁 중에 모국어인 독일어로 성경을 번역했습니다.

　루터가 종교 개혁을 일으킬 때 내세운 원리 중 만인 제사장설이란 것이 있습니다. 이는 평신도도 하나님과 직접 소통할 수 있고, 직접 성경을 해석할 수 있는 권한이 있다는 주장입니다. 중세 천주교에서는 사제를 통해서만 하나님과 소통할 수 있고, 사제만이 성경을 해석할 수 있었습니다. 평신도가 성경을 가진 경우도 드물었지만, 설령 가지고 있다 하더라도 무용지물無用之物일 확률이 높았습니다. 라틴 어를 구사하는 평신도가 거의 없기 때문이었습니다. 그런 상황을 생각하면, 지금 우리는 얼마나 복된 사람입니까? 우리는 한글 성경도 여러 종류의 번역본을 가지고 있습니다. 주석이 달린 성경도 다양한 모습으로 등장하곤 합니다. 영어를 볼 수 있는 분은 하나님 말씀을 영어 성경으로 읽으면 한글 성경보다 이해하기 쉬운 면이 있습니다. 게다가 평신도가 성경을 해석해도 된다니, 우리는 진실로 복된 시대를 살고 있습니다.

　스위스 신학자 칼 바르트1886~1968는 하나님 말씀을 세 가지 형태로 설명했습니다.

　첫째는, 계시된 말씀입니다.

　영이신 하나님을 뵙고 싶어하는 인간에게, 성자 하나님이신 예수님이 인간으로 이 세상에 오셔서 하나님을 계시해 주셨습니다.

그런 예수님이 다름 아닌 계시된 말씀이십니다. 그러므로 예수님을 본 사람은 하나님을 본 것입니다요 14:9.

둘째는, 기록된 말씀, 즉 성경입니다.

계시된 말씀, 즉 예수님 사건을 기록한 것이 성경입니다. 따라서 기록된 말씀은 성경이란 그릇에 예수님 사건이 담긴 것입니다. 성경의 주인공은 예수님이십니다. 구약은 오실 예수님, 신약은 오신 예수님 그리고 다시 오실 예수님 이야기를 하기 때문입니다.

셋째는, 들리는 말씀입니다.

성경을 통해서 계시적 말씀을 읽고, 해석하고, 설교하고 선포함으로써 접하게 되는 말씀입니다. 한마디로 설교라고 해도 무방합니다.

신약 성경은 헬라 어로 기록되어 있습니다. 헬라 어는 세상에서 가장 섬세한 언어입니다. 그래서 사랑이라는 단어가 네 개나 되고, 시간을 가리키는 단어 또한 두 개입니다. 한글 성경에 '말씀'으로 번역된 헬라 어 역시 두 가지입니다. 로고스와 레마가 바로 그것입니다. 신약 성경에 로고스는 330회, 레마는 70회 나타납니다.

로고스는 창세기부터 요한계시록에 걸쳐 기록된 하나님 말씀입니다. 그러니까 일반적이고, 객관적이고, 논리적인 하나님 말씀입니다. 성경책에 기록되어 있는 말씀이 그대로 로고스입니다. 그에 비해, 레마는 현상적이고, 주관적이고, 체험적인 말씀입니다. 우리가 어떤 어려운 일을 당했을 때, 평소에 무덤덤하게 느껴지던 말씀이 새삼스럽게 다가오는 경우가 있습니다. 그 말씀을 붙들고 씨름하면서 곤경을 극복한 뒤, 그에 대해 간증을 하기도 합니다. 바로 그런 말씀이 레마입니다. 로고스가 칼 바르트의 '기록된 말씀'이라면, 레마는 '들리는 말씀'입니다.

예를 하나 들어 좀더 쉽게 설명해 볼게요. 제게는 훈장이 하나 있습니다. 2001년에 암 수술을 한 사실입니다. 저는 한 번도 통통해 본 적이 없이 늘 이렇게 깡마른 사람으로 살아왔지만, 워낙 강단이 세서 잔병치레를 하지 않았습니다. 입원도 암 수술할 때 처음으로 했습니다. 그랬기 때문에 저는 속으로 아픈 사람을 경멸했었습니다. 자기 몸 하나도 건사하지 못하는 칠칠맞은 사람이라고요. 그러니 암 진단을 받은 순간, 얼마나 자존심이 상했겠습니까? 암에 걸린 사람은 대부분 발병하기 2~3년 전에 치명적인 마음의 상처를 입은 경우라고 합니다. 저의 경우는 불과 몇 개월 만에 무섭도록 암이 진행된 것 같습니다. 그래서 입원하고 잠깐 동안은 마음을 다스리기가 힘들었습니다. 그것도 이중으로 말입니다. 무너진 자존심, 그리고 아무 잘못도 없는 제게 참을 수 없는 상처를 준 사람들에 대한 분노가 순간순간 저를 괴롭혔습니다. 그러면 이런저런 몸의 수치들이 오르락내리락 널을 뛰었습니다. 그 때마다 저는 눈을 감고 잠언 4장 23절 말씀을 외었습니다.

모든 지킬 만한 것 중에 더욱 네 마음을 지키라 생명의 근원이 이에서 남이니라

눈물이 하염없이 흐르기 시작하면, 제 마음에 평화가 임했습니다. 그래서 저는 가장 명랑한 환자로, 저를 치료하는 의사들의 상담자로, 행복하게 한 달간의 입원 생활을 할 수 있었습니다. 이제는

병원 심방이라면 조금 자신이 있습니다.

어떻습니까? 제가 입원하기 전에는 잠언 4장 23절 말씀은 하나의 로고스에 지나지 않았습니다. 그런데 암 수술이란 사건 앞에서 그 말씀은 제게 특별한 능력으로 작용했습니다. 문자 그대로 하나님 말씀이 되어 저를 이끌었습니다. 암 수술이라는 체험 한가운데에서, 잠언 4장 23절이란 로고스가 제 마음을 다스리는 레마로 전환된 것이었습니다. 이처럼 레마는 실제적으로 우리 삶에 역사하는 말씀입니다. 말씀이 힘이 되는 역사는 그렇게 해서 일어납니다. 이제 저는 누가 뭐래도 잠언 4장 23절 말씀을 문자 그대로 믿습니다.

이쯤 되면 로고스와 레마를 장황하게 설명한 이유를 아시겠지요? 오늘 본문에 등장하는 '말씀'이 로고스가 아니라 레마입니다. 로마서의 총주제는 이신칭의입니다. 예수님 당시에도 이스라엘 종교 지도자들은, 율법을 지키는 행위로 구원받는다고 가르쳤습니다. 사도 바울 시대에도 역시 유대인은 그런 사상에 젖어 있었습니다. 그래서 바울이 본문 말씀을 통해 이신칭의를 유대인에게 가르치고 있습니다.

사람이 뭔가를 믿기 위해서는 먼저 그 믿음의 대상을 알아야 합니다. 예수 그리스도를 믿는 믿음으로 구원받기 위해서는 예수님을 알아야 합니다. 그런데 예수님 이야기는 성경에 기록되어 있습니다. 그렇다면 성경을 알아야 합니다. 하지만 이스라엘 사람이 성경을 모를 리 있었겠습니까? 말씀을 하나님으로부터 직접 받은 백성인데요. 바로 거기에 문제가 있었습니다. 이스라엘 백성이 알고 있는 건 로고스였습니다. 그래서 바울은 본문을 통해 이런 말을 하고 있습니다. 본문 말씀을 제가 해석해 보겠습니다.

'구원 얻는 믿음에 이르기 위해서는 레마로서의 말씀을 체험해, 그 말씀을 사는 데까지 이르러야 한다. 그러면 그 말씀이 백 퍼센트 믿어지지 않겠는가!'

그렇습니다! 믿음을 얻기 위해서는 성경 말씀을 읽고, 듣고, 묵상해야 합니다. 그래야 구원 얻는 믿음에 이를 수 있고, 나아가 말씀이 구체적으로 힘이 되는 역사를 체험할 수 있습니다. 본문의 '들음'에는 말씀에 관한 이런 일련의 행위가 포함됩니다. 말씀이 로고스에 그쳐서는 안 됩니다. 레마에 이르러야 합니다. 공부를 아주 많이 한 사람은, 예수를 믿지 않아도 성경을 잘 압니다. 성경을 모르고는 자신의 분야에서 높은 경지에 오를 수 없기 때문입니다. 그처럼 성경을 잘 알고 있는데도 믿음이 없는 건, 그들 속에 말씀이 로고스 상태로 머물러 있기 때문입니다.

우리는 자나깨나 성경을 읽어야 합니다. 그렇게 성경을 읽는 가운데 어느 날 문득, 로고스가 하나님이 내게 주시는 말씀으로 느껴져야 합니다. 그런 때 비로소 그 말씀을 믿을 수 있고, 그래야 영도 성장합니다. 이처럼 하나님이 로고스를 레마로 만들어 주실 기회를 만들기 위해, 끊임없이 말씀을 읽고 묵상하고 공부해야 합니다. 우리 모두 암에 걸릴 필요는 없습니다.

사랑하는 교우 여러분!
내 안에 올바른 믿음을 심고, 성장시키기 위해서는 말씀을 따복

따복 공부하는 길밖에 없습니다. 그래서 성경 한 절 한 절이, 하나님이 나를 향해 구체적으로 말씀하시는 레마가 되게 해야 합니다. 말씀이 능력이 되어 삶에 역사하는 건 바로 그런 때입니다. 루터 같은 분도 다름 아닌 말씀을 공부하다가 이신칭의 교리를 깨닫고 구원에 이를 수 있었습니다.

이에는 유의해야 할 사항도 하나 있습니다. 기도와 말씀 묵상이 균형을 이루어야 한다는 사실입니다. 마르틴 루터는 "아침에 두 시간을 기도하지 않으면, 그 날은 마귀가 나를 이긴다."고 말했습니다. 말씀 공부를 많이 하는 루터는 이렇게 기도 시간을 강조했습니다. 기도를 많이 하는 사람은 그와 정반대가 되어야겠죠. "아침에 두 시간 동안 성경을 읽지 않으면 그 날은 마귀가 나를 이긴다."로 말입니다. 광야에서 시험받으신 예수님을 생각해 보십시오. 마귀는 하나님 말씀을 가지고도 사람을 시험합니다.

모쪼록 하나님 말씀을 읽고 또 읽어서, 마르틴 루터처럼 어두워 가는 시대를 밝히는 '남은 자'가 됩시다. 치매가 걱정되시는 분은 성경 말씀을 더욱 열심히 외십시오. 이건 정신과 의사의 처방이기도 합니다.

고린도전서 13장 1~3절

내가 사람의 방언과 천사의 말을 할지라도 사랑이 없으면 소리 나는 구리와 울리는 꽹과리가 되고 내가 예언하는 능력이 있어 모든 비밀과 모든 지식을 알고 또 산을 옮길 만한 모든 믿음이 있을지라도 사랑이 없으면 내가 아무것도 아니요 내가 내게 있는 모든 것으로 구제하고 또 내 몸을 불사르게 내줄지라도 사랑이 없으면 내게 아무 유익이 없느니라

은사로서의 믿음 04

세계 2차 대전은 1939년 9월 1일 독일군의 폴란드 침공으로 시작되었습니다. 독일은 파죽지세破竹之勢로 유럽을 점령해 나갔습니다. 유럽의 자유를 수호하기 위해 결성된 유럽 연합군의 항전도 독일 기계화 부대 앞에서는 속수무책이었습니다. 프랑스 주력 부대를 물리친 독일군은 덩케르크 지역으로 연합군을 몰아갔습니다. 덩케르크는 프랑스 북부의 항구 도시입니다. 그 곳에서 최후의 항전을 준비하던 영국, 프랑스, 벨기에 패잔병들은 육·해·공군을 총동원한 독일군에 완전히 포위되어 전멸 위기에 몰리고 말았습니다. 1940년 5월 26일의 일이었습니다.

덩케르크 항에 갇혀 버린 연합군이 살아남을 수 있는 길은, 도버 해협을 건너 영국으로 퇴각하는 것뿐이었습니다. 무적의 독일군 앞에서 그런 해상 후퇴 작전이 가능한 일은 아니었지만, 문자 그대로 죽기 아니면 살기였습니다. 그런데 45만 명이 넘는 병력을 수

송할 배는 어디서 구한단 말입니까? 당시 영국 해군은 그런 능력을 보유하지 못한 상태였습니다. 그래도 전국 항구에 동원령을 내려 온갖 종류의 배를 징발했습니다. 그 결과 귀족의 작은 보트까지 해서 887척이 모였습니다. 하지만 제대로 된 수송선 한 척이 없는 기막힌 상황이었습니다. 작전이 아무리 정교한들 독일군의 공격을 뚫고, 덩케르크의 풍랑과 해일을 넘어서, 45만 병력을 도버 해협 저 편으로 수송한다는 건 정말이지 불가능한 일이었습니다. 자칫하면 45만 명의 젊은이를 도버 해협에 수장할지도 모르는 절체절명의 위기였습니다.

그런 긴박한 상황을 보고받은 영국 왕 조지 6세재위 1936~1952는 전 국민에게 기도를 하자고 호소했습니다. 영국 국민은 덩케르크 항에 갇힌 연합군의 생환을 하나님께 한마음으로 간구했습니다. 국왕과 총리가 기도에 앞장서자, 전국 방방곡곡의 교회가 덩케르크의 기적을 구하는 사람으로 넘쳐 났습니다. 마침내 하나님은 영국 국민의 기도를 들어주셨습니다. 연합군이 덩케르크 항을 빠져 나가던 첫날, 영국이 하나님께 간구한 기적이 진짜로 일어난 것이었습니다.

5월 28일 새벽, 덩케르크에는 폭풍우가 몰아치고, 짙은 안개가 끼기 시작했습니다. 급기야는 100미터 높이의 구름이 대기를 덮었습니다. 독일군 전투기는 공격이 불가능해졌고 군함도, 비행기도, 탱크도 꼼짝하지 못했습니다. 그런 날씨는 31일까지, 나흘간이나 계속되었습니다. 그런데 이건 또 무슨 조화 속일까요, 도버 해협은 더할 수 없이 잔잔해서 영국은 주야로 철수 작전을 감행했습니다. 6월 1일부터는 날씨가 쾌청해서 공습이 시작되었지만, 밤으로는 작전을 계속할 수 있었습니다. 6월 4일, 드디어 마지막 병사가 배에 오름으로써 장장 열흘에 걸친 철수 작전은 대단원의 막을 내렸습니다. 수십 명의 사상자를 냈을 뿐, 45만 명 대부분이 무사히 귀환했습니다.

이처럼 전혀 불가능한 상황을 기도로 극복한 영국 왕 조지 6세와 영국 국민의 믿음이 바로 오늘 본문의 '산을 옮길 만한 믿음'입니다. 믿음에는 두 가지가 있습니다. 하나는 구원 얻는 믿음이고, 또 하나는 은사로서의 믿음입니다. 오늘 본문의 산을 옮길 만한 믿음은 은사로서의 믿음을 가리킵니다. 그럼 먼저 구원 얻는 믿음을 생각해 보겠습니다.

하나님은 천지 창조 때 인간을 지으셔서 에덴 동산에 살게 하셨습니다. 인간에게 자유 의지를 주시어 스스로의 행동을 결정하고 그에 대해 책임을 지게 하셨습니다. 한 걸음 더 나아가, 하나님은 자유 의지를 시험할 장치까지 마련해 주셨습니다. 에덴 동산 중앙에 선악과 나무를 두시고 그것만은 따먹지 말라고 하신 것이었습니다. 하나님은 첫 사람 아담과 언약을 맺어, 선악과를 따먹으면 하나님이 그를 죽이기로 하셨습니다창 2:17. 그런데 아담이 선악과를 따먹고 말았습니다.

죄란 하나님 명령을 어기는 것입니다. 사람이 죄를 지으면 영적 죽음을 초래합니다. 영이 죽은 사람은 지옥으로 갑니다. 선악과를 따먹어 하나님 명령을 어긴 아담은 지옥에 갈 운명에 처했습니다. 공의의 하나님은 이처럼 인간이 지은 죄를 반드시 심판하십니다. 그러나 사랑의 하나님은 지옥 신세로 전락한 인간이 불쌍해서,

천지 창조 전에 마련해 두신 구원 대책을 발표하셨습니다. 하나님이 메시아를 세상에 보내어 죄 문제를 해결하신다는 메시아 언약을 체결해 주신 것이었습니다창 3:15. 그 결과 구약 성도는 오실 메시아를 믿어 구원을 얻었습니다.

하나님의 약속에 따라 주후 1년, 예수님이 메시아로 이 세상에 오셨습니다. 그리고 십자가 위에서 인간의 죄를 완벽하게 해결하신 후, 부활·승천하셨습니다. 지금은 하나님 보좌 우편에서 여전히 우리 위해 하나님께 중보 기도를 하고 계십니다. 그러시다가 언젠가 다시 이 세상에 오실 것입니다. 신약 성도는 이런 일련의 사실을 인정하면서, 예수님의 재림에 소망을 두고 살아갑니다.

이런 믿음이 바로 구원 얻는 믿음입니다. 다시 말하면, 예수 믿고 구원 얻는다고 할 때의 믿음이 다름 아닌 구원 얻는 믿음입니다. 이 믿음이 우리를 천국으로 인도합니다.

이제는 은사로서의 믿음을 생각해 보겠습니다. 그러기 위해 본문 2절 하반절 말씀을 살펴보겠습니다.

> 또 산을 옮길 만한 모든 믿음이 있을지라도 사랑이 없으면 내가 아무것도 아니요

'산을 옮길 만한 믿음'이 은사로서의 믿음이란 사실은 이미 말씀드렸습니다. 고린도전서 12장의 은사 목록 중에는 믿음이란 은사가 있습니다. 그것이 바로 은사로서의 믿음입니다. 구원 얻는 문제와는 무관하게 성령님이 은사로 주시는 믿음입니다. 은사로서의 믿

음은 능력과 기적을 일으키는 믿음입니다.

사도행전에는 이런 믿음의 역사가 빈번하게 등장합니다. 하나만 예로 들어 볼까요?

> 은과 금은 내게 없거니와 내게 있는 이것을 네게 주노니 나사렛 예수 그리스도의 이름으로 일어나 걸으라(행 3:6)

베드로가 이렇게 말하면서, 예루살렘 성전의 미문美門에 앉아 있는 앉은뱅이 거지를 일으켜 세웠습니다. 베드로의 믿음이 그런 기적을 일으켰다는 이야기입니다.

그러면 바울이 은사로서의 믿음을 '산을 옮길 만한 믿음'이라고 표현한 까닭은 무엇일까요? 예수님 말씀을 생각하면서 그런 아이디어를 냈을 것입니다. 마태복음 17장 20절과 21장 21절 말씀을 보겠습니다.

> ……만일 너희에게 믿음이 겨자씨 한 알 만큼만 있어도 이 산을 명하여 여기서 저기로 옮겨지라 하면 옮겨질 것이요 또 너희가 못할 것이 없으리라(마 17:20)

> ……만일 너희가 믿음이 있고 의심하지 아니하면 이 무화과나무에게 된 이런 일만 할 뿐 아니라 이 산더러 들려 바다에 던져지라 하여도 될 것이요(마 21:21)

하나 더 생각해 볼 문제가 있습니다. 본문 2절 말씀을 보면, 그냥 '산을 옮길 만한 믿음'이 아니라 산을 옮길 만한 '모든' 믿음이라고 했습니다. '모든'이라는 수식어가 믿음에 붙어 있습니다. 영어 성경에는 '모든'이 'all'로 번역되어 있습니다. 그래서 'all'의 용법을 가지고 설명하면 쉬울 듯합니다. 형용사 'all'은 추상 명사를 수식하여 그것을 강조해 주는 경우가 있습니다. 예를 들어, 'She is all kindness.'는 'She is very kind.' 혹은 'She is kindness itself.'입니다. 그보다 더 친절할 수 없다는 말을 하고 싶을 때 'all kindness'라고 합니다. 그렇다면 본문의 "If I have all faith."의 뜻도 어려울 거 없습니다. "내가 최고의 믿음을 지녔다 할지라도"로 번역하면 되니까요.

본문의 산을 옮길 만한 믿음을 좀더 구체적으로 설명하면, 기도 하나로 불가능한 일을 이루어 내는 믿음입니다. 서두의 예화에서 만난 영국 왕 조지 6세에게서 그런 믿음을 볼 수 있습니다. 조지 6세는 현現 영국 왕 엘리자베스 2세재위 1952~현재의 아버지입니다. 그분의 산을 옮길 만한 믿음이 수십만 젊은이의 목숨을 건졌습니다.

하지만 그렇게 대단한 믿음을 가지고 하나님께 기도하여 불가능한 일을 성취시킨다 할지라도, 사랑이 없으면 그 사람이 아무것도 아니라고, 오늘 본문은 역설합니다. 왜 그럴까요? 믿음의 은사는 기도를 통해 불가능한 일을 이루어 내는 능력이기 때문에, 다른 어떤 은사보다도 눈에 띄는 것입니다. 사랑이 없는 사람은 그것이 마치 자신의 능력이라도 되는 양 교만해질 수 있습니다. 그렇게 되면 믿음의 은사가 없는 평범한 교인을 무시하겠지요? 더 심하면, 곤경에 처한 사람을 위해 능력을 행하고 나서 그 대가를 요구할 수도 있습니다. 가난해서 병원에도 못 가는 사람을 기도로 치유해 주고, 그 대가를 요구한다면 얼마나 매정한 일입니까? 사랑 없이 믿음의 은사를 행하면 그렇게 될 수도 있으니, 사랑이 없으면 과연 "I am nothing."입니다.

사랑하는 교우 여러분!
믿음에는 두 가지가 있습니다. 구원 얻는 믿음은 예수 그리스도를 구세주로 영접해서 천국 가게 하는 믿음입니다. 그런가 하면, 은사로서의 믿음은 하나님께 기도해서 불가능한 일을 척척 이루어 내는 능력입니다. 하나님이 사람에게 믿음의 은사를 주시는 건, 하나님만 의지하고 살게 하시기 위해서입니다.
그런 대단한 능력을 행하는 사람에게 사랑이 없다면, 그는 아무 것도 아닙니다. 하나님만 의지하기는커녕 교만해져서 다른 사람을 무시할 수 있기 때문입니다. 자기만 예수를 잘 믿고, 자기만 온전한 사람인 양 생각하다 보면, 어느 새 자기가 우상이 되어 버립니다.
하나님 자체가 사랑이십니다. 그래서 내가 사랑을 한다는 것은, 내가 하나님께 속한 사람임을 증명하는 것입니다. 반면에 사랑을 하지 않는 사람은 자기가 하나님께 속하지 않았음을 공개적으로 천명하는 셈입니다. 무릇 사랑은, 사람이 하는 모든 활동에 의미와 가치를 부여하는 하나님 속성입니다. 그러므로 내가 최고의 믿음으로 산을 옮기는 능력을 발휘한다 할지라도, 사랑이 없으면 나는 'nothing'입니다.

요한복음 6장 26~29절

예수께서 대답하여 이르시되 내가 진실로 진실로 너희에게 이르노니 너희가 나를 찾는 것은 표적을 본 까닭이 아니요 떡을 먹고 배부른 까닭이로다 썩을 양식을 위하여 일하지 말고 영생하도록 있는 양식을 위하여 하라 이 양식은 인자가 너희에게 주리니 인자는 아버지 하나님께서 인치신 자니라 그들이 묻되 우리가 어떻게 하여야 하나님의 일을 하오리이까 예수께서 대답하여 이르시되 하나님께서 보내신 이를 믿는 것이 하나님의 일이니라 하시니

하나님의 일 05

　미국의 한 청년이 인도 선교사로 나갈 결심을 하고 열심히 준비를 했습니다. 그런데 언어 훈련까지 마치고 선교지로 떠나려 할 즈음에, 어머니가 위독하다는 전갈을 받았습니다. 행여 임종을 하지 못할까 봐 부리나케 달려간 그녀에게, 어머니가 한 가지 유언을 했습니다.
　"로마에 있는 네 여동생이 몹시 아프단다. 바쁘겠지만, 선교지로 떠나기 전에 이 어미를 대신해서 동생을 방문해 준다면 여한이 없겠구나."
　그 유언에 따라 그녀는 로마로 떠났습니다. 동생에게 어머니의 마지막 사랑을 전하고 인도로 갈 생각이었습니다. 그러나 동생은 언니가 로마에 도착한 지 얼마 되지 않아 세상을 뜨고 말았습니다. 설상가상으로 동생의 남편마저 교통 사고로 죽었습니다. 동생에게는 삼남 이녀가 있었는데, 아직 어린아이들이었습니다. 졸지에 다섯 아이를 떠맡게 된 선교사는 정말 난감했습니다. 선교지로 떠나야 할 날은 코앞으로 다가오는데, 하루아침에 고아가 된 조카들을 내버려 두고 그냥 떠날 수가 없었기 때문이었습니다. 고민 끝에 그녀는 미국 선교부에 편지를 띄웠습니다.

"하나님의 뜻이 다른 데에 있나 봅니다. 저는 선교지로 떠날 수 없게 되었습니다."

그녀는 조카 다섯을 신실한 믿음으로 정성을 다해 키웠습니다. 선교사가 되는 걸 포기하고 맡은 아이들이니, 오죽했겠습니까? 그렇게 25년이란 세월이 흘렀습니다. 그런데 놀랍게도, 남자 조카 셋이 모조리 인도 선교사를 자원하고 나섰습니다. 그녀는 다시 한 번 미국 선교부에 편지를 띄워야 했습니다.

"하나님은 25년 만에 저의 기도를 세 배로 불려 주셨습니다. 제가 선교사의 꿈을 접고 키운 다섯 아이 중 셋이 인도 선교사를 지원했습니다. 이제 그들을 인도로 파송해 주십시오."

선교사로 나가서 복음을 전하는 대신, 다섯 아이를 건사하기 위해 밥 하고, 빨래하고, 청소할 때, 왜 속이 상하지 않았겠습니까? 일찍 세상을 뜬 동생 내외가 원망스럽기도 하고, 동생을 찾아가 보라는 어머니의 유언이 한스럽기도 했을 것입니다. 그냥 그렇게 시들어 가는 자신의 청춘이 아까워 눈물 흘린 적도 있었을 것입니다. 하지만 그녀는 그런 순간들에 매몰되지 않고, 오직 믿음으로 다섯 아이를 키워 세 명의 선교사를 배출했습니다. 하나님의 일을 위대하게 해 낸 것이었습니다. 그녀에게는 밥, 빨래, 청소가 그대로 하나님의 일이었습니다. 하나님의 일은 이처럼 집에서도 할 수 있습니다.

요한복음은 주로 공관 복음에 빠져 있는 예수님의 이적 기사들을 다룹니다. 그런데 오병이어 기적은 마태, 마가, 누가복음에 공히 나와 있음에도 불구하고 요한복음이 또다시 소개합니다. 아주 중요한 이적이란 뜻이겠지요. 요한복음의 경우 6장 서두에 이 기사가 나오지만, 71절에 이르는 6장 전체가 오병이어의 표적으로 이루어져 있습니다.

그러면 표적은 또 무엇일까요? 예수님은 공생애 3년 동안 여러 가지 이적을 행하셨습니다. 하지만 이적 그 자체가 목적은 아니었습니다. 죽은 나사로를 살리신 이적을 한번 생각해 봅시다. 그 이적으로 나사로가 영생했나요? 오히려 다시 한 번 죽는 고통을 겪어야 했습니다. 그런데도 굳이 나사로를 살리신 건, 예수님이 사람들에게 당신의 부활과 그리스도인의 부활을 가르쳐 주시기 위해서였습니다. 이처럼 예수님이 행하신 기적에는, 반드시 인간에게 전하시려는 메시지가 담겨 있었습니다. 바로 그 메시지가 표적Sign입니다.

그러면 오병이어 기적을 통해 사람들이 깨달았어야 하는 표적은 무엇일까요? 오병이어 기적은 예수님이 뱃사다 광야에서 오천 명 군중에게 베푸신 성만찬 예식이었습니다. 따라서 거기 모인 군중은, 예수님이 생명의 떡으로 세계 만민을 넉넉히 구원하실 수 있음을 깨달았어야 했습니다. 보리떡 다섯 개와 물고기 두 마리로 오천 명을 먹이고도 열두 바구니 부스러기를 남기셨으니, 예수님의 능력은 과연 넘치고도 남음이 있었습니다.

그러나 오병이어 기적을 경험한 군중은 예수님을 왕으로 옹립하려 했습니다. 애초에 그들이 예수님을 찾은 건 하나님 말씀을 듣기 위해서였습니다. 하나님 말씀을 열심히 듣다 보니 배불리 먹는 은혜까지 덤으로 누렸습니다. 그러면 주신 은혜에 감사하면서 이제는 사건의 표적을 찾아야 했습니다. 하지만 군중은 그렇게 하기는커녕, 다음 끼니에도, 그 다음 끼니에도 아니, 일생 동안 배부를 궁리를 하기에 여념이 없었습니다. 예수님이 왕이 되시면 백성을 먹여 살리기 위해 날마다 오병이어 기적을 행하실 거라는 어쭙잖은 생각에, 군중은 끈질기게 예수님을 찾아다녔습니다. 생명의 떡을 알게 하시기 위해 육신의 떡을 주신 예수님의 의중은 아랑곳하지 않은 채, 여전히 육신의 떡만 구가했습니다.

그런 군중을 예수님이 준엄하게 책망하셨습니다. 본문 26~27절 상반절 말씀을 보십시오.

> 너희가 나를 찾는 것은 표적을 본 까닭이 아니요 떡을 먹고 배부른 까닭이로다 썩을 양식을 위하여 일하지 말고 영생하도록 있는 양식을 위하여 하라

그러시고 나서 곧바로, 사랑의 예수님은 군중을 안심시키셨습니다. 자녀의 종아리를 때리고 나서, 아이의 매 맞은 자리에 약을 발라 주는 엄마처럼 말입니다. 27절 하반절에서 그런 예수님 모습을 뵐 수 있습니다.

> 이 양식은 인자가 너희에게 주리니 인자는 아버지 하나님께서 인치신 자니라

이 말씀을 제가 쉽게 풀어 보겠습니다.

"내가 육신의 양식을 너희에게 주는 걸 이미 보지 않았느냐? 그러니 육신의 양식일랑 걱정하지 말고, 영생하도록 있는 양식을 구하는 데 마음을 써라. 물론 그 양식도 내가 너희에게 주마. 나는 하나님의 위임을 받고 이 곳에 와 있기 때문에, 하나님의 능력으로 무엇이든 너희에게 해 줄 수 있느니라"

그러자 군중이 예수님께 질문을 했습니다.

우리가 어떻게 하여야 하나님의 일을 하오리이까(28절)

하나님의 일에 관해 묻다니, 군중이 이제는 뭘 좀 깨달은 걸까요? 하지만 그건 아니었습니다. 우리가 구원받아 천국에 가는 건 오직 예수를 믿는 믿음에 의해서입니다. 천국에 가기 위해 인간이 할 수 있는 건 정말이지 아무것도 없습니다. 그래서 구원이 은혜요, 선물입니다. 그런데도 이스라엘 백성은 천국에 가기 위해서는 할례를 받아야 하고, 절기를 지켜야 하고 선행을 많이 해야 하는 등, 어떤 행위를 해야 한다고 생각했습니다. 그래서 예수님이 그 행위 목록을 일목요연하게 나열해 주실 것을 기대하면서, 예수님께 하나님의 일에 대해 질문을 한 것이었습니다.

그 때 예수님이 어떻게 대답하셨나요?

하나님께서 보내신 이를 믿는 것이 하나님의 일이니라(29절)

'하나님께서 보내신 이'는 물론 예수님이십니다. 하나님은 인간의 죄 문제를 해결하시기 위해 예수님을 이 세상에 보내셨습니다. 예수님은 친히 어린 양이 되시어 십자가 위에서 속죄의 희생 제사를 드림으로써 인간의 죄를 도말(塗抹)하셨습니다. 인간은 하나님의 그런 경륜을 믿기만 하면 천국에 가게 됩니다. 그러기에 '하나님의 일'이란 예수 그리스도의 구원 사역을 그대로 인정하여 그분을 구세주로 영접하고, 그분 말씀에 순종하는 제자가 되는 것입니다.

"하나님께서 보내신 이를 믿는 것이 하나님의 일"이란 예수님의 말씀은 오늘의 한국 교회에 더욱 절실한 가르침입니다. 한국은 지금 다섯 명 중 한 명이 교회에 다닐 만큼 엄청난 기독교 인구를 자랑합니다. 그러나 하나님이 보내신 이를 믿는 믿음으로 교회에 다니는 사람은 과연 얼마나 될까요?

'하나님께서 보내신 이를 믿는 것이 하나님의 일'이기 때문에, 교회에서 하는 물리적인 일만이 하나님의 일이 되는 건 아닙니다. '하나님을 위하여'라는 깃발을 세웠다고 해서 무조건 하나님의 일이 되는 것도 아니고요. 하나님의 일은 공간과 범주의 문제가 아닙니다. 하나님의 일은 동기의 문제입니다. 그리스도인이 믿음의 동기로, 하나님 영광에 목적을 두고 행할 때만이 하나님의 일이 됩니다. 사도 바울이 로마서 14장 23절에서 "믿음을 따라 하지 아니하는 것은 다 죄니라"는 엄중한 말씀을 한 것도 그 때문입니다.

민수기 20장에서 그에 대한 전형적 예를 찾을 수 있습니다. 출애굽한 이스라엘 백성이 가데스 바네아에 이르러 마실 물을 구할 수 없게 되자, 모세에게 집단으로 데모를 했습니다. 이에 모세와 아론이 회막에 나아가 기도를 했고, 하나님이 그 대책을 강구해 주셨습니다.

> 지팡이를 가지고 네 형 아론과 함께 회중을 모으고 그들의 목전에
> 서 너희는 반석에게 명령하여 물을 내라 하라(8절)

그러나 화가 난 모세는 반석에게 명령하라는 하나님 말씀을 어기고, 지팡이로 반석을 두 번이나 쳤습니다. "우리가 너희를 위하여 이 반석에서 물을 내랴"10절고 혈기까지 부리면서 말입니다. 그는 하나님이 아니라 자신이 그 기적을 행하는 것처럼 행동했습니다. 그렇게 해서 모세는 하나님의 일이 아니라, 자신의 일을 한 결과를 초래하고 말았습니다. 하나님은 그런 모세를 가차없이 심판하셨습니다. 민수기 20장 12절 말씀을 보십시오.

> 너희[모세와 아론]가 나를 믿지 아니하고 이스라엘 자손의 목전에
> 서 내 거룩함을 나타내지 아니한 고로 너희는 이 회중을 내가 그들
> 에게 준 땅으로 인도하여 들이지 못하리라

모세를 40년씩이나 부려먹으신(?) 하나님이, 바로 그 모세에게 가나안 입성을 금하는 벌을 내리시다니요! 오직 그 한 가지 목적으로 40년을 불철주야 하나님 수종을 든 모세에게 말입니다.

그렇습니다. 기독교는 이토록 무섭게 내면의 동기를 따집니다. 어떤 담임 목사님이 있어 사람의 영혼을 구원하기 위해서가 아니라, 대형 교회를 만들어 사람 앞에 과시하기 위해서 열심히 목회를 한다면, 그분은 자신의 일을 할 뿐입니다. 오직 장로가 되려는 속셈으로 어마어마한 헌금을 교회에 내는 성도가 있다면, 그분 또한 하나님의 일과는 하등 관계가 없는, '내 일'을 할 뿐입니다.

사랑하는 교우 여러분!

여러분 중에 직장 혹은 다른 사정으로 교회 일을 하지 못해 괴로워하는 분은 계시지 않는지요? 이제 크게 걱정할 필요가 없다는 사실을 깨달았을 것입니다. 우리는 직장에서, 가정에서 얼마든지 하나님 일을 할 수 있습니다. 하나님께서 보내신 이를 믿는 것이 하나님의 일이기 때문입니다. 그런 분들은 일을 하는 가운데 직장 동료를 하나님 앞으로 이끌 수 있습니다. 그리고 예수 믿지 않는 가족을 전도해 가정 천국을 이룩해야 합니다.

또, 여러 가지 일을 맡아 지칠 법도 하지만, 기쁨으로 교회 봉사하는 분들을 주님의 이름으로 치하합니다. 그런 분들에게는 하나님께서 보내신 이를 믿는 것이 하나님의 일임을 명심하는 가운데, 믿음 단속에 더욱 마음을 쓰시라는 도전을 드리고 싶습니다. 시간과 물질과 정성을 다해 교회 일을 하면서 혹 믿음을 잃어 간다면, 그건 너무 안타까운 일이니까요.

마지막으로, 우리 모두는 예수님의 친동생 야고보 사도의 말씀을 명심해야 할 것 같습니다. 그래서 참된 믿음으로 교회 일을 하는 사람이 점점 많아져, 모두가 행복한 신앙 생활을 했으면 좋겠습니다.

> 행함이 없는 믿음은 그 자체가 죽은 것이라……너는 믿음이 있고 나는 행함이 있으니 행함이 없는 네 믿음을 내게 보이라 나는 행함으로 내 믿음을 네게 보이리라(약 2:17~18)

고린도전서 13장 7절

(사랑은) 모든 것을 참으며 모든 것을 믿으며 모든 것을 바라며 모든 것을 견디느니라

사랑과 믿음 06

　영숙이는 아주 가난한 집의 막내로 태어났습니다. 그는 중학교 과정을 검정 고시로 해결하고, 또래보다 4년이나 늦게 고등 학교에 진학했습니다. 그래도 부반장이 되어 어린 동료들을 보살피면서 그들과 잘 어울리는 즐거운 학교 생활을 해 나갔습니다. 그런데 고등 학교 2학년 때 영숙이네 학년에 큰 문제가 발생했습니다. 학생회장 선거철이 닥쳤는데 아무도 입후보를 하지 않는 것이었습니다. 중학교 학생회장 출신이 두 명이나 있었는데도, 모두 출마를 사양하고 있었습니다. 그 둘이 워낙 막강하기 때문에, 다른 사람은 입후보 할 엄두조차 낼 수 없었습니다. 그래서 나이 많은 영숙이가 문제 해결을 위해 나서기로 하고 선진이를 찾아갔습니다. 선진이가 유수한 중학교의 유능한 학생회장 출신이기 때문이었습니다.

　"선진아! 누가 네 이름을 지어 주셨니? 발음도 경쾌하지만, 참 활동적으로 들리거든."

그 말만 듣고도 선진이는 영숙이의 의도를 간파했습니다.

"학생회장 이야기야? 학생회장은 진옥이가 했으면 좋겠어. 나는 내가 원하는 대학, 원하는 학과에 진학하면 이 학교에 온 목적을 달성하는 걸로 정했거든."

하지만 우여곡절 끝에 선진이는 학생회장에 입후보하기로 결정했습니다. 또 다른 학생회장 출신 진옥이까지 설득해서 선의의 경쟁을 펼치기로 하고 말입니다. 영숙이가 선거 참모로 도와 준 덕에 선진이는 더욱 쉽게 당선했습니다. 새 회장이 임원진을 구성할 때, 영숙이는 총무 자리를 진옥이게 양보하고 학예부장을 맡았습니다. 선진이와 영숙이는 환상적인 호흡을 자랑하며 신바람 나게 학생회를 이끌었습니다. 선생님도, 학생도 그 해의 학생회에 크게 만족했습니다.

그런데 호사다마好事多魔라고, 그들 앞에 불행의 그림자가 드리웠습니다. 영숙이가 2학기 중간 고사 중에 부정 행위를 해서 정학을 당한 것이었습니다. 학생회 임원이 그런 비열한 짓을 하다니, 학교는 충격에 잠겼고, 그 사건에 대해서도 온갖 소문이 난무했습니다. 하지만 선진이는 그 일에 대해 단 한 마디도 하지 않았습니다. 대신 영숙이가 정학을 당하던 날, 귀가 길에 그의 집을 방문했습니다. 영숙이는 녹음기를 가지고 뭔가 작업을 하고 있었습니다.

"와아~, 누구는 하루 종일 공부하느라고 죽어나는데, 누구는 신선놀음이네!"

영숙이는 선진이의 농담에도 아랑곳하지 않은 채 정색하며 말했습니다.

"너한테 제일 미안했어. 미안해, 정말 미안해."

"미안하면 휴가 기간을 아주 즐겁게 보내시든가, 내 몫까지 말이야."

선진이는 정학 기간이 끝날 때까지 매일 영숙이 집에 들러 그 날 공부한 내용을 가르쳐 주었지만, 그 사건에 대해서는 끝까지 함구했습니다. 영숙이는 그토록 자신을 존중하고 믿어 주는 선진이에게 두고두고 사랑의 빚을 갚으리라 맹세했습니다. 녹음기로 그 때의 시름을 달랬던 영숙이는 대학 재학 중 아나운서 시험에 합격했고, 현재는 어느 방송국의 지방 본부장으로 일하고 있습니다. 그러니까 사장님이죠. 교회에서는 오래 전에 장로가 되었습니다.

앞에서 우리는 두 가지 종류의 믿음이 있음을 살펴보았습니다. 그것은 '구원 얻는 믿음'과 '은사로서의 믿음'입니다. 여기에서도 믿음을 두 가지로 분류해 보겠습니다. 하나님과의 관계에서의 믿음과 사람과의 관계에서의 믿음입니다. '하나님과의 관계에서의 믿음'은 우선, 하나님 말씀을 그대로 받아들여, 하나님이 성경에서 언약하신 것을 내게 해 주신 약속으로 수용하는 마음입니다. 이 믿음은 다름 아닌 구원 얻는 믿음입니다. 은사로서의 믿음 또한 하나님과 관련된 믿음입니다. 성령 하나님이 믿음의 은사를 주시기 때문입니다. 그렇다면 구원 얻는 믿음과 은사로서의 믿음은 둘 다 하나님과의 관계에서의 믿음입니다.

오늘 본문의 믿음은 '사람과의 관계에서의 믿음'입니다. 그래서 "사랑은 모든 것을 믿으며"는 문맥상 "사랑은 상대방을 전적으로 신뢰하며"로 바꿀 수 있습니다. 여기의 믿음은 결국 사람 사이의 신뢰입니다. 따라서 사랑은 모든 것을 믿는다는 건, 이웃을 사랑하는 사람은 그가 최선의 상태가 되리라고 신뢰한다는 것입니다. 사람은 흔히 주위에서 기대하고 믿어 주는 대로 됩니다. 우리가 어떤 사람을 신뢰하지 않으면, 그는 진짜로 못 믿을 사람이 되고 맙니다. 그런가 하면 어떤 사람을 전적으로 신뢰해 줌으로써 그를 믿을 만한 인물로 만들 수도 있습니다. 예화 속의 선진이가 영숙이를 두고 그렇게 했습니다. 영숙이가 소위 커닝이란 걸 해서 망신살이 뻗쳤음에도 불구하고, 선진이는 조금도 실망하지 않았습니다. 그러기는커녕 영숙이가 그 과오를 딛고 훌륭하게 성장할 거라고 믿어 주었습니다.

오늘 본문이 뜻하는 믿음에 관해서는 세 종류의 사람이 있습니다.
우선, 아무거나 다 믿는 어수룩한 사람입니다.
이런 사람은 텔레비전 광고를 믿고, 홈 쇼핑에서 소개하는 신제품을 모조리 사들입니다. 그들은 신문, 텔레비전, 인터넷 기사를 철석같이 믿습니다. 물론 비행접시의 존재도 믿습니다. 이처럼 어수룩한 사람은 모든 것을 믿을 만반의 준비가 되어 있습니다.
둘째는, 냉소적인 사람입니다.
이런 사람은 거의 아무것도 믿지 않습니다. 그는 자신을 현실주의자라고 말합니다. 그리고 사람들이 뭔가를 얻어 내기 위해 자신에게 접근한다고 생각합니다. 그는 이웃을 차가운 불신의 시선으로 바라봅니다. 그러기 때문에 그 누구든 이웃이 아니라, 경쟁자일 뿐입니다. 냉소적인 사람은 딱 한 가지를 믿는데, 그것은 "아무도 믿을 가치가 없다."는 사실입니다.
셋째는, 현명한 비평가입니다.
그는 모든 사람이 거짓말쟁이라고 생각하지 않습니다. 하지만 그들 중에 거짓말쟁이가 있음을 알기에, 사람을 신중하게 대합니다. 또, 대부분의 사람이 자기 이익을 보호할 필요가 있을 때는 거짓말을 할 수 있다고 생각합니다. 현명한 사람은 모든 것을 믿지는 않지만, 누군가가 믿을 만한 사람임이 입증되면 곧바로 믿을 준비가 되어 있습니다.

사랑은 모든 것을 믿는다고 할 때의 '모든 것'은 문자 그대로의 모든 것을 가리키는 건 아닙니다. 당시 고린도 교인들이 워낙 서로를 불신했기 때문에, 바울이 모든 것을 믿는 것이 사랑의 본질이라고 교훈한 것이었습니다. 그렇기 때문에 본문의 사랑을 하는 사람은, 아무거나 모조리 믿는 어수룩한 사람이 아니라 현명한 비평가입니다.

현명한 비평가에게 믿는다는 건, 어떤 사람에게 속는 한이 있더라도 그에 대한 궁극적 신뢰를 거두지 않는다는 것입니다. 물론 사랑 덕택에 그런 일이 가능합니다. 그렇다면 자녀에게 속아 주는 엄마가 좋은 엄마입니다. 몰라서 속고, 알면서도 속아 주는 엄마가 자녀를 훌륭하게 키울 수 있습니다. 똑똑한 척 하면서 절대로 속지 않겠다고 덤비는 엄마는 자녀를 피곤하게 할 뿐입니다. 사실, 자녀가 엄마를 속이는 건 식은 죽 먹기입니다. 그러므로 자녀의 앞날을 하나님께 맡기면서, 그들을 끝까지 신뢰해 주는 엄마가 믿음 좋은, 최고의 엄마입니다.

사랑은 지식을 기초로 합니다. 인간의 사랑은 눈멀고 귀먹어야 열렬히 할 수 있지만, 하나님 사랑인 아가페는 지식이 있어야 제대로 할 수 있습니다. 지식이 없는 사랑은 위험합니다. 중세에 페스트가 전 유럽을 휩쓴 때가 있었습니다. 페스트는 전염병이기 때문에 감염자를 철저히 격리시켜야 합니다. 그런데 중세 천주교 사제들은 그런 지식이 없어서 사람을 모조리 교회에 모아 놓고 기도회를 열었습니다. 당연히 페스트는 더욱 빠른 속도로 확산되었습니다. 이처럼 지식이 없는 사랑은 사람을 대량으로 죽이기도 합니다.

또 상대방을 많이 알면 알수록, 제대로 된 사랑을 할 수 있습니다. 그가 필요로 하는 것을 채워 줄 수 있기 때문입니다. 많은 가정에서 부모와 자식 사이가 삐거덕거리는 것도 상대방의 필요를 알지 못해서입니다. 다시 말하면, 상대방에 대한 구체적 지식이 없어서 서로 간에 갈등을 초래합니다.

사랑하는 교우 여러분!

사랑은 일반적 지식은 물론, 상대방에 대한 구체적 지식을 필요로 합니다. 상대방의 치명적 약점을 알고 나서도, 아니 그 때문에 그 사람을 사랑하게 된다면, 그게 바로 아가페입니다. 하나님은 내가 죄인이기 때문에 나를 사랑하셨습니다. 그냥 내버려 두면 지옥으로 떨어질 위인임을 아시기에, 내 이름을 불러 주셨습니다.

사랑은 모든 것을 믿습니다. 이는 이웃이 최악의 형편에 놓여 있을 때에라도, 그에게서 최선의 미래를 기대한다는 뜻입니다. 현명한 비평가가 그렇게 할 수 있습니다. 그는 상대를 알 만큼 알고 있으면서도, 여전히 그가 잘 될 거라고 신뢰하기 때문입니다. 선진이와 영숙이의 그런 믿음이 여러분 가정에, 그리고 우리 공동체에 강

2부

믿음의 대상

07 삼위일체 하나님
08 창조와 믿음
09 자존자自存者 하나님
10 하나님의 전능성

고린도후서 13장 13절

주 예수 그리스도의 은혜와 하나님의 사랑과 성령의 교통하심이 너희 무리와 함께 있을지어다

삼위일체 하나님 07

　그리스도인은 살아 계신 하나님을 믿습니다. 그 하나님은 삼위일체 하나님이십니다. 삼위일체란 각각 완전하신 성부, 성자, 성령, 삼위 하나님이 한 분 하나님이시라는 뜻입니다. 우리가 자주 암송하는 사도신경은 삼위일체 하나님에 대한 신앙 고백을 담고 있습니다.

　성경에 삼위일체三位一體, the Trinity라는 용어는 없습니다. 이단이 기독교를 공박할 때, 이 사실을 들먹이곤 합니다. 하지만 삼위일체론은 교리입니다. 삼위일체론이 교리라는 건, 그 근거가 되는 말씀이 성경에 충분히 있다는 뜻입니다. 기독교 교리라는 것이, 특정 주제에 관한 성경 가르침을 모조리 추출해서 체계화한 진리이기 때문입니다. 그렇다면 삼위일체론은 삼위 하나님, 혹은 삼위일체에 관한 성구를 모두 뽑아서 조직적으로 정리한 것입니다. 그렇기 때문에 삼위일체란 용어 자체가 성경에 없다는 사실은 문제가 되지 않습니다.

삼위일체론에 관해서 본질적인 문제는 따로 있습니다. 그것은 성부, 성자, 성령 삼위 하나님이 어떻게 한 분 하나님이 되시느냐 하는 점입니다. 서방 교회의 아버지요, 바울 이후 가장 위대한 신학자인 성聖 아우구스티누스354-430도 이 문제를 두고 엄청 고민했습니다.

'도대체 삼위三位 하나님이 어떻게 한 분 하나님이 되시는 걸까?'

그 날도 아우구스티누스는 바닷가 모래 위를 거닐며 이 질문과 씨름했습니다. 그러다 문득 눈을 들어 보니, 한 아이가 모래성을 쌓고 있었습니다. 아우구스티누스가 그 아이에게 물었습니다.

"아가야, 이 너른 바닷가에서 너 혼자 무얼 하고 있니?"

"바닷물을 모조리 퍼서 이 모래성에 부으려고요."

이 대답을 듣는 순간, 아우구스티누스는 아이에게서 자신의 모습을 보았습니다.

'삼위일체론을 인간의 지성으로 이해하려 하다니, 나도 저 아이와 다를 바 없구나.'

전설에 의하면, 그 아이는 천사였다고 합니다. 천사가 아이로 변신해 아우구스티누스로 하여금 삼위일체론을 이성으로 이해하려는 시도를 그치게 했습니다.

그러면 성경의 어떤 구절들이 삼위일체론의 근거로 작용했을까요?

우선, 오늘 본문을 보십시오. 고린도전서 13장 13절은 바울이 고린도 교회를 축복하는 기도로, 오늘날의 축도의 근거가 되는 성구입니다. 여기에는 성자 하나님이신 주 예수 그리스도, 성부 하나님,

그리고 성령 하나님이 나타나십니다. 또, 창세기 1장 1절의 '하나님'은 엘이 아니라, 복수 엘로힘입니다. 한 분 하나님이 복수로 표현된 것은, 천지 창조 때 삼위 하나님의 의논이 있었다는 증거입니다. 창세기 1장 26절을 보면 하나님이 난데없이 당신 스스로를 '우리'로 지칭하십니다.

> 하나님이 이르시되 우리의 형상을 따라 우리의 모양대로 우리가 사람을 만들고……

여기의 '우리' 역시 삼위일체 하나님을 가리킵니다.

삼위일체론의 근거가 되는 성구는 얼마든지 있습니다. 그러므로 다시 말하지만, 성경에 삼위일체란 용어가 없음은 전혀 문제가 되지 않습니다.

이제는 삼위일체 하나님의 의미를 좀더 자세히 살펴보겠습니다.

삼위일체 교리는 이해하기 어려운 신비요, 비밀입니다. 그래도 우리는 성경의 가르침을 따라 다음과 같은 세 가지 명제로 요약해서 그 진리를 깨달을 수 있습니다.

첫째, 하나님은 성부, 성자, 성령 삼위로 영원히 존재하십니다.

하나님이 삼위라는 말은 성부가 성자가 아니라는 말입니다. 그분들은 독립된 인격체입니다. 하나님이 삼위라는 말은 성자가 성령이 아니라는 말입니다. 그분들은 독립된 인격체입니다. 하나님이 삼위라는 말은 성령이 성부가 아니라는 말입니다. 그분들은 독립된 인격체입니다. 성부, 성자, 성령 하나님은 각각 다른 인격체입니다. 인격체란 인간과 의사 소통이 가능한 존재란 뜻입니다. 인격人格, personality이란 도적적 행위 주체로서, 진위眞僞와 선악을 판단할 수 있는 능력과 자율적 의미 등을 지닌 존재를 가리킵니다.

둘째, 각 위位, person는 완전하신 하나님이십니다.

성경은 또 각 위가 완전하신 하나님이라고 증언합니다. 그러니까 성부 하나님도 완전하신 하나님, 성자 하나님도 완전하신 하나님, 성령 하나님도 완전하신 하나님이십니다. 성부 하나님 3분의 1, 성자 하나님 3분의 1, 성령 하나님 3분의 1, 도합 '1'이 되는 하나님이 아니십니다. 성부, 성자, 성령이 각각 '1'로서 완전하신 하나님이십니다. 그러므로 하나님의 속성도 성부, 성자, 성령 하나님께 각각 완전하게 적용됩니다. 예를 들면, 하나님의 자존성自存性은 성부 하나님만 지니신 속성이 아니어서, 성자도, 성령도 각각 스스로 계시는 하나님이십니다.

삼위일체론이 여기에서 그친다면, 문제 될 게 없습니다. '아~ 하나님이 세 분이시구나.' 하고 끝을 맺으면 되기 때문입니다. 그러면 논의는, 동일하게 하나님이신 세 분 하나님이 계신 체제, 즉 삼신론三神論으로 귀결됩니다. 문제는 바로 이 지점에서 발생합니다. 우리가 믿는 하나님은 세 분 하나님이 아니라, 오직 한 분이시기 때문입니다.

셋째, 하나님은 오직 한 분이십니다.

성경은 하나님의 유일성을 거듭 강조합니다. 하나님은 세 분이 아니라 오직 한 분이 계십니다. 신명기 6장 4~5절은 하나님의 유일성을 증언하는 대표 성구입니다.

> 이스라엘아 들으라 우리 하나님 여호와는 오직 유일하신 여호와이시니 너는 마음을 다하고 뜻을 다하고 힘을 다하여 네 하나님 여호와를 사랑하라

이처럼 성경에 의하면, 하나님은 분명 한 분이십니다. 그러면 성부, 성자, 성령 삼위 하나님이 도대체 어떻게 한 분 하나님으로 존재하실까요? 초대 교부들은 이 문제를 두고 평생 씨름했습니다. 하나님이 그들에게 지혜를 주셔서, 그들이 깨달은 바는 상호 침투 혹은 상호 내주相互來住의 존재 방식입니다. 삼위 하나님은 각각 구별된 위격이지만, 완전히 분리되어 존재하시는 게 아니라, 성부는 성자와 성령 안에 침투 혹은 내주하시고, 성자는 성부와 성령 안에 침투 혹은 내주하시고, 성령은 성부와 성자 안에 침투 혹은 내주하십니다. 그렇게 해서 삼위 하나님은 완전히 연합된 존재로 계시기 때문에, 하나님은 한 분이실 수밖에 없습니다. 다시 한 번 정리하면, 삼위 하나님은 상호 침투, 혹은 상호 내주의 방식에 의해 하나님의 완전한 연합체 혹은 통일체로 존재하시기 때문에, 오직 한 분이십니다.

삼위일체 교리는 참으로 많은 논란을 딛고 오늘에 이른 진리입니다. 만약 믿음의 선진들이 삼위일체론을 포기했다면 기독교도, 성경도 무너지고 말았을 것입니다. 성경을 보면, 예수님은 공생애 3년 동안 아버지 하나님께 기도를 드렸습니다. 하나님이 삼위로 계

시지 않는다면, 성자가 성부께 기도하는 건 불가능합니다. 기도를 하시는 성자 하나님과 기도를 받으시는 성부 하나님이 구분되지 않기 때문입니다. 삼위일체론을 포기했을 경우, 가장 치명적인 문제는 예수 그리스도의 대속입니다. 사죄의 은총은 하나님만 베푸실 수 있습니다. 그러므로 예수님이 성자 하나님이 아니고 일개 피조물이라면, 우리 죄를 대신 지실 자격이 없게 됩니다. 그렇게 되면 기독교의 구원은 물 건너가고, 성경의 예수님 이야기는 허무맹랑한 소리가 되니, 성경이 거짓 문서로 전락할 수밖에 없습니다.

삼위일체론은 기독교의 핵심 진리로, 성경을 지탱하는 근간입니다. 그러므로 기독교인이라면 반드시 삼위일체론을 믿어야 합니다. 예수 믿는다는 건 삼위일체 하나님을 믿는다는 뜻입니다. 우리는, 그 옛날 아우구스티누스가 그랬던 것처럼, 인간의 이성으로 삼위일체 교리를 이해하려는 시도를 중단해야 합니다. 삼위일체 교리가 "우리 하나님 여호와께 속한 오묘한 일"신 29:29임을 인정하고, 삼위일체 하나님에 대한 신앙을 고백해야 합니다.

사랑하는 교우 여러분!

지식에는 두 가지가 있습니다. 초월적 지식과 합리적 지식입니다. 합리적 지식은 이성으로 납득 가능한 지식입니다. 학교에서 다루는 지식이 여기에 속합니다. 반면에, 초월적 지식은 믿음의 대상이 되는 지식입니다. 중세의 철학자 안셀무스가 "나는 알기 위하여 믿는다."는 말을 했습니다. 이는 믿으면 알게 된다는 뜻입니다. 이처럼 믿어야만 알게 되는 지식이 다름 아닌 초월적 지식입니다.

성경에는 이 두 가지 지식이 섞여 있습니다. 삼위일체론은 초월적 지식입니다. 그렇기 때문에 하나님은 성부, 성자, 성령 삼위 하나님으로 영원히 계시고, 삼위 하나님은 각각 완전하신 하나님이고, 삼위 하나님은 한 분이라는 사실을 믿으면 그만입니다. 삼위 하나님의 존재 방식이 상호 침투 혹은 상호 내주여서 한 분 하나님이 되시는 거라는 설명은, 보너스일 뿐입니다.

그래도 삼위일체론이 믿어지지 않는다면, 하나님께 솔직히 고백하고 믿어지게 해 주시도록 기도하면 됩니다. 삼위일체론을 믿기는 하지만, 여전히 의심의 찌꺼기가 남아 있다 해도 걱정할 것 없습니다. 이다음 하늘 나라에 가서 하나님께 직접 여쭈어 보면 되니까요.

그리스도인은 삼위일체 하나님을 믿습니다. 우리 믿음의 대상은 삼위일체 하나님이십니다. 태초에 성부 하나님은 천지 창조를, 성자 하나님은 인간 구원을, 성령 하나님은 피조물 섭리를 주도하기로 의논하셨습니다. 우리는 그런 삼위 하나님께 동일한 관심을 기울여야 합니다.

창세기 1장 1절

태초에 하나님이 천지를 창조하시니라

창조와 믿음 08

　경상 북도 포항시 흥해읍에 가면 아주 훌륭한 기독 대학이 있습니다. 그 학교는 1995년에 설립되어 교회보다 더 교회 같은 은혜로운 대학으로 이름을 날리고 있습니다. 대한 민국 기독 청소년의 선망의 대상이기도 한 그 학교는 다름 아닌 한동 대학교입니다. 한동대만큼이나 유명하신 분도 계신데, 바로 김영길 총장입니다. 한동대를 세워 지금껏 총장으로 섬기고 있는 그분은 안동의 지례 마을에서 태어났습니다. 안동에 임하댐을 건설할 때 물에 잠겨 없어진 그 마을은 자전거조차 탈 수 없는 산골짜기였습니다. 김영길 총장은 초등 학교 4학년이 되어서야 비로소 기차와 자동차를 처음 보았답니다. 그런 시골뜨기 소년이 서울 공대를 졸업하고 미국 유학까지 갔습니다. 그분은 박사 과정 때, 한국에 있는 한 처녀를 색시감으로 소개받았습니다. 역시 미국으로 유학 갈 계획을 세우고 있는 젊은이였습니다. 몇 년 전,『갈대 상자』란 책을 내어 유명해진 김영

08 창조와 믿음　79

애 사모님입니다.

그런데 둘 사이에 한 가지 문제가 있었습니다. 영애 처녀는 독실한 기독교 신자인데 반해, 영길 청년은 엄한 유교 가문의 자제여서 교회라곤 문턱조차 밟아 보지 않았다는 점이었습니다. 하지만 청년은 처녀의 요청에 따라, 결혼을 하면 기독교에 관심을 가지겠노라는 약속을 했습니다. 그렇게 해서 일 년 동안 편지와 전화로 사랑을 속삭인 두 사람은 얼굴 한 번 보지 못한 채 결혼에 골인goal in 했습니다. 박사가 된 김영길은 미국 나사NASA, 미국 항공우주국와 인코니켈 생산 업체에서 근무를 했습니다. 미국 사람도 부러워하는 직장입니다.

결혼을 한 김영길 박사는 아내에게 약속한 대로 교회에 나갔습니다. 성경도 공부하기 시작했습니다. 그는 과학자답게 성경 내용을 하나하나 과학적으로 분석해 보았습니다. 그런데 이를 어쩌나, 성경에는 말이 안 되는, 허무맹랑한 내용이 너무 많습니다. 아니, 창세기 1장 1절부터 문제였습니다. "태초에 하나님이 천지를 창조하시니라"는 말씀을 향한 그의 질문은 끝도 없었습니다.

'태초가 언제냐?'
'하나님이 누구시냐?'
'하나님은 언제, 어떻게 그 존재가 시작되었느냐?'
'천지가 창조될 때 그 재료는 무엇이었느냐?'
'하나님께는 인간 설계도가 있을 거 아닌가?'
'천지 창조에 관계된 물리적, 화학적 반응은 무엇이었는가?' 등등…….

그는 이런 문제들을 명쾌하게 해결하지 않고는 성경을 계속 읽어 나갈 수가 없었습니다. 성경의 내용을 믿고 싶은 마음은 굴뚝같은데 도무지 믿어지지 않아서, 그는 죽을 만큼 고통스러웠습니다. 오죽했으면 그가 출석하는 클리블랜드 한인 교회 교우들이 그를 위해 기도팀을 가동했겠습니까?

"하나님! 불쌍한 우리 김영길 형제에게 믿음을 주세요."

그러던 어느 날 밤, 그는 자다가 눈이 떠져서 일어나 주방으로 갔습니다. 냉장고에서 물을 꺼내 마시려는 순간, 불현듯 한 생각이 그의 머리를 강타했습니다.

'그래, 태초가 언제든, 하나님이 언제부터 계셨든, 무엇으로 어떻게 천지 창조를 하셨든 그게 무슨 문제람? 하나님이 계시고, 하나님이 천지 창조를 하신 사실이 중요하지. 그래, 맞아, 그런 건 과학으로 증명할 대상이 아니야. 그냥 믿으면 되는 거지.'

그 소중한 깨달음에 감격해서, 그는 밤새 울음을 그칠 수 없었습니다. 그토록 어렵게 시작된 믿음의 발걸음은 이 땅에 어엿한 하나님의 학교를 설립하는 데까지 이르렀습니다.

지식에는 합리적 지식과 초월적 지식, 두 가지가 있습니다. 합리적 지식은 인간의 이성으로 납득할 수 있는 지식입니다. 이 지식은 과학적 증명이 가능하기 때문에, 믿어지고 안 믿어지고가 없습니다. 우리는 학교 공부를 통해서 이런 지식을 습득합니다. 간단한 수학 문제 하나를 예로 들어 볼게요. ab+ac는 a(b+c)로 인수 분해를 할 수 있습니다. 선생님이 설명하고, 학생이 이해하면 그걸로 끝납니다. 그런데 만약 어떤 수학 선생님이 이걸 가르치면서 "여러분!

이 사실이 믿어져요?"라고 묻는다면, 미안하지만 그분은 정신과 치료를 받아야 할 것입니다.

초월적 지식은 오직 믿음의 대상이 되는 지식입니다. 이 지식은 과학으로 증명할 수도, 증명할 필요도 없는 초과학적 지식입니다. 예를 들어 볼까요? 사람은 남자와 여자가 결혼을 해야 아기를 낳을 수 있습니다. 처녀 혼자서는 아기를 낳을 수 없는 게, 하나님이 인간에게 마련해 주신 법칙입니다. 그런데 예수님 어머니 마리아가 숫처녀의 몸으로 예수님을 낳았습니다. 이 같은 동정녀 탄생 기사는 초월적 지식입니다. 그렇기 때문에 누구든 예수님의 동정녀 탄생을 믿으면 그만입니다. 그걸 생물학적으로 증명하려 한다면, 멍청한 처사입니다.

흔히 사람들은 초월적 지식을 합리적 지식의 틀에 끼워서 재단하는 우愚를 범합니다. 특히 지식인이 그렇게 하기 쉽습니다. 세계적인 물리학자 김영길 박사 역시 그런 어리석음에 빠져, 하나님과 하나님 사역을 왈가왈부했습니다. 그런 미망迷妄에 잠겨 있는 동안, 그분의 신앙은 언제나 슬픈 난쟁이로 서 있었습니다. 그분이 초월적 지식을 합리적 지식의 틀에서 빼내어 초합리적으로, 초과학적으로 대하기 시작했을 때, 비로소 그 속에 믿음이 탄생했습니다.

성경에는 합리적 지식과 초월적 지식이 어우러져 있습니다. 성경 속의 합리적 지식은, 학교에서 얻은 지식을 동원하여 설명할 수 있습니다. 한국어, 역사, 지리, 수학, 과학, 외국어 등의 지식이 그 일을 가능하게 합니다. 성경의 합리적 지식은 우리 믿음을 성장시킵니다. 예를 들어 볼까요? 믿음의 조상 아브라함의 생존 연대는 주전 1900년대입니다. 그렇다면 아브라함은 우리 나라 고조선 시대에 산 인물입니다. 또, 힛데겔 강과 유브라데 강은 에덴 동산에서 시작된 강이었습니다. 이 두 강이 각각 티그리스, 유프라테스란 사실을 아시는지요? 그 옛날 이 두 강은 오리엔트 문명의 발상지인 메소포타미아 지역을 적셨고, 지금도 여전히 중동 지역을 흐르고 있습니다. 어떻습니까, 이쯤 되면 창세기 내용들이 역사적 사실로 마음에 다가오지 않습니까? 또, 이사야 9장 6절은 예수님을 '모사' 謀士로 지칭합니다. 한국에서는 '모사'라는 단어가 부정적인 의미로 사용됩니다. 그래서 영어 성경을 찾아보면 'counselor'로 번역되어 있습니다. 영어 번역을 통해 예수님이 상담자라는 사실을 깨달았을 때, 우리 믿음은 확장됩니다.

성경에는 또 초월적 지식에 속하는 수많은 기사가 번뜩입니다. 이는 우리가 어찌할 수 없는 부분입니다. 예수님의 동정녀 탄생을 다시 한 번 생각해 볼까요?

'하나님 아들이 인간이 되어 오시는데, 인간과 똑같은 방법을 택하실 수는 없지. 뭔가 특별한 방법이어야 하지 않을까? 그렇다면 동정녀 탄생이 딱이네!'

동정녀 탄생을 믿는 사람은 그 해석이 이렇게 간단합니다. 그와는 정반대로, 믿어지지 않는 데는 또 어쩔 도리가 없습니다. 그래서 믿음이 하나님 선물입니다. 앞에서 본 대로, 김영길 장로님처럼 똑똑한 분은 창세기 1장 1절이 믿어지지 않아 몸부림쳤습니다. 여러분은 어떻습니까, 창세기 1장 1절을 의심해 본 적이 있으신가요? 모르긴 해도, 거의 없을 것입니다. 그런데도 우리는 그 일을 두고 단 한 번도 하나님께 감사드린 적이 없습니다. 아니, 창세기 1장 1절이 믿어지는 게 커다란 복이란 사실조차 모른 채 살아 왔습니다.

"태초에 하나님이 천지를 창조하시니라"

　이는 초월적 지식에 속하는 말씀입니다. 나아가, 믿을지 말지를 결정하라고 다그치는 엄숙한 선언입니다. 그 어느 것 한 가지도 설명해 주지 않은 채 말입니다.

　우선, 태초가 언제인지 도무지 알 수 없습니다. 혹, 똑똑한 분들은 창세기 족보 속 인물이 산 기간을 모두 합해서 태초가 8천여 년 전이라고 생각할지 모르겠습니다. 하지만 하나님께는 하루가 천 년 같고 천 년이 하루 같기벧후 3:8 때문에 그런 계산으로는 태초를 밝힐 수 없습니다.

　또, 이 말씀은 아예 하나님 존재를 전제하고 있습니다. 하나님에 대한 일언반구—一言半句의 설명도 없이 대뜸 그분이 천지를 창조하셨다고 선언하기 때문입니다. 그러니 하나님이 계시지 않는다고 생각하는 사람은, 이 말씀 앞에서 얼마나 난감하겠습니까? 우리는 이제 창조주 하나님이 믿어진다는 사실만으로도 무한한 감사를 드려야겠습니다. 천지 창조 설계도, 인간 설계도는 이다음에 하늘 나라 가면 자세히 볼 수 있을 것입니다. 최근에 인간 설계도라 할 수 있는 게놈 지도가 완성되었다고 하지만, 그것이 어찌 하나님의 인간 창조 설계도와 맞먹을 수 있겠습니까?

여기까지 왔는데도 여전히 하나님의 천지 창조가 믿어지지 않는 분이 계십니까? 걱정하지 마십시오. 교회에 열심히 나와서 예배를 드리고 오후 성경 공부를 하다 보면, 어느 날 문득 하나님이 김영길 장로님처럼 믿을 수 있게 해 주실 것입니다. 그 외에도 하나님과 성경 말씀에서 믿어지지 않는 부분이 있으면, 그대로 하나님께 고백하십시오. 의심한다는 것은 믿고자 하는 몸부림의 다른 표현이기 때문에, 하나님이 귀하게 여기십니다. 사람들은 흔히 예수님 제자 도마를 믿음 없는 사람의 상징으로 삼곤 합니다. 그가 예수님의 부활을 믿을 수 없어 그 손의 못 자국을 만져 보고 싶어했기 때문입니다. 하지만 도마는 결코 믿음 없는 몹쓸 사람이 아닙니다. 믿고 싶은 열망이 너무나도 간절해서 그런 마음까지 품은 것뿐입니다.

사랑하는 교우 여러분!
"태초에 하나님이 천지를 창조하시니라"
이 무시무시한 선언이 믿어지십니까? 그렇다면 하나님께 눈물의 감사를 올리십시오. 하나님이 천지 창조를 하셨기 때문에 하나님은 우주의 주인이십니다. 하나님이 나를 창조하셨기 때문에 하나님은 나의 주인이시고, 나는 하나님의 것입니다. 그러므로 우리는 나의 주인이신 하나님께 무엇을, 어떻게 해야 할지를, 늘 궁리하며 살아가야 합니다.
"태초에 하나님이 천지를 창조하시니라"
혹, 이 말씀이 믿어지지 않는다 해도 염려하지 말고, 그대로 하나님께 아뢰십시오. 또, 기회를 얻는 대로 하나님 말씀을 공부하십시오. 그러면 삼위 하나님 중 성령 하나님이 친히 그 문제를 해결해 주실 것입니다. 성령 하나님은 오직 성부 하나님의 말씀 위에 역사하는 하나님이시기 때문입니다.

출애굽기 3장 13~14절

모세가 하나님께 아뢰되 내가 이스라엘 자손에게 가서 이르기를 너희의 조상의 하나님이 나를 너희에게 보내셨다 하면 그들이 내게 묻기를 그의 이름이 무엇이냐 하리니 내가 무엇이라고 그들에게 말하리이까 하나님이 모세에게 이르시되 나는 스스로 있는 자이니라 또 이르시되 너는 이스라엘 자손에게 이같이 이르기를 스스로 있는 자가 나를 너희에게 보내셨다 하라

자존자自存者 하나님 09

　나는 아버지 어머니에게서 태어났습니다. 마찬가지로 아버지는 할아버지에게서 태어났습니다. 할아버지는 증조 할아버지에게서, 증조 할아버지는 고조 할아버지에게서, 그리고 고조 할아버지는 현조 할아버지에게서 태어났습니다. 그 다음부터는 특별한 이름이 없어서 5대조 할아버지, 6대조 할아버지 등이 됩니다. 이런 식으로 올라가다 보면 단군 할아버지에 이를까요? 어쨌든 계속해서 올라가고 또 올라가면 아담 할아버지에 이릅니다. 아담 할아버지는 물론 하나님이 직접 지어 주셨습니다. 여기까지는 별 문제가 없습니다. 불신자가 문제를 삼는 건 바로 이 지점이기 때문입니다.
　"그럼 하나님은 누가 만들었는데?"
　한 번이라도 열심히 전도해 본 사람이라면, 이런 질문 앞에서 곤혹스러웠던 기억이 생생할 것입니다. 누가 만들었는가 하는 문제는 인간 세상에나 적용되는 것인데, 하나님을 누가 만들었냐니 황당하지 않을 수 없습니다. 그럼에도 성경에는 그에 대한 답이 있습니다. 그것도 하나님 음성으로 직접 들려주신 말씀입니다. 본문 14절 말씀을 보십시오.

> 하나님이 모세에게 이르시되 나는 스스로 있는 자이니라

하나님은 스스로 계시는 분이십니다. 전도자인 우리의 의무는 여기까지 말해 주는 것입니다. "뭐, 스스로 존재해? 예수쟁이는 말도 잘해." 하면서 비아냥거리는 사람에게는 더 이상 말할 필요가 없습니다. "그래, 그렇구나. 그러니까 하나님이시구나." 하면서 관심을 보이는 사람에게만 계속해서 복음을 설명하면 됩니다.

어떻습니까, 여기까지 듣고 나니까 짚이는 게 있지요? 그렇습니다. 하나님이 스스로 계시는 분이란 계시는 초월적 지식입니다. 그렇기 때문에 믿으면 천국 가는 것이고, 믿지 못하면 지옥으로 떨어집니다. 초월적 지식을 두고서는 불신자와 논쟁할 필요가 없습니다. 아니, 논쟁을 해서는 안 됩니다. 우리는 그저 초월적 지식을 선포하기만 하면 됩니다. 그 다음은 하나님이 알아서 하실 일입니다.

삼위일체 하나님은 '스스로 있는 자', 즉 자존자自存者이십니다. 자존자는 누군가가 그를 만든 것이 아니라, 그 존재 근거를 자신에게 두고 있는 자입니다. 그에 반해, 피조물은 자신의 존재 근거를 타자他者에게 두고 있는 자입니다. 제아무리 잘난 사람이라도 부모가 낳아 주어야 존재할 수 있습니다. 그리고 모든 물건에는 반드시 제작자가 있습니다. 이처럼 인간과 만물은 어떤 타자가 있어 그들

을 만들어 주어야 합니다.

바로 그 타자가 하나님이라고 주장하는 게 창조론입니다. 창조론에 의하면, 자존자 하나님이 인간과 만물을 창조하셨습니다. 창조론은 이처럼 창조주와 피조물 사이의 관계에 초점을 맞춥니다. 그래서 피조물인 우리는 우리의 존재 근거가 되시는, 자존하시는 창조주 하나님을 경배하고 찬양합니다. 그것이 예배입니다.

그에 반해, 진화론에는 창조주가 없습니다. 인간과 만물은 스스로 진화해서 오늘에 이르렀습니다. 앞으로도 진화는 계속될 테고, 그러면 언젠가 인간은 완벽해져서 스스로 하나님이 될 것입니다. 그러는 사이, 이 세상은 유토피아로 바뀔 것입니다. 이런 주장을 하는 진화론은 인간과 만물의 존재 근거를 대지 못합니다. 물론 태초에 단세포 생물이 있어, 그것이 만물의 씨앗이 되었다고 말합니다. 그렇다면 그 단세포 생물은 어디서 왔단 말입니까? 만물의 기원을 밝히겠다고 나선 진화론은 그 목적을 달성하기는커녕, 피조물 사이의 선후先後 관계만 이야기하다 끝나 버렸습니다. 아니, 여전히 역사의 암덩어리로 건재합니다.

오늘 본문에는 어느 새 80세가 된 모세가 등장합니다. 아시다시피 모세는 나일 강에서 구출되어 이집트 왕자가 된 유대인입니다. 그는 40년간 이집트 궁정에서 당대 세계 최고의 학문과 문화를 익혔습니다. 그러나 유대인으로서의 정체성만은 놓지 않았습니다. 그러다 이집트 사람을 죽이게 되었고, 그 때문에 동족에게 배척당해 미디안 광야로 도망쳐야만 했습니다. 광야는 사막의 다른 이름입니다. 모세는 거기서 40년간 처가살이를 하며 장인어른의 양치기 노릇을 했습니다. 지금이야 똑똑한 사위와 함께 살고 싶은 부모가 많지만, 그 옛날에는 세상에서 제일 못난 남자가 하는 게 아내 집에 얹혀사는 것이었습니다. 그런데 모세는 한두 해도 아니고 40년을 처가살이했으니, 그 처량한 신세를 알 만합니다.

그러나 이는 하나님의 계획이었습니다. 하루아침에 이집트 왕자에서 처가살이 목동의 신세로 전락했을 때, 모세는 자살이라도 하고 싶었을 것입니다. 그런데도 꿋꿋이 견뎌 낼 수 있었던 건 하나님의 섭리가 개입했기 때문이었습니다. 그런 과정을 거치지 않으면, 강퍅하기 그지없는 이스라엘 백성을 감당할 수 없었을 테니 말입니다. 모세는 40년간 하나님이 미디안 광야에 개설하신 신학교에서 홀로 하나님의 교육을 받았습니다. 마침내 모세가 그 학교를 졸업하는 날, 하나님이 친히 모세를 부르셨습니다. 이집트로 돌아가 이스라엘 백성을 구해 내라고요. 그러나 모세는 온갖 이유를 대면서 하나님 명령을 거절했습니다. 하나님은 화도 내지 않으시고, 모세가 제기하는 문제를 하나하나 해결해 주셨습니다. 그러나 모세가 끝내 말씀드리지 못한 이유도 있었습니다.

'하나님! 제가 이래봬도 살인자거든요. 40년 전 살인을 하고 이리로 도망온 거 아시잖아요? 그런데 살인자가 구원자로 재등장하면 모두들 코웃음 치지 않을까요?'

하나님께는 그 사실도 문제 될 게 없었습니다. 그런 하나님 앞에서 모세는 부득불 이집트로 가겠다는 결정을 내렸습니다. 그러고 나니 태산과 같은 문제 하나가 또 모세 앞에 우뚝 섰습니다.

본문 13절 말씀에서 그 문제를 파악할 수 있습니다.

> 모세가 하나님께 아뢰되 내가 이스라엘 자손에게 가서 이르기를 너희의 조상의 하나님이 나를 너희에게 보내셨다 하면 그들이 내게 묻기를 그의 이름이 무엇이냐 하리니 내가 무엇이라고 그들에게 말하리이까

이 말씀을 보면 이스라엘 백성이 하나님을 잘 모른다는 이야기인데, 뭔가 좀 이상하지 않습니까? 모세가 "너희의 조상의 하나님이 나를 너희에게 보내셨다." 하면 이스라엘 백성 모두가 납작 엎드릴 것 같은데, 그렇지가 않은 모양이니 말입니다. 여기의 '너희의 조상'은 다름 아닌 아브라함, 이삭, 야곱이거든요. 그분들은 이스라엘 백성에게 만병통치약 같은 존재여서, 하나님을 소개하는 데 그 이상의 권위는 없습니다. 그런데도 모세가 하나님 이름을 다그쳐 여쭙다니, 어찌 된 사연일까요?

그 당시 이스라엘 백성은 이미 4백 년 넘게 이집트에 거주했습니다. 물론 그들은 이집트 사람과 분리된 채 자기들끼리 살았습니다. 하지만 거주지 분리만으로 이집트 영향을 차단하기에는, 그 세월이 너무 길었는지 모르겠습니다. 이집트는 다신교 국가여서 온갖 동식물과 자연에 이름을 붙여 신으로 섬겼습니다. 이스라엘 부모가 아무리 신앙 교육을 시켜도, 이집트 영향을 받은 자녀들은 하나님이 유일신이란 진리를 망각하곤 했습니다. 모세가 그토록 절실하게 하나님 이름을 필요로 한 건 그 때문이었습니다. '스스로 있는 자'는, 그런 절박한 모세에게 하나님이 친히 알려 주신 당신의 이름입니다.

그러면 '스스로 있는 자'라는 하나님 이름에는 어떤 뜻이 담겨 있을까요?

우선, 하나님은 과거에도 계셨고, 현재에도 계시고, 미래에도 계실 것이라는 뜻이 담겨 있습니다. 하나님은 시작도 없고 끝도 없이 영원히 존재하시는 유일한 신이십니다.

둘째, 스스로 계시는 하나님은 전능하신 신이십니다. 그러므로 이스라엘을 이집트에서 구출해 가나안으로 인도하시는 일쯤은 식은 죽 먹기입니다. 당시의 가나안은 세계에서 가장 강력한 민족들이 차지하고 있어서, 신앙심 깊은 모세조차 그 입성을 걱정할 정도였습니다. 스스로 계시는 하나님의 전능성은, 출애굽 직전의 열 가지 재앙에서도 증명되었습니다. 열 가지 재앙을 통해 하나님이 무찌르신 건 다름 아닌 이집트 신들이었기 때문입니다. 피, 개구리, 이, 파리 등이 이집트 신들이었냐고요? 물론입니다.

셋째, 스스로 계시는 하나님은 모세가 필요로 하는 것이면 무엇이든 되어 주실 수 있습니다. 이는 모세가 필요로 하는 것을 다 주실 수 있다는 의미를 넘어섭니다. 이 두 경우의 차이를 비유로 설명해 볼게요. 내가 짝사랑하는 남자나 여자가 있다고 가정해 봅시다. 그가 어느 날, "내가 애인 될 사람을 소개해 줄게." 한다면, 얼마나 기쁠까요? 물론 가슴 한 구석은 쓰리겠지만, 그래도 그 사람이 내게 관심을 표명한 게 어딥니까? 하지만 그가 만약 "내 자신이 너의 애인이 되어 줄게."라고 한다면, 좋아서 까무러치고 말 것입니다. 스스로 계시는 하나님은, 내가 필요로 하는 모든 것이 되어 주실 수 있는 하나님이십니다.

사랑하는 교우 여러분!

인간과 피조물은 그 존재 근거를 하나님께 두고 있습니다. 반면에, 하나님은 스스로 계시는 분이십니다. 그분 자신이 창조주이기 때문입니다. 스스로 계시는 하나님의 속성, 즉 자존성自存性은 성부, 성자, 성령 삼위 하나님께 공히 적용됩니다. 이는 성자 하나님과 성령 하나님 역시, 성부 하나님처럼 피조물이 아니시라는 뜻입니다.

'스스로 있는 자' 하나님 관련 계시는 초월적 지식입니다. 그러므로 이제 우리는, '하나님은 누가 만들었느냐?'는 질문 앞에 주눅들지 않아도 됩니다. 스스로 계시는 하나님을 알려 주는 것으로, 전도자의 임무가 끝나기 때문입니다.

여러분은 스스로 계시는 하나님이 내게 무엇이 되어 주시기를 원합니까? 여러분이 들어가고 싶은 대학원 혹은 회사가 되어 주시길 원한다면, 이 시간 그렇게 기도하십시오. 모세의 하나님이 바로 나의 하나님이시기 때문입니다.

에베소서 3장 20~21절

우리 가운데서 역사하시는 능력대로 우리가 구하거나 생각하는 모든 것에 더 넘치도록 능히 하실 이에게 교회 안에서와 그리스도 예수 안에서 영광이 대대로 영원무궁하기를 원하노라 아멘

하나님의 전능성 10

구약 성경 욥기의 주인공은 욥입니다. 히브리 어 발음으로는 욥이지만, 영어로 표기하면 'Job'입니다. 직업이란 뜻이죠. 욥기 1장 1절에 의하면, 욥은 "온전하고 정직하여 하나님을 경외하며 악에서 떠난 자"였습니다. 그에게는 7남 3녀의 자녀가 있었고, 재산도 어마어마했습니다. 양이 7천 마리, 낙타가 3천 마리, 소가 오백 겨리, 암나귀가 오백 마리나 되었고, 종도 많았습니다. 성경은 그를 가리켜 '동방 사람 중에 가장 훌륭한 자'라고 했습니다. 욥의 자녀들이 각각 자기 생일 잔치를 하고 난 다음 날 아침이면, 욥은 자녀 수대로 번제를 드렸습니다. "혹시 내 아들들이 죄를 범하여 마음으로 하나님을 욕되게 하였을까"욥 1:5 염려되기 때문이었습니다.

그런데 어느 날, 욥은 하루아침에 십 남매나 되는 자녀와 그 많은 재산을 모조리 잃고 말았습니다. 이유도 알지 못한 채 알거지가 된 것이었습니다. 'as poor as Job'이란 영어 숙어는 그런 욥의 상황에서 유래한 건 아닐까요? '매우 가난한, 가난하기 짝이 없는'이란 뜻을 지니고 있기 때문입니다. 하지만 그 모든 일에도 불구하고 욥은 범죄하지 않았고, 하나님을 원망하지도 않았습니다. 그러기는커녕 스스로를 이렇게 위로했습니다. 욥기 1장 21절 말씀입니다.

> 내가 모태에서 알몸으로 나왔사온즉 또한 알몸이 그리로 돌아가올지라 주신 이도 여호와시요 거두신 이도 여호와시오니 여호와의 이름이 찬송을 받으실지니이다

하지만 욥의 재앙은 거기서 그치지 않았습니다. 욥의 몸에는 머리끝부터 발끝까지 종기가 났습니다. 그 종기가 얼마나 가렵던지 욥은 질그릇 조각으로 몸을 긁었습니다. 종기에서는 피가 흘렀고, 온갖 벌레들이 고름과 진물을 빨아먹으려고 달겨들었습니다. 그 고통이 얼마나 끔찍했겠습니까? 하지만 그보다 더 끔찍한 일이 벌어졌습니다. 욥의 아내가 그런 남편을 동정하기는커녕 "하나님을 욕하고 죽으라"는 말을 남기고 그의 곁을 떠나갔습니다. 그런데도 욥은 한 치의 흐트러짐 없이 의연했습니다.

> 그대의 말이 한 어리석은 여자의 말 같도다 우리가 하나님께 복을 받았은즉 화도 받지 아니하겠느냐(욥 2:10)

아내가 떠난 자리로 친구들이 찾아들었습니다. 위로한답시고 왔지만, 욥의 영혼에 생채기를 낼 뿐이었습니다. 그들의 선동으로 인해 마음의 끈을 놓친 욥은, 급기야 하나님을 원망하기에 이르렀습니다. 그리하여 자신이 태어난 것을, 아니 어머니가 자신을 임신한

것을 저주했습니다. 그러나 마지막에는 하나님이 그런 욥을 친히 찾아오셔서 당신이 누구신지를 자세히 알려 주셨습니다. 욥은 마침내 회개하고 하나님께 이런 고백을 했습니다.

> 나는 깨닫지도 못한 일을 말하였고 스스로 알 수도 없고 헤아리기 어려운 일을 말하였나이다……내가 주께 대하여 귀로 듣기만 하였사오나 이제는 눈으로 주를 뵈옵나이다(욥 42:3~5)

그 후에 하나님은 욥에게 이전의 두 배나 되는 재산을 주셨고, 다시금 7남 3녀의 자녀를 허락하셨습니다.

여러분! 그토록 의로운 욥에게 왜 그런 재난이 닥쳤는지 아십니까? 성경에는 그 과정이 상세히 나타나 있습니다. 어느 날, 하나님이 사탄에게 욥을 자랑하셨습니다. 사탄은 하나님이 욥에게 그토록 복을 주셨으니 당연한 거 아니냐고 대답했습니다. 그렇게 해서 하나님이 사탄에게 욥의 시험을 허락하셨습니다. 욥기 1장 12절을 보면, 하나님이 욥의 생명을 제외한 모든 걸 사탄에게 맡기셨습니다.

> 여호와께서 사탄에게 이르시되 내가 그의 소유물을 다 네 손에 맡기노라 다만 그의 몸에는 네 손을 대지 말지니라 사탄이 곧 여호와 앞에서 물러가니라

재산을 몽땅 잃고 나서도 하나님 향한 욥의 마음이 변함없는 걸 본 사탄이, 이번에는 욥의 몸에 종기가 생기게 했습니다. 하지만 참으로 기특하고 대견한 욥을 자랑하고 싶은 하나님 마음을, 땅에서 알 턱이 없었습니다.

그렇습니다. 하나님이 능력이 없어서 욥이 그렇게 참담한 일을 당하도록 내버려 두신 게 아니었습니다. 욥이 하나님 원망죄를 지은 건 하나님을, 하나님의 일을 잘 알지 못한 까닭이었습니다. 하나님은 전능하십니다. 전능全能이란 어떤 일이라도 다 할 수 있는 무한한 힘을 가리킵니다. 세상에 일어나는 그 어떤 일도 하나님 손 안에 있습니다. 내게 일어나는 작은 일 하나까지도 하나님의 주도 하에 있습니다. 물론 하나님의 전능성 덕택입니다.

하나님의 전능성은 절대적 전능성과 섭리적 전능성, 둘로 나눌 수 있습니다. 하나님이 천지 창조를 하시기 이전의 상황을 한번 생각해 보십시오. 하나님은 아무런 제약도 받지 않으신 채 그 어떤 일이라도 당신 구상에 따라 마음대로 하실 수 있었습니다. 마치 텅 빈 백지 위에 마음껏 그림을 그리는 것처럼 말입니다. 이것이 절대적 전능성입니다. 절대적 전능성을 한마디로 말하면, 하나님이 천지 창조 때 사용하신 능력입니다.

하나님이 천지를 창조하실 때에는 눈에 보이는 물리적인 것들만 만드신 게 아니었습니다. 우주의 질서와 법칙도 같이 창조하셨습니다. 그런데 그 질서와 법칙은 인간이나 다른 피조물에만 적용되는 게 아닙니다. 생각해 보십시오. 하나님이 그 제약을 받지 않으시고 마음대로 활동하신다면, 해가 뜨고 지는 일도 뒤죽박죽이 될 것입니다. 하나님 기분대로 그 때 그 때 다르게 우주를 운행하신다면, 봄이 떠난 자리에 여름이 아니라 겨울이 올 수도 있고 말입니다. 그러면 우리가 어떻게 하나님을 신뢰할 수 있겠습니까? 다행스럽게도 하나님은 당신이 제정하신 창조의 질서와 법칙을 충실히 지키는 분이십니다. 천지 창조 때처럼 당신 계획대로 무엇이나 다 하지 않으신다는 뜻입니다. 이것이 바로 섭리적 전능성입니다.

　사람들은 어려운 일을 당하거나 재난에 맞닥뜨리면, 하나님을 원망하면서 온갖 불경한 말을 쏟아냅니다. "하나님이 계신다면 어떻게 이런 일이 일어날 수가 있어? 하나님은 어째 이런 일 하나도 막지 못하셔?" 등등······. 하나님의 전능성을 의심하는 언사言辭들입니다. 그러나 이제는 아시겠죠, 하나님의 섭리적 전능성이 하나님의 활동을 제한한다는 사실을요! 만약 하나님이 절대적 전능성만 발현하신다면, 불변하시는 하나님 속성은 온데간데없을 것입니다. 하나님이 항상 아무런 제약 없이 의사 결정을 하신다면, 변덕이 죽 끓듯 할 수도 있기 때문입니다. 하나님의 섭리적 전능성이 발현되지 않는다면, 우리는 성경에 등장하는 수많은 하나님 약속을 믿을 수 없게 됩니다. 섭리적 전능성 까닭에, 하나님은 한번 하신 약속은 반드시 지키십니다. 그런 하나님을 우리는 신실하신 하나님이라고 부릅니다.
　하나님은 절대적 전능성에 의해 인간에게 자유 의지란 걸 만들어 주셨습니다. 그런데 하나님이 인간을 향해 계속 절대적 전능성만 적용하신다면, 자유 의지는 써먹을 데가 없어 한낱 허울에 그치고 말 것입니다. 인간은 하나님의 로봇으로 전락할 테고요. 하지만 섭리적 전능성 덕택에, 우리는 마음을 놓을 수 있게 되었습니다. 하나님이 섭리적 전능성으로 우리의 자유 의지를 존중해 주시기 때문입니다.

　'천지 창조 후에는 하나님이 섭리적 전능성만 발휘하신다면, 결

국 하나님의 전능성은 전능全能한 게 아니지 않습니까?'

혹 이렇게 생각하실 분이 계실지 모르겠습니다. 그러나 하나님의 전능성에 흠이 있을 수 없습니다. 하나님은 긴급하거나 꼭 필요한 경우에는 얼마든지 섭리적 전능성에 예외를 두십니다. 그런 경우에는 다시 절대적 전능성을 발현하신다는 이야기입니다. 이것이 다름 아닌 기적입니다. 비상 사태에는 하나님도 비상 조치를 취하시는데, 그게 바로 기적이란 뜻입니다. 여호수아 10장의 기브온 전쟁을 생각해 봅시다. 그 때 하나님은 이스라엘의 승리를 위해 태양을 하루 종일 중천에 떠 있게 하셨습니다. 하나님께서 당신이 만드신 자연 법칙을 위배하신 것입니다. 또, 병은 의사와 약사가 치료하는 게 하나님이 만드신 사회 법칙입니다. 그러나 그들이 치료할 수 없는 중병은 하나님이 직접 치료해 주기도 하십니다. 예외가 없는 규칙은 없습니다. 하나님께서 당신이 만드신 법칙에 예외를 두신들, 그 누가 시비를 걸 수 있겠습니까? 어느 때, 어떤 사람을 위해, 어떤 기적을 베푸실지는 오직 하나님이 결정하십니다.

그래도 기적을 구하는 기도 자체는, 우리가 얼마든지 할 수 있습니다. 하나님이 목숨을 취하시겠다는 절체절명의 위기 앞에서, 히스기야 왕은 간절한 기도로 그 수명을 15년이나 연장시키는 기적을 체험했습니다. 우리가 기적을 구하는 기도를 하나님께 드릴 수 있는 근거는 오늘 본문 에베소서 3장 20~21절에서도 찾을 수 있습니다.

우리 가운데서 역사하시는 능력대로 우리가 구하거나 생각하는 모든 것에 더 넘치도록 능히 하실 이에게 교회 안에서와 그리스도 예수 안에서 영광이 대대로 영원무궁하기를 원하노라 아멘 하나님은 전능하시기에, 우리가 간구하는 것보다 훨씬 더 많이 주실 수 있습니다. 하나님은 전능하시기에, 우리가 상상하는 것보다 훨씬 더 많은 일을 우리에게 해 주실 수 있습니다. 우리는 그런 하나님을 믿고 찬양할 뿐입니다.

이처럼 하나님의 능력은 하나님이 어떤 일이든 당신 마음대로 변덕스럽게 행하시는 걸 의미하지 않습니다.

그렇다면 하나님의 능력이 이 세상 가운데서 구체적으로 의미하는 바는 무엇일까요? 그것은 감당하는 힘입니다. 사람에게는 감당 못할 사람과 사건이 허다합니다. 그러나 하나님께는 그런 경우가 없습니다.

그러면 그 힘은 또 어디까지 미칠까요? 하나님이 창조하신 모든 피조물에 이릅니다. 하나님의 능력은 원수까지도 감당하고 품을 수 있습니다. 하나님의 십자가 사랑이 그런 능력을 단적으로 증명합니다. 우리가 죄인으로서 하나님 원수였을 때, 예수님이 우리 죄 문제를 해결하시기 위해 십자가에서 그 몸을 희생 제물 삼아 제사를 드리셨기 때문입니다롬 5:8. 사람은 원수는커녕 지극히 사랑하는 이가 사형 선고를 받았을 때에도, 그를 대신해서 죽을 수 없습니다. 우선 국법이 그걸 허용하지 않고, 또 인지상정으로도 가능한 일이 아니기 때문입니다. 그러고 보면 예수 그리스도의 십자가는 과연 하나님의 사랑이요, 지혜요, 능력임에 틀림없습니다.

그러면 하나님의 능력이 피조물을 감당하는 기간은 또 얼마나 될까요? 하나님은 모든 피조물을 영원토록 감당하십니다. 하나님은 한번 사랑을 시작하시면 그 대상을 끝까지 버리지 않으시기 때문입니다. 세상이 뒤집혀도, 세상에 종말이 와도 그치지 않는 게 전능하신 하나님의 사랑입니다. 이사야 선지자가 이 사실을 단적으로 증언합니다.

> 여인이 어찌 그 젖 먹는 자식을 잊겠으며 자기 태에서 난 아들을 긍휼히 여기지 않겠느냐 그들은 혹시 잊을지라도 나는 너를 잊지 아니할 것이라(사 49:15)

사랑하는 교우 여러분!

이제 우리는 아무리 어려운 일을 당해도, 하나님의 전능성을 믿고 안심할 수 있습니다. 그런 경우 욥의 일화를 떠올린다면, 나의 곤경 너머에서 욥을 자랑하시던 하나님을 뵈올 것입니다. 하나님의 섭리적 전능성 까닭에, 우리는 그분의 불변성과 신실성을 믿을 수 있습니다. 기적 까닭에 하나님의 전능성을 더욱 신뢰할 수 있습니다. 믿음이란, 바로 그런 하나님을 절대적으로 신뢰하기에, 그 어떤 불행이 내 앞에 닥쳐도 흔쾌히 이런 고백을 할 수 있는 마음밭입니다.

"그럼에도 불구하고 하나님 당신이 옳으십니다. 그리고 저는 그런 당신을 찬양합니다."

이 고백 위에, 전능하신 하나님이 어여쁜 깃발을 세워 주십니다.

> 너희는 가만히 있어 내가 하나님 됨을 알지어다(시 46:10)

3부

"오호라 나는
곤고한 사람이로다"

11 하나님의 인간 사랑(1)
12 하나님의 인간 사랑(2)
13 아담의 타락
14 원시 복음
15 새로운 살 길
16 예배의 대상
17 하나님의 재창조

요한일서 4장 7~8절

사랑하는 자들아 우리가 서로 사랑하자 사랑은 하나님께 속한 것이니 사랑하는 자마다 하나님으로부터 나서 하나님을 알고 사랑하지 아니하는 자는 하나님을 알지 못하나니 이는 하나님은 사랑이심이라

# 11 하나님은 사랑이시라(1)

　김 목사님은 대형 교회를 담임하고 있어서 참으로 바쁜 일상을 보냅니다. 그런 가운데서도 군 선교와 교도소 선교에 심혈을 기울이고 있습니다. 기회 닿는 대로 군 부대에 가서 설교를 하는가 하면, 수천 명 장병을 모아 놓고 세례식을 거행하기도 합니다. 교도소를 돌면서 예배 인도를 하고, 죄수들에게 성경도 가르칩니다. 물론 그 곳에서도 세례를 베풉니다.
　그런 김 목사님이 어느 날 특별한 손님을 맞았습니다. 막 교도소에서 나오는 길이라는 박 씨였습니다. 박 씨는 교도소에서 김 목사님께 세례를 받은 사람이라고 자신을 소개했습니다. 그는 김 목사님을 만나 예수님을 구세주로 영접했습니다. 출소하면 하나님 모시고 인생을 제대로 살아 보겠노라고 수도 없이 다짐했습니다. 하지만 막상 교도소 문을 나섰을 때는, 자유를 찾은 기쁨도 잠시, 돌아갈 곳이 없는 현실을 실감해야 했습니다. 그런 황량한 마음에 김 목사님의 웃는 모습이 사진처럼 고왔습니다. 박 씨는 서울로 가는 버스에 올라탔고, 그렇게 해서 김 목사님 교회에 당도했습니다.

"목사님! 저를 새 사람 만드시어 세례까지 주셨으니, 제게 직장을 좀 알선해 주십시오. 그러면 진짜로 옛 사람을 벗고 새 삶을 살아 보고 싶습니다."

당당하게 직장을 알선해 달라고 요청하는 박 씨 앞에서, 목사님은 잠시 난감한 표정을 지었습니다. 그도 그럴 것이, 목사님은 박 씨를 알지 못했습니다. 오랜 세월, 여러 교도소를 돌며 사역을 하시는 중이기 때문에, 세례 준 사람을 일일이 기억할 수는 없었습니다. 그리고 사람을 소개하는 일은 '나 자신이 가는 대신 이 사람을 보낸다.'는 정도가 돼야 한다는 게 목사님 지론이었습니다. 그랬기 때문에 섣불리 그를 어디에 소개할 수는 없었습니다. 목사님이 그렇게 생각에 잠기자, 박 씨가 금세 굳은 표정으로 말했습니다.

"목사님은 좀 다르실 줄 알았는데……. 그래요, 부모도 절 버렸는데, 그래서 세상에 태어나 사랑이란 걸 받아 본 적이 없는데, 누가 저 같은 놈을 사랑하겠습니까?"

목사님은 정색을 하며, 그의 말에 대답했습니다.

"아니, 자네! 그게 무슨 말인가? 사랑받아 본 적이 없다니……. 자네야말로 큰 사랑을 받은 사람 아닌가? 자식을 키우는 건 부모의 의무일세. 그런데 자네를 낳지도 않은 고아원 식구들이 기저귀를 갈아 주고, 우유를 먹이고, 목욕을 시키며 키워 줬는데, 그보다 큰 사랑이 어디 있단 말인가?"

목사님의 친근한 반말 투의 설명을 들은 박 씨는 눈물을 흘리며 자리에서 일어섰습니다.

"목사님! 안녕히 계세요."

어느 새 문을 향해 가고 있는 박 씨에게, 목사님이 다급하게 물었습니다.

"아니, 자네 직장은 어떡하고?"

"목사님! 제가 그런 사랑을 받은 사람이란 걸 왜 몰랐을까요? 저는 이제 혼자서도 해 낼 수 있어요. 그렇게 큰 사랑을 받은 제가 무얼 못하겠어요?"

김 목사님은 하나님 사랑도 상기시켜 줄 참이었는데, 그는 이미 문을 나가고 없었습니다.

사람이 살아가는 데 궁극적으로 필요한 건 사랑입니다. 사랑만 있으면, 사람은 어떤 상황에서라도 살아남을 수 있습니다. 갓난아기가 젖을 먹고 자라는 것 같지만, 사실은 사랑을 먹고 자랍니다. 고아원 아이들이 잘 걸린다는, 마라스머스라는 병을 아시는지요? 다른 모든 조건이 완벽하게 갖춰져 있어도, 엄마 사랑을 받지 못하는 아기에게 생기는 병입니다. 그 병에 걸리면 성장 발육이 제대로 되지 않습니다. 사랑은 이처럼 인간의 몸과도 밀접한 관련이 있습니다.

사랑의 근원은 하나님이십니다. 아니, 본문 말씀에 의하면, 하나님 자체가 사랑이십니다. 그러기에 사랑의 샘이신 하나님이 먼저 인간을 사랑하셨습니다. 인간이 그분을 전혀 알지 못할 때, 그분은 이미 인간을 지극하게 사랑하셨습니다. 가능한 일이기만 하다면 다른 모든 피조물이 데모라도 할 만큼, 하나님은 인간을 편애하셨습니다. 그 사랑은 천지 창조 때부터 거침없이 드러났습니다. 앞으로 두 번에 걸쳐, 그 사랑을 정리해 봅니다. 우리가 살펴볼 여덟 가지 하나님 사랑은 앞으로 자주 언급될 내용이기도 합니다.

첫째, 하나님은 천지 만물을 완성하신 후, 마지막으로 인간을 창조하셨습니다.

신랑 신부가 몸만 들어가면 될 정도로 완벽하게 준비를 한 연후에, 자녀를 결혼시키고 싶은 게 부모의 심정일 것입니다. 하지만 그렇게 할 수 있는 부모가 그리 많지 않음 또한 현실입니다. 하나님은 그 같은 일을 완벽하게 실행하셨습니다. 인간이 살 수 있는 환경을 조성하신 후 마지막으로 인간을 창조하셨기 때문입니다. 하나님이 마지막으로 인간을 창조하신 건, 하나님께 창조 연습이 필요해서가 아니었습니다. 만약 하나님이 인간을 맨 먼저 만들어 허공에 던져 놓으셨더라면, 인간은 공포에 질려 죽어 버렸을지도 모릅니다. 천지 창조 직전의 칠흑 같은 어둠과 출렁이는 물, 그 가운데 오락이는 성령님의 기운은 진짜로 무시무시했을 테니 말입니다. 하나님은 에덴 동산이란 미니 천국까지 건설하셔서 최초의 사람 아담의 거주지로 삼으셨습니다.

둘째, 하나님은 몸소 수고를 하시어, 인간을 지으셨습니다.

인간을 제외한 일체의 피조물은 하나님이 말씀으로 지으셨습니다. 하나님 말씀에는 능력이 있습니다. 그래서 하나님이 빛이 있으라 말씀하시면, 곧바로 빛이 생깁니다. 이런 게 이상할 이유는 없습니다. 한 나라 대통령의 말에도 능력이 있습니다. 대통령이 국무 회의에서 한 마디 하면, 즉각 관련 공무원들이 그 말을 현실화합니다. 우리가 출세하려고 애쓰는 것도, 따지고 보면 자기 말의 능력을 높이기 위해서입니다.

인간의 말이 제한적인 데 비해, 하나님 말씀은 전능합니다. 하나님이 인간을 만드실 때는, 그런 말씀 능력을 사용하지 않고 친히 수고를 하셨습니다. 그 수고는 창세기 2장 7절이 증언합니다.

> 여호와 하나님이 땅의 흙으로 사람을 지으시고 생기를 그 코에 불어넣으시니 사람이 생령이 되니라

하나님이 인간을 만드실 때, 땅의 흙을 취하시는 수고, 그 흙으로 사람을 지으시는 수고, 인간의 코에 생기를 불어넣으시는 수고를 하셨습니다. 이는 하나님이 인간을 얼마나 사랑하셨는지에 대한 증거입니다.

셋째, 하나님은 인간에게만 영을 만들어 주셨습니다.
하나님이 영이시기에, 영을 가진 존재만이 하나님과 원활한 의사 소통을 할 수 있습니다. 하나님이 인간에게 영을 허락하신 건, 인간과 교제하시겠다는 의사 표시였습니다. 그렇게 해서 인간은 영과 혼과 몸을 두루 갖춘 존재가 되었습니다. 동물에게는 혼과 몸만 있고, 식물에게는 혼조차 없습니다. 그리고 동물은 영이 없기 때문에, 죽으면 그걸로 모든 게 끝납니다. 천국, 지옥과는 전혀 상관이 없습니다.

인간은 영으로 하나님께 예배드리고, 기도하며, 하나님 말씀을 공부합니다. 혼은 인간의 지·정·의가 자리한 곳으로, 이성, 마음, 정신이라고도 합니다. 하나님은 아담을 천재적인 두뇌로 지으셨습니다. 인간의 몸은 영과 혼을 담고 있기에, 그것들과 똑같이 소중한 실재입니다. 그런 몸은 영생하도록 창조되어, 생로병사生老病死를 겪을 필요가 없었습니다.

넷째, 하나님은 인간을 당신 형상대로 창조하셨습니다.

영어 성경은 하나님 형상을 'God's image' 혹은 'the image of God'으로 번역합니다. 하나님이 인간을 당신 형상대로 창조하셨다는 건, 하나님이 당신 속성을 인간 속에 새겨 넣으셔서, 인간이 하나님을 닮게 되었다는 뜻입니다. 인간을 사진으로 비유할 경우, 하나님은 원판이 되십니다. 하나님은 영원성, 신성, 다스림, 거룩, 불변성, 사랑, 의로움, 신실함, 정직성 등의 당신 속성을 인간이란 그릇에 담아 주셨습니다. 겨우 80여 년밖에 살지 못하는 인간이 감히 영원을 운위하는 건, 인간 속의 하나님 형상 때문입니다. 인간이 사랑 없이 살 수 없는 것 또한 사랑이란 하나님 형상을 지닌 까닭입니다.

사랑하는 교우 여러분!

이 세상 누구도 사랑받지 않고 자란 사람은 없습니다. 그리고 진짜 사랑은 우리가 기억하지 못하는 시기에 받았습니다. 천재가 아닌 한 네 살 이전의 일은 기억하지 못한다는데, 엄마가 진자리 마른 자리 갈아 뉘신 건 바로 그 시기이기 때문입니다. 서두의 이야기 속 박 씨는 부모도, 혈육도 아닌 이들의 헌신적 사랑으로 성장할 수 있었습니다. 그럼에도 그 사실을 깨닫지 못해 절망 가운데 살아 왔습니다. 자신이 사랑받은 자임을 알게 되었을 때, 그의 가슴에 비로소 소망의 불꽃이 피어 올랐습니다.

모든 인간은 천지 창조 때 이미 하나님의 지극한 사랑을 받았습니다. 그런데도 사람은 아기 때 받은 사랑을 기억하지 못하듯이, 하나님의 그 사랑을 알지 못합니다. 다시 말하면, 오직 '하나님으로부터 난 자'만이 그 사랑을 압니다요일 4:7. '하나님으로부터 난 자'란 거듭난 자입니다. 그러니까 중생의 체험을 하고, 하나님으로부터 의롭다 하심을 얻은 자입니다. 모두가 하나님 사랑을 받았지만, 예수 믿는 사람만이 그 사랑을 압니다. 그래서 예수 믿는 사람은 그 가슴에 소망의 샘이 마르지 않습니다. 그리스도인이 절망하는 건 죄입니다. 하나님 사랑을 망각한 처사이기 때문입니다. 오늘도 하나님 사랑을 새록새록 떠올리면서, 그 사랑으로 행복했으면 좋겠습니다.

요한일서 4장 7~8절

사랑하는 자들아 우리가 서로 사랑하자 사랑은 하나님께 속한 것이니 사랑하는 자마다 하나님으로부터 나서 하나님을 알고 사랑하지 아니하는 자는 하나님을 알지 못하나니 이는 하나님은 사랑이심이라

12 하나님은 사랑이시라(2)

꽤 오래 전에 중학생 여자 아이 하나를 전도한 적이 있습니다. 친구의 조카여서 제게도 이모라고 부르는 아이였는데, 가정 환경이 좀 특별했습니다. 아주 부유한 환경에서 자라고 있긴 했지만, 아빠가 남동생의 아빠일 뿐만 아니라, 연세가 아주 높으셨습니다. 게다가 일 주일에 딱 한 번 집에 오셨습니다. 그래서 그 아이에게 아빠는 투명 인간과도 같은 존재였습니다. 엄마가 그 아이의 전부였고, 엄마 또한 목숨처럼 딸을 사랑했습니다.

어느 날, 그 아이가 제게 질문을 했습니다.

"이모! 제 친구 아빠가 교통 사고를 당했는데, 글쎄 교회에 감사 헌금을 했대요. 좀 오버하는 거 아니에요?"

"교통 사고가 났는데도 아빠가 돌아가시지 않았으니까 감사하지."

"아, 그게 그렇게 되나요? 그럼 만약 아빠 다리 하나가 부러졌으면 어떡하죠?

"다리 하나는 멀쩡하니까, 그래도 감사 헌금을 해야지."
"그럼 두 다리가 다 부러지면요?"
"아직 두 팔이 남아 있으니까 그 또한 감사할 일이지."

이런 식의 이야기가 계속되다가 마침내 저는 하나님 사랑을 언급하기에 이르렀습니다.

"예수쟁이는 말이야, 그 어떤 일이 있어도 일단 감사부터 해. 하나님이 나를 엄청 사랑하시니까, 내게 손해날 일은 절대로 하지 않으실 거라는 믿음이 있거든."

그 아이는 다시 제게 물었습니다.

"그럼 우리 엄마보다 하나님이 나를 더 사랑해요?"
"당연하지. 너의 엄마 사랑은 하나님 사랑에 비하면, 코딱지에 불과하지."
"이모! 나도 교회 나갈래요. 우리 엄마 사랑보다 더 큰 사랑을 제가 어떻게 놓쳐요?"

신약 성경을 기록한 언어인 그리스 어에는 사랑이라는 단어가 네 개나 됩니다. 남녀간의 육체적 사랑 에로스, 혈육간의 특히 부모와 자식 간의 사랑 스톨게, 친구간의 사랑 필리아, 하나님 사랑 아가페입니다. 한글 성경에 사랑으로 번역된 단어는 대부분 아가페입니다. 인간의 사랑이 조건적이고 유한한 '~때문에'의 사랑인데 반해, 하나님의 사랑은 '그럼에도 불구하고' 사랑하는 헌신적이고 희생적인 사랑입니다. 그 사랑은 대상을 사랑할 만한 존재로 만들어서 사랑하는 창조적 사랑입니다. 대상을 찾아가 먼저 사랑하는 능동적 사랑입니다.

그 사랑이 천지 창조 때 이미 인간에게 집중되었습니다. 우리는 "11. 하나님은 사랑이시라(1)"에서 그 사랑의 모습 네 가지를 살펴보았습니다. 하나님은 천지 창조의 마지막에, 그것도 당신이 친히 수고를 하셔서 인간을 지으셨습니다. 인간에게만 영을 만들어 주셨고, 하나님 형상을 영에 새겨 주셨습니다. 그래서 인간이 조금이나마 하나님 영광을 반영하는 존재가 되었습니다. 이제는 나머지 네 가지를 더 살펴봄으로써 하나님 사랑을 다시 한 번 확인하려고 합니다.

다섯째, 하나님은 인간에게 자유 의지를 주셨습니다.

하나님은 인간을 본능에 따라 움직이는 동물이나, 원격 조정이 가능한 기계로 만들지 않으셨습니다. 하나님은 인간을 당신처럼 자유롭게 의사 결정을 하고, 그에 따른 결과를 책임질 수 있는 자율적 존재로 지으셨습니다. 하나님이 인간에게 자유 의지를 주신 건 그 때문이었습니다. 스스로 의사 결정을 하고, 그에 따라 행동을 하고, 그 결과를 책임진다는 점에서, 인간은 하나님과 동급입니다. 하나님은 이토록 인간을 존중하고, 예우하셨습니다. 이는 사랑을 훌쩍 넘어서는, 특별한 배려가 아닐 수 없습니다.

여섯째, 선악과 나무야말로 하나님 사랑의 깃발입니다.

하나님은 인간을 사랑하고 존중하시어, 자유 의지를 주셨습니다. 자유 의지는 인간을 하나님과 동급으로 만들 만큼 대단한 것입니다. 하지만 막상 그걸 써먹을 데가 없다면, 그것이 주어졌다는 게 뭐 그리 대수겠습니까? 하나님의 사랑이 그 사실을 놓칠 리 없었습니다. 그래서 자유 의지를 시험하고 훈련할 장치까지 마련해 주셨으니, 그게 바로 선악과 나무였습니다. 창세기 2장 17절 말씀이 그 사실을 가르쳐 줍니다.

> 선악을 알게 하는 나무의 열매는 먹지 말라 네가 먹는 날에는 반드시 죽으리라

이 말씀에 따라, 인간에게는 선악과를 따먹을 자유도 있고, 따먹지 않을 자유도 있었습니다. 물론 그 결과에 대해서는 스스로 책임을 져야 합니다. 그가 선악과를 따먹는 쪽으로 자유 의지를 발현하면, 지옥으로 전락해 영원한 멸망을 초래합니다. 그러나 선악과를 따먹지 않는 쪽으로 자유 의지를 발현한다면, 그는 천국에 가서 영생을 누리게 됩니다. 그러므로 혹, 이렇게 생각하는 사람이 있다면, 그건 무식의 소치일 뿐입니다.

'선악과 나무를 아예 만들지 마시든가, 만드셨으면 따먹게 하시든가, 일껏 만들어 놓으시고는 따먹지 못하게 하실 건 뭐람? 아무래도 하나님이 심술쟁이신 게지.'

일곱째, 행위 언약 또한 하나님 사랑이었습니다.

창세기 2장 17절 말씀은 일종의 언약입니다. 성경에는 하나님과 인간 사이의 계약이 많이 나옵니다. 그것들을 특별히 언약이라고 부릅니다. 흔히, 계약에는 일방 계약과 쌍방 계약이 있습니다. 언약

도 마찬가지입니다. 하나님 혼자 채무를 지시는 게 일방 언약이요, 하나님과 인간이 공히 채무를 지는 게 쌍방 언약입니다. 성경에는 이 두 가지 언약이 섞여 있습니다. 창세기 2장 17절은 일종의 쌍방 계약입니다. 인간은 선악과를 따먹지 않을 채무를 지는 반면, 하나님은 인간을 천국으로 보내 주실 채무를 지시기 때문입니다. 그런데 그 채무 내용이 선악과를 따먹는 행위로 구성되어 있기 때문에, 창세기 2장 17절은 일종의 행위 언약이 됩니다. 아담은 선악과를 따먹는 행위만 하지 않으면, 구원을 얻을 수 있었습니다.

지금 우리는 예수 그리스도를 믿는 믿음으로 구원 얻습니다. 이것이 이신칭의 교리입니다. 중세 천주교의 결정적 오류는 이 교리를 버린 것이었습니다. 여러분은 어떻게 생각하십니까? 행위로 구원 얻는 게 쉬울까요? 아니면, 믿음으로 구원 얻는 게 쉬울까요? 만약 십억 원으로 천국행 입장권을 살 수 있다면, 천국 갈 사람이 무진장 많아질 것입니다. 하나님의 존재를 믿는 게, 예수님이 구세주라는 사실을 믿는 게, 성령님이 지구로 강림하셔서 지금 우리와 함께 하신다는 사실을 믿는 게, 어디 그리 만만합니까? 그래서 특정 행위를 통해 구원받는 것이, 믿음으로 구원받는 것보다 훨씬 쉬울 수 있습니다.

최초의 인간 아담은 그런 특권을 누렸습니다. 에덴 동산에는 온갖 나무가 있어서, 아담은 손을 뻗어 아무 열매나 따먹으면 그게 바로 식사였습니다. 굳이 선악과를 따먹어야 하는 이유 같은 건 없었습니다. 선악과를 따먹는 간단한 행위만 하지 않으면 천국에 갈 수 있다니, 그 얼마나 쉬운 일입니까? 그러므로 하나님이 아담과 맺으신 행위 언약은 그대로 하나님 사랑이었습니다.

여덟째, 인간을 창조하실 때만은 삼위 하나님이 의논하셨습니다. 하나님은 인간에게 온갖 사랑의 배려를 하셨습니다. 그래서 최초의 인간 아담이 선악과만 따먹지 않으면 천국에 보내 주시겠다는 행위 언약까지 맺어 주셨습니다. 하나님은 그렇게까지 하시면서도 인간의 배신을 예측하셨습니다. 삼위 하나님은 그에 대해 미리 의논을 하셨습니다. 우리는 창세기 1장 26절 말씀을 통해 그 사실을 알 수 있습니다.

> 하나님이 이르시되 우리의 형상을 따라 우리의 모양대로 우리가 사람을 만들고……"

여기의 '우리'가 다름 아닌 삼위 하나님이십니다. 그 의논에 따라, 성부 하나님은 천지 창조를 주도하셨고, 성자 하나님은 구원 사역을 담당하셨고, 성령 하나님은 지금도 섭리 사역을 하고 계십니다. 삼위 하나님 중 굳이 성자 예수님이 성육신 하시고, 십자가를 지신 것은 그런 삼위 하나님의 의논 때문이었습니다. 예수님이 승천하신 후 성령 하나님이 이 세상으로 내려오신 것 또한, 그분이 피조물을 유지하고 보존하는 섭리 사역을 담당하시기로 되어 있기 때문이었습니다.

사랑하는 교우 여러분!
아빠가 투명 인간 같은 환경을 사는 예화 속 소녀에게, 엄마의 사랑은 인생의 전부였습니다. 그런 아이가 엄마 사랑은 비교도 안 되는 큰 사랑을 알게 되었습니다. 하나님 아버지의 사랑! 소녀는 그 사랑으로 아버지를 얻었고, 우주적인 사랑의 세계로 진입했습니다. 소녀의 행복은 완성되었고, 소녀는 하나님 사랑을 전하는 데 삶의 목표를 두고 있습니다. 인간의 불행은 하나님 사랑을 알지 못하는 데 기인합니다.

 모든 인간은 천지 창조 때 이미 하나님의 지극한 사랑을 받았습니다. 그런데도 사람은 아기 때 받은 사랑을 기억하지 못하듯이, 하나님의 그 사랑을 알지 못합니다. 오직 '하나님으로부터 난 자'만이 그걸 압니다. '하나님으로부터 난 자'란 거듭난 자입니다. 그러니까 중생의 체험을 하고 하나님 자녀가 된 그리스도인입니다. 모두가 하나님 사랑을 받았지만, 예수 믿는 사람만이 그 사랑을 압니다. 그래서 예수 믿는 사람은 그 가슴에 소망의 샘이 마르지 않습니다. 그리스도인이 절망하는 건 죄입니다. 하나님 사랑을 망각한 처사이기 때문입니다. 오늘도 하나님 사랑을 새록새록 떠올리면서, 불행한 이들에게 그 사랑을 전했으면 좋겠습니다.

창세기 2장 17절, 3장 6절

선악을 알게 하는 나무의 열매는 네가 먹지 말라 네가 먹는 날에는 반드시 죽으리라

여자가 그 나무를 본즉 먹음직도 하고 보암직도 하고 지혜롭게 할 만큼 탐스럽기도 한 나무인지라 여자가 그 열매를 따먹고 자기와 함께 있는 남편에게도 주매 그도 먹은지라

아담의 타락 13

하나님은 인간을 우주의 면류관으로서 창조하셨습니다. 전지전능全知全能하신 하나님이 심혈을 기울여 만드신 작품이 다름 아닌 인간이었습니다. 이제 최초의 인간 아담이 얼마나 영광스러운 존재였는지를 살펴보겠습니다. 그렇게 해서 우리는 인간 본연의 모습이 어떠했는지 확인할 수 있습니다.

하나님은 수많은 피조물 중 오직 인간만 당신의 형상대로 빚으셨습니다. 인간은 하나님 형상을 반영하는 위대한 존재였습니다. 인간 속의 하나님 형상은 하나님의 계시를 받아들이는 접촉점으로 작용합니다. 서울에 있는 중앙 방송국에서 아무리 강력한 전파를 송출해도, 지방에 송신소가 없으면 사람들이 그 방송을 보고 들을 수 없습니다. 인간 속의 하나님 형상은 방송국 송신소와 같다고 하겠습니다. 인간은 하나님 형상을 품은 덕택에 하나님의 계시를 받아들일 수 있는 유일한 존재로 탄생했습니다.

하나님이 인간에게만 영을 만들어 주셔서, 육체를 지닌 피조물에 지나지 않는 인간이 영이신 하나님과 감히 교통할 수 있게 되었습니다. 인간은 하나님이 창조하신 우주 만물의 매니저로서, 언제든 하나님께 연락을 취할 수 있는 특권을 누렸습니다. 청와대와 북한 국방 위원장 집무실 간에 직통 전화가 개설되어 있다고 가정해 봅시다. 한반도의 위기 상황을 훨씬 더 유연하게 대처할 수 있을 것입니다. 하나님과 아담 사이에는 바로 그런 영적 핫 라인hot line이 개설되어 있었습니다.

아담의 혼의 상태는 어떠했을까요? 그가 천재적인 두뇌를 지녔음은, 창세기 2장 19~20절에 나타난 소위 문화 위임을 통해 알 수 있습니다.

> 여호와 하나님이 흙으로 각종 들짐승과 공중의 각종 새를 지으시고 아담이 무엇이라고 부르나 보시려고 그것들을 그에게로 이끌어 가시니 아담이 각 생물을 부르는 것이 곧 그 이름이 되었더라 아담이 모든 가축과 공중의 새와 들의 모든 짐승에게 이름을 주니라

하나님은 당신이 창조하신 동물과 식물의 작명作名을 아담에게 맡기셨습니다. 이름을 짓는 일은 발명한 사람이 누릴 수 있는 영광입니다. 하나님은 그 영광을 인간에게 양보하실 만큼 인간을 사랑하고 존중하셨습니다. 아담은 고도의 지능으로 순식간에 동식물의 특징을 파악해, 분류 작업까지 하면서 그 이름을 지었습니다. 아담은 그것들을 일일이 기억해 후대에 전해 주었고, 그렇게 해서 분류학의 근간을 마련했습니다. 이 얼마나 대단한 두뇌입니까?

인간의 몸은 원래 영생하도록 창조되었습니다. 원래 상태 그대로 지속되었더라면, 사람의 몸은 병이 들지도, 늙어 가지도, 죽지도 않았을 것입니다.

아담은 어린 자녀가 아빠에게 의존하듯이, 전적으로 하나님을 의지했습니다. 그는 하나님께 무조건 순종했고, 무엇보다도 하나님과의 교제나 교통에서 전혀 두려움을 느끼지 않았습니다. 그의 영과 혼과 몸은 완전한 조화를 이루고 있었기 때문에, 그 사이에 아무런 충돌이 없었습니다. 이는 오늘 우리 모습과 완전히 대조되는 점입니다. 사도 바울같이 대단한 신앙의 사람도 하나님 법을 따르고 싶어하는 영과 끊임없이 죄를 짓고 싶어하는 육 사이의 갈등 때문에 죽을 만큼 고뇌했습니다. 그가 로마서 7장 24절에 토로한 울부짖음이 눈물겨운 건, 그 모습이 우리 모두의 실존이기 때문입니다.

오호라 나는 곤고한 사람이로다 이 사망의 몸에서 누가 나를 건져내랴

하나님은 에덴 동산을 미니 천국으로 만드셔서 아담에게 하사하셨습니다. 아담은 하나님 대신 그 왕국을 다스리면서 참으로 행복했습니다. 에덴 동산에는 온갖 열매가 있어서, 배가 고플 때는 어떤 것이라도 따먹을 수 있었습니다. 선악과 한 가지쯤 따먹지 않는다고 해서 문제 될 게 없었습니다.

그런데도 아담 부부는 하릴없이 선악과를 따먹고 말았습니다. 본문 창세기 3장 6절 말씀을 읽노라면, 맥이 다 빠집니다. 아니, 허망한 느낌마저 듭니다.

> 여자가 그 나무를 본즉 먹음직도 하고 보암직도 하고 지혜롭게 할 만큼 탐스럽기도 한 나무인지라 여자가 그 열매를 따먹고 자기와 함께 있는 남편에게도 주매 그도 먹은지라

그가 선악과를 따먹은 행위는 간단한 일이 아니었습니다. 아담이 선악과를 따먹은 건 하나님에 대한 반역 행위였습니다. 에덴 동산의 매니저로는 만족할 수 없다는 그의 심리가 표출된 행위였기 때문입니다. 에덴 동산에서 하나님을 몰아내고 자신이 왕 노릇하기 위해서는 하나님같이 될 필요가 있었습니다. 하나님같이 되고 싶은 교만한 마음 속으로 사탄이 기어들었고, 아담은 결국 그 유혹에 넘어가고 말았습니다.

아담은 그렇게 해서 하나님이 최초로 맺어 주신 행위 언약을 파기했습니다. 선악과를 따먹는 행위만 하지 않으면 천국 갈 수 있는, 일생일대의 특권을 아담은 헌신짝처럼 내팽개쳤습니다. 그 행위 언약은 창세기 2장 17절에 나타납니다.

> 선악을 알게 하는 나무의 열매는 먹지 말라 네가 먹는 날에는 반드시 죽으리라

하나님은 자유 의지를 주시어 인간을 자율적 존재로 만들어 주셨습니다. 인간이 마치 하나님처럼 스스로 의사 결정을 하고, 그에

따라 행동을 하고, 그 결과에 대해 책임을 질 수 있었던 것입니다. 하나님이 선악과 나무를 에덴 동산에 두신 것은 자유 의지를 시험하고 훈련하라는 뜻이었습니다. 그토록 세심하게 인간을 배려하시고도, 하나님은 인간의 배신 가능성을 충분히 예상하셨습니다. 그 결과, 아담과 행위 언약까지 맺으셨으니, 그것은 인간 구원의 배수진이었다고나 할까요?

"네가 먹는 날에는 반드시 죽으리라"는 부분을 영어 번역으로 보면 "You shall surely die."입니다. 'shall'은 말하는 사람의 의지를 강조하는 표현입니다. 따라서 이 문장은 "I will surely kill you."내가 너를 반드시 죽이겠다.로 바꿀 수 있습니다. 이 언약에 따라 하나님은 인간을 무섭게 심판하셨습니다.

여기에서 죽는다는 건 영적인 면을 의미합니다. 죄란 하나님 명령을 어기는 것이요, 사람이 죄를 지으면 영적 죽음을 초래합니다. 영이 죽은 인간에게는 하나님과의 교제가 단절됩니다. 몸은 살아 있지만 영이 죽은 영적 식물 인간들이 하나님과 단절된 채 살아가는 곳이 다름 아닌 지옥입니다. 아담이 선악과를 따먹은 순간, 그 영이 죽었습니다. 그와 동시에 아담은 지옥 백성으로 등록되었습니다.

아담의 영적 죽음은 혼과 몸에도 영향을 미쳤습니다. 인간의 혼이 우둔하게 되어, 공부하는 일이 즐거움이 아니라 고통이 되었습니다. 하나님과 단절된 인간은 더 이상 그분 지혜에 의존할 수 없어, 인간의 지혜를 계발해야 했습니다.

영생하도록 창조된 인간의 몸은 병들고 늙어 가면서 사망을 향해 달려가게 되었습니다. 하나님은 인간을 낙원에서 추방하신 후,

생명 나무로의 길을 차단하셨습니다. 인간이 생명 나무 열매를 따 먹고 영생하는 일이 일어나지 않게 하시기 위해서였습니다. 인간이 병들고 늙어 가는 상태로 영생한다면, 그보다 더 가혹한 일이 어디 있겠습니까? 하지만 사탄은 사망을 무기로 인간을 끝없이 위협했고, 급기야 사망은 인류 최대의 적으로 부상했습니다. 마침내 사망을 정복한 건 예수님의 부활이었습니다.

아담은 인류의 대표입니다. 우리 대통령이 미국 대통령과 조약을 맺으면, 그것은 대한 민국 국민과 미국 국민 사이의 조약이 됩니다. 대통령이 국민을 대표하는 국가 기관이기 때문입니다. 아담의 대표성은 전 인류에 미칩니다. 그래서 그가 지은 죄는 그대로 후손에게 길이길이 유전됩니다. 그것이 원죄요, 죄성입니다. 참으로 잔인한 이야기지만, 그 때문에 갓난아기는 영이 죽은 상태로 태어납니다. 그대로 살다가 그대로 죽으면, 지옥으로 직행합니다. 우리를 고통스럽게 하는 시기, 질투, 탐욕, 분노, 복수심, 위선, 음란, 속임수, 불의와의 타협 등은 모두 다 이 죄성에 기인합니다.

사랑하는 교우 여러분!

인간은 하나님 닮은 영광스러운 존재로, 찬란하고 완벽한 모습으로 창조되었습니다. 다른 모든 피조물이 들고 일어나 데모를 한대도, 하나님은 하실 말씀이 없을 만큼 인간을 편애하셨습니다. 그래서 온갖 배려 가운데 인간을 창조하셨건만, 인간은 끝내 하나님을 배신하고 말았습니다. 공의의 하나님은 언약하신 그대로 타락한 인간을 무섭게 심판하셨습니다. 그 결과, 인간의 영이 죽어 지옥 백성으로 전락했습니다. 혼은 멍청해지고, 몸은 날마다 죽음을 향해 달음박질하게 되었습니다.

하지만 놀라운 위로의 소식이 있으니, 인간 속의 하나님 형상은 말살되지 않았다는 사실입니다. 인간의 타락에도 불구하고, 하나님 형상은 여전히 인간 속에 그 흔적을 남기고 있습니다. 바로 그것이 인간으로 하여금 본연의 모습을 유지하게 합니다. 그렇게 남겨진 하나님 형상 덕택에, 우리는 불신자를 향해 복음을 선포할 수 있습니다. 인간 속의 하나님 형상이 그분 계시를 받아들이는 접촉점이기 때문입니다.

창세기 3장 15절

내가 너로 여자와 원수가 되게 하고 네 후손도 여자의 후손과 원수가 되게 하리니 여자의 후손은 네 머리를 상하게 할 것이요 너는 그의 발꿈치를 상하게 할 것이니라

원시 복음 14

영이는 아빠 얼굴도 모른 채 자라서 어느 덧 고등 학교 2학년이 되었습니다. 엄마가 말도 못하게 애를 쓰지만 영이네는 늘 가난했습니다. 어떤 때는 납부금을 제때에 내지 못해 창피를 당하기도 했습니다. 그래도 대학을 가겠다고 인문계 고등 학교를 선택했는데, 과외나 학원의 도움 없이 혼자 공부를 하는 것도 만만한 일은 아니었습니다. 절망한 영이는 집을 나갔습니다. 성공해서 돌아와 엄마를 행복하게 해 드리겠다는 편지를 남기고 말입니다. 그 결심대로 영이는 악착같이 돈을 벌었습니다. 제법 많은 돈이 모여 조금만 더 고생을 하면 엄마에게 돌아갈 수 있을 것 같았습니다. 그러나 바로 그 때, 나쁜 남자의 꼬임에 빠져 그 꿈은 물거품이 되고 말았습니다. 빈털터리가 된 영이는 술집으로, 그리고 마침내는 그보다 더 나쁜 곳으로 흘러들어갔습니다.

몸과 마음이 갈기갈기 찢긴 영이는 더 이상 버틸 힘을 잃고, 강물에 뛰어내릴 결심으로 한강 다리 난간에 올라섰습니다. 문득 내려다본 강물 위로 엄마의 얼굴이 떠올랐습니다. 순간 영이는 먼발치에서라도 엄마의 얼굴을 한 번만 볼 수 있다면 여한이 없을 것 같았습니다. 영이는 그 길로 밤 기차를 타고 고향으로 향했습니다. 자정이 넘은 시간이었는데도 영이가 살던 집은 대낮처럼 환했습니다.

'오늘이 무슨 날인가? 아니 엄마가 아직 여기 사시거나 할까?'

영이는 이런 생각을 하며 문을 살짝 밀어 보았습니다. 문이 열렸고, 그 소리에 사람 하나가 맨발로 뛰어나왔습니다.

"영이야! 이제 오니? 행여라도 네가 밤에 왔다가 집이 어두우면 그냥 갈까 봐, 엄마는 지난 10년 동안 이렇게 온 집 안의 불을 밝혀 두었단다. 어서 들어오너라, 내 새끼야!"

동화 속 주인공의 이야기는 언제나 "누구누구는 행복하게 잘 먹고 잘 살았습니다."로 끝납니다. 하지만 아담의 에덴 동산 이야기는 동화처럼 행복한 결말이 아니었습니다. 아니, 무시무시한 비극으로 일단락되었습니다. 아담의 범죄로 인해, 인간이 하나님 형상을 품은 가장 영광스러운 자리에서 가장 저주스러운 지옥의 심연으로 떨어졌기 때문입니다.

일찍이 하나님은 인간 구원을 보장해 주시기 위해, 아담과 행위 언약까지 맺으셨습니다.

> 선악을 알게 하는 나무의 열매는 네가 먹지 말라 네가 먹는 날에는 반드시 죽으리라

창세기 2장 17절의 선악과 언약은 하나님이 인간과 맺으신 최초의 언약으로, 모든 언약의 뿌리가 되었습니다. 그 언약을 통해 하나님은, 선악과를 따먹지 않는 간단한 행위로 구원받을 수 있는 특권을, 최초의 인간 아담에게 허락하셨습니다. 그런데도 아담은 하나님같이 되고 싶은 교만한 마음을 품어, 하나님께 반역하고 말았습니다. 선악과를 먹으면 하나님처럼 될 수 있다는 사탄의 꼬임에, 아담이 그만 꼴딱 넘어간 것이었습니다.

아담은 선악과를 따먹어 하나님 명령을 어겼습니다. 죄란 하나님 명령을 어기는 것이요, 사람이 죄를 지으면 영적 죽음을 초래합니다. 인간은 영으로 하나님과 교제하기 때문에, 영이 죽은 인간은 하나님과의 연락이 두절됩니다. 지옥은 그처럼 하나님과 단절된 채, 하나님과 전혀 상관 없이 살아가는 사람들이 모인 곳입니다. 공의의 하나님은 선악과 언약에 따라, 타락한 아담을 가차없이 심판하셨습니다. 그래서 아담은 천국 백성에서 지옥 백성으로 그 국적을 옮기게 되었습니다. 대표성의 원리에 의해, 아담의 죄는 전 인류에게 전가되어 원죄 혹은 죄성으로 상속됩니다. 그 결과, 인간은 단 한 사람의 예외도 없이, 영이 죽은 지옥 백성으로 태어납니다.

사랑의 하나님은 그런 인간의 운명을 두고 눈물지으십니다. 공의정의와 사랑은 동전의 양면과도 같은, 하나님의 두 가지 속성입니다. 그 두 속성은 천칭처럼 평형을 이룹니다. 다만 구약 성경에는 공의의 하나님이 강조되어 있고, 신약 성경에는 사랑의 하나님 모습이 현저합니다. 그래서인지 하나님은 싫고 예수님이 좋다고 하는 어린이도 종종 있습니다. 하나님은 공의와 연결시키고, 예수님은 사랑과 연관지어 생각하기 때문입니다. 지옥으로 떨어진 인간이 불쌍해서 눈물지으시던 사랑의 하나님이, 마침내 인간을 지옥에서 끌어올리실 대책을 발표하셨습니다. 오늘 본문 창세기 3장 15절 말씀이 바로 그것입니다.

흔히 우리는 아담의 범죄가 하나님께 돌발 상황이라는 오해를 합니다. 하지만 삼위 하나님은 천지 창조 때 이미 인간의 타락을 예측하시고, 그에 대한 의논을 하셨습니다. 성부 하나님은 구원 계획을, 성자 하나님은 구원 성취를, 성령 하나님은 구원 적용을 담당하시기로 말입니다. 또, 창세기 2장 17절의 행위 언약은 그 타락을 방지하기 위한 일종의 배수진이었습니다. 그러니까 하나님은 천지 창조 때 이미 인간의 구원 대책을 강구해 두셨습니다. 아담의 범죄 때, 그 대책을 발표하셨을 따름입니다.

하나님이 그 대책을 발표하시는 데에는 사전 조치가 좀 필요했습니다. 하나님은 우선 범죄한 아담을 찾아가셨습니다. 비록 죄를 짓긴 했지만, 회개할 기회를 주시기 위해서였습니다. 하지만 범죄 현장에는 이미 두려움이 스며들었습니다. 그 때문에 아담은 하나님의 낯을 피해 숨었습니다. 범죄하기 이전의 아담은 하나님께 전적으로 의지하고, 그분 말씀에 절대적으로 순종했기 때문에, 그분과의 사이에 두려움이 있을 수 없었습니다. 하나님은 두려움에 싸인 아담에게 그의 현주소를 물으셨습니다.

네가 어디 있느냐(9절)

하지만 그는 회개하기는커녕 엉뚱한 변명을 늘어놓았습니다. 10절 말씀을 보십시오.

> 내가 동산에서 하나님의 소리를 듣고 내가 벗었으므로 두려워하여 숨었나이다

이는 물론 하나님의 질문 요지를 벗어난 대답이었습니다. 그가 숨은 건 하나님께 죄를 지은 두려움 때문이었습니다. 그런데도 벌거벗었기 때문에 숨었노라는 답을 내놓았습니다. 하지만 그 대답을 통해 우리는 또 한 가지 범죄 결과를 깨달을 수 있습니다. 범죄한 인간에게 두려움뿐만 아니라 수치심까지 깃들었다는 사실입니다. 에덴 동산의 아담 부부는 벗고 살았지만 전혀 부끄럽지 않았었습니다. 그런데 범죄를 하고 보니, 그들의 심적 상황은 전혀 딴판으로 바뀌어 버렸습니다. 서로에게 벗은 몸을 보이는 것이 수치스러웠던 것입니다.

어쨌든 아담은 끝까지 회개를 하지 않았습니다. 선악과를 따먹은 데 대해 그는 아내 탓을 했고, 아내는 뱀 탓을 했습니다. 하나님은 일단 뱀에게 형벌을 내리셨습니다. 14절 말씀을 보십시오.

> 네가 이렇게 하였으니 네가 모든 가축과 들의 모든 짐승보다 더욱 저주를 받아 배로 다니고 살아 있는 동안 흙을 먹을지니라

사탄의 도구로 이용된 뱀은, 지금처럼 배로 흙 위를 기어다니는 벌을 받았습니다. 그렇다면 하나님이 만드신 뱀은 다리를 가지고 걸어 다녔을 것입니다. 도마뱀에게 남아 있는 다리가 그 흔적이 아닐까요?

사랑의 하나님은 인간의 형벌은 일단 보류하셨습니다. 먼저 구원 대책을 발표하시고, 하와를 벌하시고, 마지막에 아담을 정죄하셨습니다. 이 또한 하나님의 지극한 사랑이 아닐 수 없습니다. 먼저 인간을 안심시켜 주시고 나서야 비로소 죄의 대가를 물으셨기 때문입니다.

하나님이 발표하신 구원 대책은 창세기 3장 15절 말씀이었습니다. 그 구절의 이름은 '원시 복음' 혹은 '메시아 언약'입니다. 하나님이 그 말씀을 통해 처음으로 메시아를 보내 주겠다고 약속하셨기 때문입니다. 복음을 간단히 정의하면, 메시아가 와서 인간의 죄 문제를 해결해 주신다는 복된 소식입니다. 복음을 좀더 자세히 정의하면, 하나님이신 예수님이 인간으로 이 세상에 오시어, 인간의 죄를 짊어지고 십자가에서 돌아가셨다가 부활·승천하시어, 지금 하나님 보좌 우편에 앉아 계시고, 언젠가 다시 오시는 일련의 사건 총칭입니다.

아담은 선악과를 따먹는 범죄를 해서, 하나님과 맺은 행위 언약을 파기했습니다. 그는 행위로 구원받을 수 있는 특권을 걷어차 버렸습니다. 이제 인간은 믿음으로 구원을 얻어야만 하게 되었습니다. 예수 그리스도를 믿는 믿음으로 구원 얻는다는 이신칭의 교리를, 인간이 배워야 하는 지점에 다다른 것이었습니다.

그럼 이제 원시 복음을 자세히 배워 봅시다.

> 내가 너로 여자와 원수가 되게 하고 네 후손도 여자의 후손과 원수가 되게 하리니 여자의 후손은 네 머리를 상하게 할 것이요 너는 그의 발꿈치를 상하게 할 것이니라

여기에서 '나'는 물론 하나님이십니다. '너'는 누구일까요? 표면상으로는 뱀이지만, 실질적으로는 사탄입니다. 그리고 '여자의 후손'은 메시아 예수님을 가리킵니다. 이 사실은 갈라디아서 4장 4절 말씀에서 확인할 수 있습니다.

때가 차매 하나님이 그 아들을 보내사 여자에게서 나게 하시고

우리는 '여자의 후손'이란 말씀 속에서 성육신 사건을 읽을 수 있습니다. 이는 하나님 아들이 여자의 몸에서 태어나 인간이 되실 것을 예언한 말씀이란 뜻입니다. '너는 그의 발꿈치를 상하게 할 것이니라'는 사탄이 끊임없이 예수님을 괴롭힐 것이라는 의미입니다. 예를 하나 들어 볼까요? 예수님은 십자가를 지고 돌아가시기 위해 이 세상에 오셨습니다. 예수님이 그 사실을 제자들에게 알리셨을 때, 베드로가 안 된다고 펄쩍 뛰었습니다. 그 때 예수님이 뭐라고 베드로를 꾸짖으셨나요?

사탄아 내 뒤로 물러가라 너는 나를 넘어지게 하는 자로다 네가 하나님의 일을 생각하지 아니하고 도리어 사람의 일을 생각하는도다
(마 16:23)

사탄은 이처럼 예수님의 수제자를 통해서도 예수님의 일을 방해하려 했습니다. 그러나 예수님은 마침내 승리하실 것이었습니다. "여자의 후손은 네 머리를 상하게 할 것이요"란 말씀을 통해 하나님이 그 사실을 확인해 주셨기 때문입니다. 그렇습니다! 예수님은 마침내 사망까지 이기고 부활·승천하셨습니다.

이렇게 구원 대책을 발표하신 하나님은 먼저 하와에게 형벌을 내리셨습니다. 죄는 반드시 그 대가를 치러야 하기 때문이었습니다. 본문 16절에 그 내용이 나와 있습니다.

> 내가 네게 임신하는 고통을 크게 더하리니 네가 수고하고 자식을 낳을 것이며 너는 남편을 원하고 남편은 너를 다스릴 것이니라

여자가 아기를 낳는 건, 형벌이 아니었습니다. 그것은 여전히 하나님이 인간에게 위임하신 복이었습니다. 범죄 대가로서의 형벌은 단지 임신과 해산의 고통이 커진 것뿐이었습니다. 이에 더해, 여자는 남편을 원하고 남편의 권위 아래 놓이는 형벌을 받았습니다.

마지막으로, 아담이 받은 형벌은 17~19절에 소개되어 있습니다. 하와의 형벌이 한 절인데 반해, 아담의 형벌은 석 절에 이릅니다.

> 네가 네 아내의 말을 듣고 내가 네게 먹지 말라 한 나무의 열매를 먹었은즉 땅은 너로 말미암아 저주를 받고 너는 네 평생에 수고하여야 그 소산을 먹으리라 땅이 네게 가시덤불과 엉겅퀴를 낼 것이라 네가 먹을 것은 밭의 채소인즉 네가 흙으로 돌아갈 때까지 얼굴에 땀을 흘려야 먹을 것을 먹으리니 네가 그것에서 취함을 입었음이라 너는 흙이니 흙으로 돌아갈 것이니라

범죄에 대한 일차적 책임은 하와에게 있습니다. 그가 사탄의 유혹에 굴복해, 먼저 선악과를 따먹고 아담에게 권했기 때문입니다. 하지만 아담은 한 가정의 책임자이기에, 아내가 선악과를 권할 때 상황을 바로잡았어야 했습니다. 범죄 후 하나님이 아담에게 자초

지종을 물으셨을 때에도, 아내 탓을 하지 말았어야 했습니다. 아담의 긴 형벌 내용은 거기에서 비롯되었습니다. 이후에 남자는 생계를 위해 죽도록 일을 해야 했습니다. 에덴 동산에서는 그저 열매를 따먹으면 될 뿐, 먹고살기 위해 따로 노동을 할 필요는 없었습니다. 그뿐이 아니었습니다. 영생하도록 창조된 인간의 몸도, 죽음을 겪게 되었습니다.

사랑하는 교우 여러분!

행위 언약을 지키는 데 실패한 인간에게, 하나님은 원시 복음을 통해 메시아를 보내 주겠다고 약속하셨습니다. 그래서 인간은 메시아가 오실 것을 믿기만 하면 죄를 용서받을 수 있게 되었습니다.

그 대신 메시아가 오실 때까지는 짐승의 피를 흘려 제사를 드려야 했습니다. 죄를 지은 사람을 대신해서 짐승이 죽는 것이었습니다. 그렇게 해서 아담은 하나님 말씀에 절대 순종하는 사람이 되었습니다. 그는 메시아가 오실 것을 믿으면서, 죄를 지을 때마다 짐승을 잡아 하나님께 제사를 드렸습니다. 물론 아담은 지금 천국에 가 있습니다.

원시 복음에 따라, 지금으로부터 2천여 년 전에 진짜로 예수님이 육신을 입고 이 세상에 오셨습니다. 33년을 인간으로 사신 후 십자가를 지시고 돌아가셨지만, 부활·승천하셔서 지금은 다시 하나님 보좌 우편에 앉아 계십니다. 구약 성도가 오실 예수님을 믿어 천국 간 데 비해, 신약 성도는 오신 예수님 그리고 언젠가 다시 오실 예수님을 믿어야 천국 갈 수 있습니다.

히브리서 10장 19~20절

그러므로 형제들아 우리가 예수의 피를 힘입어 성소에 들어갈 담력을 얻었나니 그 길은 우리를 위하여 휘장 가운데로 열어 놓으신 새로운 살 길이요 휘장은 곧 그의 육체니라

새로운 산 길 15

캠벨 모건1863~1945은 영국 케임브리지 대 교수로 탁월한 성경 주석가요, 설교가였습니다. 후에는 영국 웨스트민스터 교회의 담임 목사로 일했습니다. 그런 모건 목사님이 영국 요크셔에서 전도대를 지휘할 때였습니다. 어느 날 저녁 그는, 구원은 오직 믿음을 통해서만 얻을 수 있다는 진리에 대해 설교했습니다. 예배 후 한 광부가 그를 찾아왔습니다.

"목사님! 저도 그리스도인이 되고 싶습니다. 하지만 하나님이 제 믿음만 보시고 죄를 용서해 주신다니, 믿을 수가 없습니다. 그건 값이 너무 싸잖아요."

그 광부의 말을 듣고 이번에는 모건 목사님이 그에게 물었습니다.

"오늘 당신은 어떻게 광산 구덩이에서 나왔습니까?"

"늘 제가 나오던 대로 나왔지요. 광산 구덩이에서 엘리베이터를 타고 말입니다."

"그럼 엘리베이터 탑승료는 얼마나 냈나요?"

"돈이라고요? 제가 왜 돈을 냅니까?"

"그렇게 공짜로 엘리베이터를 타고도 불안하지 않았습니까? 당신 목숨이 걸린 일인데도 아무 의심 없이 그걸 타고 올라왔단 말입니까?"

"아니죠, 목사님! 비록 제게는 공짜지만, 회사로서는 엄청나게 큰돈을 치렀지요. 지하 깊은 곳까지 통로를 뚫고 엘리베이터 시설을 하는 것이 어디 한두 푼 드는 일입니까?"

이에 모건 목사님이 분명하게 대답해 주었습니다.

"바로 그겁니다. 당신은 공짜로 엘리베이터를 타고 출퇴근을 하지만, 회사는 당신의 생명을 지키기 위해 엄청난 경비를 들였습니다. 그와 꼭 마찬가지로, 당신의 구원을 위해 하나님이 외아들 예수님을 죽이는 엄청난 값을 치르셨습니다. 그래서 당신이 믿을 수 없을 만큼 싼 값으로, 아니 공짜로 구원을 얻을 수 있게 된 것입니다."

하나님은 창세기 2장 17절, 행위 언약 혹은 선악과 언약을 통해 최초의 인간 아담에게 선악과를 따먹지 말라는 명령을 하셨습니다. 아담은 그 명령을 어겨 죄를 지었습니다. 죄란 영적 죽음을 초래하는 것이어서, 아담은 그 영이 죽어 지옥의 운명으로 떨어졌습니다. 아담뿐 아니라 전 인류가 원죄라는 이름으로 그 죄를 상속받았습니다. 전 인류가 지옥 백성이 된 것이었습니다. 공의의 하나님은 그토록 무섭게 인간을 심판하시지만, 사랑의 하나님은 곧바로 구원

방책을 선포하셨습니다. 창세기 3장 15절 원시 복음을 통해, 메시아를 세상에 보내어 죄 문제를 해결해 주겠다고 약속하신 것이었습니다.

그 다음, 하와와 아담에게 각각 벌을 내리시고, 마지막으로, 그들에게 가죽옷을 지어 입히셨습니다. 하나님은 가죽옷으로 아담과 하와의 죄를 덮어 주셨습니다. 그런데 가죽을 확보하기 위해서는 짐승이 죽어야만 합니다. 이는 사람이 죄를 지으면, 짐승이 죄 지은 사람을 대신해서 피를 흘려야 한다는 뜻이었습니다. 그래야 그 죄를 용서받을 수 있었습니다. 이것이 피 흘림이 있어야 죄 사함이 있다는 제사 원리였습니다. 이처럼 구약 제사는 죄를 가리는 가죽옷에서 유래했습니다.

그렇게 해서 구약 성도는 오실 메시아를 믿어 구원을 얻었습니다. 하지만 사람이 죄를 지을 때마다 자기 대신 짐승을 죽여 피를 흘리게 해야만 했습니다. 그런 속죄의 희생 제사는 국가적으로도 거행되었습니다. 대속죄일을 정해 놓고 일 년에 한 번 대제사장이 지성소에 들어가, 먼저 자신을 위해, 그 다음에 백성을 위해 제사를 드렸습니다. 이처럼 구약 성도들은 오실 메시아를 믿는 가운데 개인적으로, 국가적으로 속죄의 제사를 드리고, 또 드려야 했습니다.

마침내 하나님이 약속하신 메시아가 이 세상에 오셨습니다. 성자 하나님이 인간이 되어 아기 예수로 태어나신 것이었습니다. 예수님은 30년 동안 목수 아버지를 도와 가정을 보살피셨습니다. 그리고 생애 마지막 3년 동안 하나님 일에 전심전력하셨습니다. 열

두 제자와 더불어 하나님 나라를 전파했습니다.

> 때가 찼고 하나님의 나라가 가까이 왔으니 회개하고 복음을 믿으라
> (막 1:15)

예수님은 그렇게 세상을 위해 사시다가, 마침내 인간의 죄를 짊어지고 십자가 위에서 돌아가셨습니다. 인간의 죄를 대신해 죽었던 수많은 짐승처럼 피를 흘리셨습니다. 예수님이 스스로를 제물 삼아 십자가 위에서 하나님께 속죄의 제사를 드리신 것이었습니다. 하나님은 그 피를 보시고, 인간의 죄를 용서해 주셨습니다. 예수님이 드디어 구약 제사를 완결하셨습니다. 그래서 신약 시대에는 더 이상 피 흘리는 제사를 드릴 필요가 없게 되었습니다.

오늘 본문이 속해 있는 히브리서는, 어떤 목사님의 설교문을 모아 성도들에게 보낸 편지입니다. 이스라엘 종교는 유대교입니다. 유대교는 예수님을 메시아로 인정하지 않기 때문에 구약 성경만 성경으로 여깁니다. 물론 아직도 메시아를 기다립니다. 그런데 예수님의 부활과 승천을 목격한 유대교 신자 중에 기독교로 개종한 사람이 많이 있었습니다. 유대교는 그들을 엄청 핍박했습니다. 기독교로 개종한 자녀의 호적을 파 내고, 그에게 상속도 하지 않는 등 생존의 위협을 가했습니다. 물론 개종자가 죽임을 당하기도 했습니다. 그러자 수많은 개종자가 살기 위해 어쩔 수 없이 유대교로 복귀했습니다. 히브리서 기자는 바로 그런 사람들을 향해 목청을 돋우어 설교를 했습니다. 예수님이야말로 하나님이 보내신 메시아이고,

그분이 인간의 죄 문제를 완전히 해결하셨다고 역설했습니다. 특별히 히브리서 10장은, 예수님이 십자가 위에서 속죄의 희생 제사를 드려 우리를 거룩하게 하셨다는 사실을 강조합니다.

히브리서 10장을 이해하기 위해서는 성전의 구조와 규례를 이해해야 합니다. 성전으로 들어가면, 그 안에 성소와 지성소가 있었습니다. 성소는 제사장이 매일 제사드리는 곳이었습니다. 성소와 지성소 사이에는 휘장이 드리워져 있었습니다. 그 휘장 저쪽의 지성소는 하나님이 임재하시는 곳이었습니다. 휘장은 죄인이 의로우신 하나님 앞에 나아가지 못하게 하는 기능을 했습니다. 따라서 지성소는 대제사장만이, 오직 대속죄일에 들어갈 수 있었습니다. 그것도 흠 없는 어린 숫양의 피가 손에 들려 있어야 했습니다. 그런 지성소 출입 규정을 어기는 사람은, 하나님이 바로 그 자리에서 죽이셨습니다. 대제사장이 대속죄일에 드린 제사를, 하나님이 받지 않으실 경우에도 죄를 용서받지 못한 결과가 되므로, 대제사장이 즉사했습니다. 그래서 대제사장이 제사를 드리는 동안, 백성은 지성소를 향해 귀를 쫑긋한 채 성전 뜰을 지켰습니다. 그 초조함을 덜어 주기 위해, 대제사장 예복 끝에 방울을 달았습니다. 대제사장이 움직일 때마다 방울 소리가 났고, 백성은 그가 살아 있음에 마음을 놓았습니다.

그렇게 무시무시한 지성소가 과연 언제 열렸을까요? 예수님이 십자가 위에서 숨을 거두신 순간이었습니다. 바로 그 순간, 두 마리 황소가 양쪽 끝에서 잡아당겨도 찢어지지 않는 튼튼한 휘장이, 위에서부터 아래로 쭉 갈라졌습니다. 이제 오늘 본문 히브리서 10장 19~20절 말씀을 살펴보겠습니다.

> 그러므로 형제들아 우리가 예수의 피를 힘입어 성소에 들어갈 담력을 얻었나니 그 길은 우리를 위하여 휘장 가운데로 열어 놓으신 새로운 살 길이요 휘장은 곧 그의 육체니라

여기의 '그러므로'는, '예수님이 그렇게 완전한 속죄의 제사를 드리셨으므로'란 뜻입니다. '우리가 예수의 피를 힘입어'는, '우리가 예수님의 십자가 속죄 제사로 죄를 용서받았기 때문에'란 의미입니다. '성소'는 지성소를 가리킵니다. '담력'膽力의 말뜻은 '겁이 없고 용감한 기운'입니다. 예수님이 피를 흘리신 덕택에, 우리는 그토록 무서운 지성소에 들어갈 담력을 얻었습니다. '그 길'은 지성소로 들어가는 길입니다. 예수님은 당신의 몸을 찢으셔서, 지성소를 막고 있는 휘장을 가르셨습니다. 예수님이 그 몸을 찢으실 때까지 휘장이 열리지 않았으므로, 휘장은 곧 예수님의 육체였습니다. 지성소로 들어가는 그 길은 이제 구원에 이르는 유일한 통로가 되었습니다. 우리는 그 길을 통해서만 영원한 생명을 얻을 수 있기에, 예수님만이 우리의 살 길입니다. 구약 제사가 아니라, 예수님이 새로운 살 길입니다.

제사 제도가 시행되는 동안에는 지성소가 죽음과 공포의 장소였습니다. 인간의 죄 문제를 해결하기 위해 사투死鬪를 벌여야 했기 때문입니다. 하지만 그 효력은 고작 일 년이었습니다. 아담에게 물

려받은 원죄는 죄를 짓는 성향, 즉 죄성으로 발전했습니다. 바로 그 죄성 때문에 인간은 눈만 뜨면 죄를 짓게 되고, 그래서 구약 백성의 삶은 제사, 제사, 제사의 연속이었습니다. 그러니 백성의 삶이 얼마나 고달팠겠습니까? 그 한가운데로 예수님이 오셔서 제사 제도를 완성하셨습니다. 이제 예수님을 구세주로 영접한 사람은 누구든지 지성소로 나아갈 수 있게 되었습니다. 제사장이나 대제사장이 따로 있는 게 아닙니다. 그리스도인이면 누구나 대제사장으로서 지성소에 들어가 제사를 드릴 수 있습니다. 그것이 예배요, 예배당은 신약 교회의 지성소입니다.

사랑하는 교우 여러분!
하나님이 범죄한 아담에게 입혀 주신 가죽옷이 제사의 시작이었습니다. 제사는 구약 백성이 죄 문제를 해결하기 위한 방편이었습니다. 그런데 예수님이 십자가에서 피를 흘려 속죄 제사를 완성하셨습니다. 그 덕택에 구약 제사가 끝나고, 신약 교회의 예배가 시작되었습니다. 가죽옷이 제사를 거쳐 예배로 발전한 것입니다. 이제 예수님이 재림하실 때까지, 성도는 하나님께 예배를 드립니다. 하나님이 독생자를 죽음으로 몰아넣는 엄청난 값을 치르셔서, 우리가 공짜로 구원을 받게 되었습니다.

예배란 그렇게 구원받은 하나님 백성이 하나님의 창조 은총과 구원 은총에 감격하고 감사해서, 하나님께 바치는 응답의 행위입니다.

요한복음 4장 21~24절

예수께서 이르시되 여자여 내 말을 믿으라 이 산에서도 말고 예루살렘에서도 말고 너희가 아버지께 예배할 때가 이르리라 너희는 알지 못하는 것을 예배하고 우리는 아는 것을 예배하노니 이는 구원이 유대인에게서 남이라 아버지께 참되게 예배하는 자들은 영과 진리로 예배할 때가 오나니 곧 이 때라 아버지께서는 자기에게 이렇게 예배하는 자들을 찾으시느니라 하나님은 영이시니 예배하는 자가 영과 진리로 예배할지니라

예배의 대상 16

경건하고 은혜로운 설교자로 한국 크리스천의 존경을 한몸에 받고 있는 어떤 목사님이 계십니다. 그분은 젊은 시절 사업가로 성공해서 무척 방탕한 삶을 살았습니다. 한때는 노름에 빠져 노름판을 기도실로 만들기도 했습니다. 하룻밤에 서울 변두리 집 한 채 값이 왔다갔다 하는 도박판에서, 카드를 받을 때마다 좋은 패가 들어오도록 열심히 기도했기 때문입니다. 사업이 어려워져서 1등 당첨금이 1억 원인 주택 복권을 산 적도 있었습니다. 월요일 아침에 복권을 산 그는 화요일부터 새벽 기도회에 나갔습니다.

'하나님 아버지! 이 복권이 당첨되게 해 주시면, 제일 먼저 하나님께 천만 원 십일조를 바치겠습니다. 그리고 진짜로 크리스천이 되겠습니다. 제게 1억 원을 주실 줄로 믿습니다.'

당시에는 복권 추첨을 주일 저녁 6시에 했습니다. 그 날 아침에는 다른 어떤 주일보다 더 진지하게 예배를 드렸습니다. 예배 자세에 따라 복권 당락이 결정될 것 같은 생각 때문이었습니다. 평소보다 일찍 예배당에 도착해 경건한 마음으로 준비 기도를 했습니다. 설교 시간에는 졸거나 하품을 하기는커녕 눈을 크게 뜨고 연신 "아멘! 아멘!"으로 화답했습니다. 그렇게 지성으로 예배를 드리고 나니, 마음이 얼마나 뿌듯했는지요! 1억 원이 벌써 자기 차지가 된 것만 같았습니다. 하지만 그 날 밤 텔레비전을 통해 생중계된 추첨에서, 그분의 기대는 보기 좋게 빗나갔습니다. 1등 1억 원은 고사하고, 오백 원짜리도 맞지 않았습니다.

도박을 위한 기도, 복권 당첨을 위한 예배에 하나님이 과연 응답하실까요? 물론 응답하실 리 없습니다. 아무리 간절히 기도하고 진지하게 예배드린다 해도, 도박과 복권 당첨을 위한 것은 하나님이 아니라 돈을 섬기고 나의 유익을 구하는 일이기 때문입니다. 그 같은 잘못된 기도, 어처구니없는 예배는 거듭하면 할수록, 하나님과 점점 더 멀어질 뿐입니다. 그런 행위는 하나님이 아니라 자기 자신을 숭배하는 것이기 때문입니다.

우상 숭배는 그런 자기 숭배의 다른 이름입니다. 하나님은 십계명을 통해서 자기를 위하여 우상을 만들지 말라고 명령하셨습니다. 우상 숭배자는 그 우상을 위해서가 아니라, 자기 자신을 위해서 우상을 만듭니다. 예를 들어 볼까요? 돈을 엄청 좋아하는 사람이 '물질 신'이란 걸 만들어 돈에 대한 자신의 과도한 욕망을 그 신에게 덮어씌웁니다. '나의 신이 물질을 추구하기 때문에, 나 또한 신을 따라 물질을 최고 가치로 여길 수밖에 없다.'고 핑계를 대면서 말입니다. 이처럼 사람이 자기 욕망을 채우기 위한 수단으로 신을 만들어 섬기는 것이 우상 숭배입니다. 그러기에 우상 숭배는 자기 중심적 욕망의 표출이요, 자기 사랑입니다. 그 때문에 하나님이 우상 숭배를 혐오하십니다.

예배란 구원받은 하나님 백성이 하나님의 창조 은총과 구원 은총에 감격하고 감사해서, 하나님께 바치는 응답의 행위입니다. 이 정의를 살펴보면, 예배는 오직 하나님께 집중하는 행위입니다. 예배에서 인간이 누려야 할 몫은 없습니다. 예배는 오직 하나님께 무엇인가를 드리는 행위입니다. 왜 그럴까요? 하나님의 창조 은총과 구원 은총 때문입니다. 하나님은 우주 만물을 창조하셨습니다. 그리고 인간이 살기에 적합한 환경을 조성하신 후 마지막으로 인간을 지으셨습니다. 하나님의 창조 은총 덕에 지금 내가 여기 이렇게 서 있습니다.

하지만 하나님이 나를 구원해 주지 않으셨더라면, 그래서 내가 지옥에 갈 운명이라면, 지금 내가 여기 존재하는 것이 뭐 그리 대수겠습니까? 아니, 하나님을 알지 못한 채 여기에서 이미 지옥 백성으로 살다가 죽어 지옥으로 직행한다면, 태어난 게 한낱 저주에 지나지 않을 것입니다. 그런데 하나님이 나를 구원하기로 예정하시고, 부르셔서, 주일마다 하나님께 나아오게 하시니, 구원의 은총 또한 말로 다할 수 없습니다.

우리는 천지 만물을 창조하신 하나님, 그리고 나를 구원해 주신 하나님께 예배드려야 합니다. 요한복음 4장 전반부는 성경 전체를 통해 예배를 가장 잘 설명한 부분입니다. 예배의 대상 또한 오늘 본문이 잘 짚어 줍니다. 예수님이 아버지께 예배를 드리라고 가르쳐 주셨기 때문입니다. 21절 말씀에 의하면, 우리의 예배 대상은 하나님 아버지이십니다.

> 너희가 아버지께 예배할 때가 이르리라

24절은 그 아버지가 영이라는 사실을 알려 줍니다.

> 하나님은 영이시니

이처럼 예배 대상은 그 어떤 경우에도 인간이 아니고 오직 하나님뿐이심을, 예수님은 분명히 하셨습니다. 예배 대상을 바르게 인식한 사람만이 참된 예배를 드릴 수 있습니다. 하나님이 누구신지에 대한 정확한 지식을 가지고 드리는 예배가, 진리로 드리는 예배이기 때문입니다. 예배 대상이신 하나님을 제대로 알지 못한 채 드리는 예배라면, 그것은 무당의 푸닥거리와 하등 다를 바 없습니다. 서두 예화의 복권 당첨용 예배가 바로 그런 것이었습니다.

우리의 예배 대상이신 하나님 아버지는 영이십니다. 하나님이 영이라는 사실이 의미하는 바는 무엇일까요?

우선, 하나님은 어떤 형상으로 전락하실 수 없습니다. 영이신 하나님을 물리적 형상으로 바꾸면, 그분을 축소하고 제한하기 때문입니다. 영이신 하나님을 어떤 형상으로 바꾸어 놓고 그것을 하나님으로 섬긴다면, 그게 바로 우상 숭배입니다. 출애굽 한 이스라엘 백성이 시내 산에서 그런 짓을 했습니다. 그들은 금송아지를 만들어 놓고 거기에 절했습니다. 물론 금송아지 자체에 절한 건 아니었습니다. 그들은 엄연히 하나님께 경배했습니다. 하나님을 금송아지로 형상화했기 때문에, 그들에게 금송아지는 곧 하나님이었습니다. 그렇다고 해서 우상 숭배가 아닌 건 아니었습니다.

또, 영이신 하나님은 한 장소에 제한되실 수 없습니다. 하나님은 영이시기 때문에 시간과 공간을 충만하게 채우십니다. 그래서 전 인류가 지구 곳곳에서 동시에 예배를 드려도 다 받으실 수 있습니다. 옛날 이스라엘 백성은 하나님이 예루살렘 성전에만 계신다고 생각했습니다. 그런 태도 또한 하나님을 우상화하는 죄입니다. 우상은 대개 일정한 장소에 설치되는 물건이기 때문입니다.

우리는 예배 대상이신 하나님의 특성을 알아야 합니다. 그래야 성경에 계시된 대로 하나님께 예배드릴 수 있습니다. 하나님의 특성을 압축하는 단적인 속성은 거룩입니다. 하나님이 거룩하신 분이라면, 우리는 거룩하게 예배를 드려야 합니다. 거룩이란 구별되었다는 뜻입니다. 하나님은 피조물인 인간과 구별되는 창조주이십니다. 하나님은 흠이 없고, 실수하지 않고, 완전히 의로운 존재이십니다.

하나님의 거룩성은 우리에게 두 가지 반응을 일으킵니다. 하나는, 경건한 두려움입니다. 인간은 거룩하신 하나님 앞에서 자신의 죄와 추악함을 깨닫고, 하나님이 당장 그런 자신을 죽여 없애신다 해도 할 말이 없음을 인정합니다. 그러므로 지금 내가 여기 있음은 오직 하나님 은혜입니다. 인간의 그런 실존을 인식할 때, 우리는 하나님께 감사하지 않을 수 없습니다. 이처럼 하나님의 거룩성 앞에서 촉발되는 또 하나의 반응은 감사입니다. 그러므로 우리는 경건한 두려움과 감사한 마음을 품고, 거룩하신 하나님께 예배드려야 합니다.

사랑하는 교우 여러분!

예배는 구원받은 하나님 백성이 하나님의 창조 은총과 구원 은총에 감격하고 감사해서, 하나님께 바치는 응답의 행위입니다. 그러므로 예배 대상은 하나님이십니다. 우리는 나를 창조하시고, 구원해 주신 하나님께 예배드려야 합니다.

하나님은 영이십니다. 영이신 하나님은 어떤 물리적 형상으로 전락하실 수 없습니다. 또, 한 장소에 제한되지 않으십니다. 그래서 우리는 언제, 어디서든 하나님께 예배드릴 수 있습니다. 영이신 하나님의 속성을 하나로 압축하면 거룩입니다. 거룩하신 하나님 앞에서 우리는 자신의 죄와 부정을 깨닫습니다. 그리고 그런 나를 아직도 살려 두시는 하나님께 감사드립니다.

예배를 달리 정의하면, 사람이 경외심을 품고 최상의 존재에게 엎드려 절하는 것입니다. 하나님께 참된 예배를 드리기 위해서는 그분이 왜 최상의 존재인지를 알아야 합니다. 참된 예배에는 하나님 지식이 필요하다는 뜻입니다. 그런 지식을 가지고 드리는 예배가 진리로 드리는 예배입니다. 하나님이 누구신지 알기에, 나의 전 존재를 다해서, 충심衷心으로 하나님 앞에 엎드리는 것이, 영과 진리로 드리는 참된 예배입니다.

고린도후서 5장 17절

그런즉 누구든지 그리스도 안에 있으면 새로운 피조물이라 이전 것은 지나갔으니 보라 새 것이 되었도다

하나님의 재창조 17

하나님은 당신의 피조물 가운데 인간을 특별히 사랑하셨습니다. 어느 정도였느냐 하면, 당신의 외아들 예수님보다 더 사랑하셨습니다. 천지 창조 때는 인간에게만 영을 만들어 주셔서, 인간이 영과 혼과 몸을 지닌 존재가 되었습니다. 하나님이 영이시기 때문에, 영을 지닌 인간만이 하나님과 교제할 수 있습니다. 영에는 하나님 형상이 새겨져 있어서, 인간이 하나님 닮은 존재가 되었습니다. 그 또한 하나님 사랑이었습니다.

하나님은 거기에 만족하지 않으시고, 인간에게 자유 의지를 주셨습니다. 그래서 인간은 스스로 의사 결정을 하고, 그 결과를 책임질 수 있게 되었습니다. 인간이 하나님처럼 자율적인 존재로 격상된 것이었습니다. 하나님 사랑은 거기서도 더 나아가, 자유 의지를 실험할 장치까지 마련해 주셨습니다. 그것은 에덴 동산 중앙에 선악과 나무를 심으시고 그 열매를 따먹지 말라고 명령하신 일이었습니다. 최초의 인간 아담은 창세기 2장 17절에서 하나님과 일종의 행위 언약을 맺었습니다.

> 선악을 알게 하는 나무의 열매는 먹지 말라 네가 먹는 날에는 반드시 죽으리라

그 언약에 의해, 아담은 선악과만 따먹지 않으면 천국에 들어가 영생을 누릴 수 있었습니다. 하지만 따먹는 쪽으로 자유 의지를 사용할 경우에는, 지옥으로 떨어져 영원한 형벌을 받아야 했습니다. 그렇게 해서 아담은, 인류 역사상 유일하게, 행위로 구원받을 수 있는 특권을 누렸습니다. 선악과만 따먹지 않으면 천국에 갈 수 있다니, 그보다 더 쉬운 일이 어디 있겠습니까?

하지만 아담은 선악과를 따먹는 쪽으로 자유 의지를 발현했습니다. 죄란 하나님 명령을 어기는 것입니다. 사람이 죄를 지으면 그 영이 죽어, 하나님과의 교제가 끊깁니다. 그렇게 하나님과 단절된 채 하나님과 상관 없이 살아가는 곳이 지옥입니다. 아담의 죄로 인해 혼도 무뎌져, 인간은 멍청한 두뇌로 탈바꿈했습니다. 사람이 공부 때문에 애달파하는 것도 다 죄의 결과입니다. 사람은 원래 죽지 않는 존재로 창조되었습니다. 그러나 죄를 지은 후, 인간의 몸은 늙어 가면서 사망을 향해 달리게 되었습니다. 그러다가 마침내 죽으면, 지옥으로 직행할 운명이었습니다.

아담의 죄는 원죄란 이름으로 그 후손의 유전자DNA 속에 저장되어, 전 인류를 죄인으로 만들었습니다. 그가 인간의 대표이기 때문

이었습니다. 아담의 죄는 자동적으로, 그리고 유전적으로 그 후손에게 영향을 미칩니다. 그래서 인간은 너나없이 영이 죽은 죄인으로 태어납니다.

정의의 하나님은 이토록 무섭게, 사람이 죄를 짓는 대로 따박따박 심판을 하십니다. 하지만 사랑의 하나님은 지옥의 운명으로 전락한 인간이 불쌍해서 눈물짓는 하나님이십니다. 그 하나님이 다시 인간과 언약을 맺으셨습니다. 메시아를 보내어, 인간을 지옥에서 구출해 주겠다고 약속하신 것이었습니다. 창세기 3장 15절의 원시복음이 바로 그 언약입니다.

> 내가 너로 여자와 원수가 되게 하고 네 후손도 여자의 후손과 원수가 되게 하리니 여자의 후손은 네 머리를 상하게 할 것이요 너는 그의 발꿈치를 상하게 할 것이니라

여기의 '여자의 후손'은 성자 예수님, 즉 메시아입니다. 사람들은 '여자의 후손'이란 표현으로 미루어, 예수님이 메시아로 오실 때 인간이 되시리란 사실을 깨달았습니다. '너'는 물론 아담으로 하여금 선악과를 따먹어 범죄하게 한 사탄이었습니다. '여자의 후손이 사탄의 머리를 상하게 한다.'고 했으므로, 메시아의 최종 승리 또한 확실했습니다.

아담의 범죄로 행위 언약이 효력을 상실했기 때문에, 사람은 이제 믿음으로만 구원받을 수 있게 되었습니다. 구약 성도는 오실 메시아를 믿어야 했고, 신약 성도는 오신 메시아 그리고 다시 오실 메시아를 믿어야 합니다. 물론 아담도 오실 예수님을 믿어 지금 천국

에 가 있습니다. 예수님을 믿는다는 건, 예수님이 하나님 아들이심을 믿고, 예수님이 하신 말씀을 진리로 받아들이고, 예수님이 하신 일을 사실로 인정한다는 뜻입니다.

메시아가 와서 인간의 죄 문제를 해결할 때까지는 죄에 대한 특단의 조치가 필요했습니다. 하나님은 거룩하고 의로우시기 때문에, 죄와는 절대로 같이 하실 수 없습니다. 죄를 지은 사람은 그 죄를 해결하고 나서야 비로소 하나님 앞에 나아갈 수 있습니다. 구약 시대에 제사 제도가 생겨난 건 바로 그 때문이었습니다. 그러므로 제사 제도를 규정한 레위기는, 죄 지은 인간이 하나님 앞에 나아갈 수 있는 방도를 제시한 법률입니다.

레위기에 의하면, 인간의 죄는 피를 흘려야 용서받을 수 있습니다. '신약의 레위기'인 히브리서 역시 그 사실을 확증해 줍니다. 레위기 17장 11절과 히브리서 9장 22절 말씀을 보겠습니다.

> 생명이 피에 있으므로 피가 죄를 속하느니라 (레 17:11)

> 율법을 따라 거의 모든 물건이 피로써 정결하게 되나니 피 흘림이 없은즉 사함이 없느니라 (히 9:22)

이처럼 속죄 제사에는 반드시 짐승의 피가 필요했습니다. 누구든지 죄를 지으면, 양이나 염소 등의 짐승을 데리고 제사장에게 갔습니다. 제사장은 그 동물의 머리에 안수하고, 그것을 죽여서 제사를 드렸습니다. 그 때, 제사 드리는 사람은 자기 대신 죽어 가는 짐승을 보고 죄를 회개했습니다. 구약 성도는 죄를 지을 때마다, 그렇게 짐승을 데리고 가서 속죄 제사를 드렸습니다. 그러니 긴 세월 동안, 백성이 얼마나 고생을 했겠습니까? 경제적으로, 시간적으로, 심리적으로 말입니다.

그렇게 긴 세월이 흐른 뒤, 하나님이 원시 복음을 통해 약속하신 메시아가 마침내 이 세상에 오셨습니다. 그게 바로 크리스마스이고, 성자 하나님의 성육신입니다. 마침내 신약 시대가 열린 것이었습니다. 역사는 예수님이 인간으로 오신 해를 서기주후 1년으로 정했습니다.

그 당시 유대교 지도자의 타락은 극에 달했습니다. 예수님이 그 시점을 택해서 성육신 하신 데는 그만한 이유가 있었습니다. 종교 지도자들은 백성의 삶에 전혀 관심이 없었고, 자기들의 배를 불리는 일에만 집중했습니다. 죽을 수조차 없는 백성은 자식을 팔아 목숨을 유지하는 지경에 이르렀지만, 이미 양심에 화인火印 맞은 성직자들은 눈 하나 깜짝하지 않았습니다. 아니, 믿음이 아니라 행위로 구원받을 수 있다는 거짓 가르침으로 백성의 노동력과 물질을 착취할 뿐이었습니다. 예수님이 그런 성직자들에게 눈엣가시가 되실 건 뻔한 일이었습니다. 예수님은 유대교 성직자들과 갈등을 빚은 결과, 신성 모독과 민중 선동이라는 터무니없는 죄목으로 십자가 사형을 언도받으셨습니다.

그러나 예수님으로서는 당신이 가실 길을 걸어가시는 것뿐이었습니다. 예수님은 죽으시기 위해 이 세상에 오셨습니다. 신은 죽을 수 없기에, 신이 죽으면 신이 아니기에, 예수님이 돌아가시기 위해서는 부득불 인간이 되셔야만 했습니다. 그리고 십자가에서 피를 흘리시어, 인간의 죄 문제를 해결하셔야만 했습니다. 예수님은 친히 희생 제물이 되시어, 십자가 위에서 속죄의 제사를 완성하셨습니다.

하나님은 예수님의 십자가 제사를 보시고, 아담 이래 인간이 지은 죄와 예수님 재림 때까지 인간이 지을 죄를 모조리 용서하셨습니다. 또, 천지 창조 이래, 인간이 죄를 지을 때마다 쌓여 간 하나님의 진노를 십자가 위에 쏟으셨습니다. 이처럼 예수님의 십자가는 인간의 죄 문제와 하나님의 진노 문제를 말끔히 해결했습니다. 하나님은 십자가 위의 예수님을 내려다보시고, 예수님을 속죄 제물로 인정하는 사람이면 누구든지 구원하기로 작정하셨습니다.

예수님이 그렇게 구원 사역을 완성하셨다고 해서 전 인류가 자동적으로 구원에 이르는 건 아닙니다. 성령님이 그 구원 사역을 개개인에게 적용시켜 주실 때에야 비로소 각자가 구원받을 수 있습니다. 아담의 죄는 자동적이고 유전적으로 작용하지만, 제2의 아담이신 예수님의 구원 사역은 개별적이고 신앙적으로 작용하기 때문입니다.

사람이 구원받고 천국에 가기 위해서는 중생의 과정이 필요합니다. 중생은 문자 그대로 거듭남입니다. 예수님의 십자가 죽음이 내 죄 때문임을 인정하고 예수님을 나의 구세주로 영접하는 것이 중생重生입니다. 오늘 본문의 '그리스도 안에 있다'는 게 중생했다는 뜻입니다. 사람이 중생을 하면 죽었던 영이 되살아나 '새로운 피조물'이 됩니다.

성부 하나님의 창조 사역은 천지 창조 때 완전히 끝났습니다. 하나님은 더 이상 창조는 하지 않으십니다. 그런데 거기에 딱 한 가지 예외가 있으니, 그게 바로 인간의 영을 둔 재창조입니다. 인간의 죽은 영을 재창조하시는 하나님 사역은, 예수님 재림 때까지 계속될 것입니다. 결국 중생이란 인간의 영이 되살아나는 것입니다. 사람이 중생을 하면, 다시 살아난 영에 성령님이 들어가 사시게 됩니다. 그래서 사람의 몸이 성령의 전, 즉 하나님의 집이 됩니다. 중생을 달리 말하면, 성령 세례, 불 세례, 구원받음, 천국행 입장권 확보 등입니다.

물 세례는 중생한 사람에게 교회가 공개적으로 베푸는 외적 표지입니다. 세례식은 교회가 수세자의 중생 사실을 회중 앞에 공지하면서, 수세자에게 배지bage를 달아 주는 의식입니다. 따라서 세례 자체에 구원의 능력이 있는 건 절대로 아닙니다. 임종 전에 병상세례를 받지 않아도, 중생한 사람이면 천국에 갑니다. 그러나 세례를 받았어도 중생하지 않은 사람은, 결단코 천국에 들어가지 못합니다.

사랑하는 교우 여러분!
사람은 선한 행위가 아니라, 예수 그리스도를 믿는 믿음으로 구원에 이를 수 있습니다. 예수님을 나의 구세주로 영접했기에, 죽은 영이 소생하는 것이 중생이요, 중생한 사람에게 교회가 공개적으로 베푸는 외적 표지가 세례입니다. 행위로 구원받는 게 아니요, 세례 자체에 구원의 능력이 있는 게 아닙니다.
사람이 중생한 증거는 대략 세 가지로 말할 수 있습니다. 첫째,

눈물의 회개 기도를 하고, 둘째, 하나님 말씀이 문자 그대로 꿀송이처럼 달게 느껴집니다. 셋째, 인생관, 가치관, 세계관, 역사관 등이 모두 바뀌어 성화의 역사役事가 시작됩니다. 그래서 "이전 것은 지나가고 새 것이 되었다."는 본문 말씀이 그대로 실현됩니다.

그러면 사람이 언제, 어떻게 중생할 수 있을까요? 그에 대해서는 하나님만 아십니다. 인간이 자신의 구원을 위해서 할 수 있는 일은 아무것도 없습니다. 우리는 믿음으로 구원받을 수 있는데, 믿음이 하나님 선물이기 때문입니다.

그래도 뭔가 하고 싶다면, 하나님 말씀을 공부합니다. 예수 그리스도께서 완성하신 구원 사역을 우리에게 적용시키는 분이 성령님이시고, 성령님은 오직 말씀에 따라 활동하시기 때문입니다. 이에 대해 이스라엘 히브리 대학 조지 L. 모스1918~1999 교수가 『종교 개혁』이란 책에서, 마르틴 루터를 설명하는 가운데 촌철살인寸鐵殺人의 금언을 남겨 주었습니다.

> 믿음은 하나의 달성된 것이 아니라 복음을 듣고, 하나님 말씀을 공부하는 사람에게 찾아오는 하나님 선물입니다.

4부

인간이 되신 하나님

18 마리아의 희생

19 요셉의 순결한 결혼

20 영광 그리고 평화

21 새벽 아직도 밝기 전에

22 겟세마네 기도

23 빌라도 총독

24 십자가에서 내려올지어다

25 엘리 엘리 라마 사박다니

26 성전 휘장이 찢어지다

27 부활의 증거

28 부활의 첫 열매

누가복음 1장 26~38절

여섯째 달에 천사 가브리엘이 하나님의 보내심을 받아 갈릴리 나사렛이란 동네에 가서 다윗의 자손 요셉이라 하는 사람과 약혼한 처녀에게 이르니 그 처녀의 이름은 마리아라 그에게 들어가 이르되 은혜를 받은 자여 평안할지어다 주께서 너와 함께 하시도다 하니 처녀가 그 말을 듣고 놀라 이런 인사가 어찌함인가 생각하매 천사가 이르되 마리아여 무서워하지 말라 네가 하나님께 은혜를 입었느니라 보라 네가 잉태하여 아들을 낳으리니 그 이름을 예수라 하라 그가 큰 자가 되고 지극히 높으신 이의 아들이라 일컬어질 것이요 주 하나님께서 그 조상 다윗의 왕위를 그에게 주시리니 영원히 야곱의 집을 왕으로 다스리실 것이며 그 나라가 무궁하리라 마리아가 천사에게 말하되 나는 남자를 알지 못하니 어찌 이 일이 있으리이까 천사가 대답하여 이르되 성령이 네게 임하시고 지극히 높으신 이의 능력이 너를 덮으시리니 이러므로 나실 바 거룩한 이는 하나님의 아들이라 일컬어지리라 보라 네 친족 엘리사벳도 늙어서 아들을 배었느니라 본래 임신하지 못한다고 알려진 이가 이미 여섯 달이 되었나니 대저 하나님의 모든 말씀은 능하지 못하심이 없느니라 마리아가 이르되 주의 여종이오니 말씀대로 내게 이루어지이다 하매 천사가 떠나가니라

마리아의 희생 18

　지식에는 두 가지 종류가 있습니다. 합리적 지식과 초월적 지식입니다. 합리적 지식은 이성으로 납득할 수 있는 지식입니다. 이 지식은 믿고 말고가 없습니다. 그저 내용을 이해하면 그것으로 그만입니다. 그에 비해, 초월적 지식은 믿음의 대상이 되는 지식입니다. 이 지식은 우리의 이성을 초월하기에, 그 내용을 믿는 사람에게만 지식으로 성립합니다. 초월적 지식은 믿음의 열쇠로 작용하기에, 주로 교회에서 습득합니다.

　성경에는 이 두 가지 지식이 섞여 있습니다. 예수님이 주후 1년에 이스라엘 베들레헴에서 탄생하신 사실은 합리적 지식에 해당합니다. 그러나 예수님의 성육신, 성령 잉태, 동정녀 탄생, 삼위일체론 등은 초월적 지식입니다. 이런 지식들이 기독교 핵심 교리를 구성한다는 게 문제입니다. 예수님의 성육신은 하나님 아들이 인간이 되셨다는 교리인데, 믿으면 문제 될 게 없습니다. 그러나 믿지 못하면 그보다 더 허황된 이야기도 없습니다. 인류 역사에서 성령으로 잉태했거나, 숫처녀가 임신한 일이 전혀 없기 때문입니다. 교회 다니는 사람조차도 중생 이전에는, 예수님의 성령 잉태나 동정녀 탄생을 믿을 수 없어 고뇌하곤 합니다. 삼위일체론 역시 납득하기 어려운 교리입니다. 성부, 성자, 성령 삼위 하나님이 한 분이라는 내용이기 때문입니다. 삼위일체론에 의하면, 천지 창조 때 삼위 하나님이 그 역할을 분담하셨습니다. 성부 하나님은 창조 사역을, 성자 하나님은 구원 사역을, 성령 하나님은 섭리 사역을 주도하시기로 말입니다.

예수님의 성육신과 동정녀 탄생은 기독교 핵심 교리입니다. 이런 황당한 이야기들만 없다면 예수 믿겠다는 사람이 많습니다. 하지만 기독교 신앙은 초월적 지식에 해당하는 이런 교리들이 있어서 더욱 빛나는 보석이 됩니다.

그렇다면 하나님 아들이신 예수님이 굳이 성육신 하신 이유는 무엇일까요? 아담이 선악과를 따먹어 하나님께 죄를 짓고 영적 죽음을 초래했습니다. 그 죄가 전 인류에게 전가되어, 그들 모두가 지옥 백성으로 전락했습니다. 사랑의 하나님은 메시아를 보내어 인간의 죄 문제를 해결해 주기로 약속하셨습니다. 창세기 3장 15절의 원시 복음이 바로 그 약속입니다. 이제 구약 성도는 원시 복음을 믿어 천국에 갈 수 있게 되었습니다. 그러면 메시아가 올 때까지 인간이 짓는 죄는 어떻게 해야 할까요? 제사 제도가 그 문제의 해결책이었습니다. 구약 성도는 죄를 지을 때마다 하나님께 희생 제사를 드렸습니다. 동물의 피를 흘리는 제사가 희생 제사입니다. 제사 드리는 사람은 짐승이 자신의 죄 때문에 죽어 가는 걸 보면서, 하나님께 회개하고 죄를 용서받았습니다. 그처럼 제사를 지내고 또 지내야 하는 인간이 안쓰러워, 하나님이 마침내 메시아를 보내 주셨습니다. 결국, 메시아이신 예수님은 희생 제물이 되려고 이 세상에 오셨습니다. 다시 말하면, 예수님은 죽으시기 위해 인간이 되신 것입니다. 신은 영원히 죽지 않습니다. 만약 신이 죽는다면, 그 신은 가짜입니다. 그러므로 신이신 예수님이 죽으시기 위해서는, 부득불 성육신 하셔야만 했습니다.

예수님이 동정녀 탄생을 하신 이유도 간단합니다. 메시아로서 인간의 죄 문제를 해결하려면, 자신에게 죄가 없어야 합니다. 일반적인 남녀 관계로 출생한 사람은, 아담의 원죄를 물려받아 자동적으로 죄인이 됩니다. 그래서 예수님은 육신의 아버지 없이 처녀의 몸에서 탄생하셔야 했습니다. 게다가 실제로는 하나님 아들이시되, 법적으로는 다윗 자손이셔야 했습니다. 그 때문에 다윗 자손 요셉과 정혼한 마리아가 그 특별한 임신의 주인공으로 선발되었습니다.

삼위 하나님 중 성자 하나님이 구원 성취를 담당하셨습니다. 그래서 다름 아닌 예수님이 성육신 하셨습니다. 하나님의 아들이 인간의 아들로 오시는 길에, 요셉과 마리아가 헌신했습니다. 이스라엘의 결혼은 약혼, 정혼, 결혼이란 세 단계를 거쳐 완성되었습니다. 요셉과 마리아는 약혼을 하고 일 년의 정혼 기간을 보내는 중이었습니다. 가브리엘 천사가 그런 마리아를 찾아왔습니다. 가브리엘은 좋은 소식을 전하는 천사입니다. 그가 마리아에게 전한 소식은 인류에게는 좋은 소식이로되, 그녀 자신에게는 청천벽력이었습니다.

> 보라 네가 잉태하여 아들을 낳으리니 그 이름을 예수라 하라(31절)

마리아가 천사의 말에 놀라서 이렇게 물었습니다.

> 나는 남자를 알지 못하니 어찌 이 일이 있으리까(34절)

동정녀인 자신이 임신을 한다는데, 어찌 가만히 있을 수 있었겠습니까? 천사가 친절하게 대답해 주었지만, 여전히 알아듣기 어려운 이야기였습니다.

> 성령이 네게 임하시고 지극히 높으신 이의 능력이 너를 덮으시리니 이러므로 나실 바 거룩한 이는 하나님의 아들이라 일컬어지리라(35절)

성령님 능력으로 하나님 아들을 임신하는 사건을 그 누가 이해할 수 있겠습니까? 이에 천사는 초자연적 임신 사례를 들려주었습니다. 천사가 마리아를 찾아오기 6개월 전, 하나님은 그녀의 친척 엘리사벳에게 세례 요한을 임신하게 하셨습니다. 호호백발 할머니가 하나님 능력으로 임신할 수 있다면, 숫처녀 또한 얼마든지 아기를 가질 수 있을 게 아니냐는 뜻이었습니다.

> 보라 네 친족 엘리사벳도 늙어서 아들을 배었느니라 본래 임신하지 못한다고 알려진 이가 이미 여섯 달이 되었나니(36절)

엘리사벳은 생리적으로 임신이 불가능한 상태였을 뿐 부부의 육체 관계를 통해 아기를 가졌습니다. 하지만 마리아의 경우는 성령 잉태로, 처녀 혼자 임신하는 것이었습니다. 그야말로 초월적 지식의 영역에 해당하는 일이었으니, 마리아 자신도 이해하지 못하는 게 당연했습니다. 천사가 혼란에 빠진 마리아에게 엄청난 도전을 주었습니다.

대저 하나님의 모든 말씀은 능하지 못하심이 없느니라(37절)

초월적 지식은 이해할 수 있는 지식이 아닙니다. 믿음의 대상일 뿐입니다. 하나님은 말씀으로 천지를 창조하셨습니다. 그 말씀이 무엇인들 못하겠습니까? 마리아는 즉시 믿음으로 그 도전에 응했습니다.

주의 여종이오니 말씀대로 내게 이루어지이다(38절)

그렇게 해서 동정녀 마리아는 성령의 능력으로 아들을 잉태했습니다. 하나님 아들을 열 달 동안 자신의 몸에 품어 그 어머니가 되는 건, 분명 여자가 누릴 수 있는 가장 큰 영광입니다. 게다가 예수님 족보에 다른 세 명의 여자와 함께 오를 테니, 그 또한 영광이 아닐 수 없습니다. 하지만 족보의 명예는 지금 이야기지, 그 당시 마리아로서는 전혀 알 수 없는 일이었습니다. 예수님 족보를 수록한 신약 성경이 그로부터 4백 년 후에 완성되었기 때문입니다. 따라서 마리아가 성령 잉태를 하는 데에는 엄청난 희생을 각오할 필요가 있었습니다. 그 이유를 생각해 봅니다.

첫째, 마리아는 간음죄로 이혼을 당할 수 있었습니다.

이스라엘 결혼 제도에서 두 번째 단계인 정혼 기간은 일 년이었습니다. 그 기간에 당사자는 육체 관계를 제외하고는 부부와 다를 바 없었습니다. 그러므로 정혼 기간에도 간음죄가 성립되었고, 간음죄는 당연히 이혼 조건이었습니다.

둘째, 정혼 기간 중 임신한 처녀는 동네 사람들이 끌어다 돌로 쳐죽였습니다.

천사가 동네 사람들을 모아 놓고 마리아가 성령으로 임신한 사실을 공표한 게 아니었습니다. 게다가 그녀 자신도 이해가 되지 않아, 한참 동안 천사와 입씨름해야 했습니다. 그런데 어찌 동네 사람들이 성령 잉태를 수긍하겠습니까? 마리아의 성령 잉태는 목숨을 건 결단이었습니다.

셋째, 훗날 예수님이 십자가를 지실 때, 마리아는 그 밑에서 가슴 찢어지는 아픔을 겪어야 했습니다.

예수님이 전 인류의 메시아라 해도, 마리아에게는 더할 수 없이 소중한 아들이었습니다. 그것도 30년 동안이나 애지중지 키우며, 의지하며, 함께 살아온 맏아들이었습니다. 그런 아들이 십자가 위에서 살이 찢기고 물처럼 피를 흘리는데, 어찌 어머니가 고통스럽지 않겠습니까?

사랑하는 교우 여러분!

신은 죽을 수가 없기에 신이 죽으면 신이 아니기에, 예수님은 죽으시기 위해 성육신 하셔야 했습니다. 또, 죄 없는 인간이 되시기 위해 동정녀 탄생을 하셔야 했습니다. 성경의 예언에 따라, 메시아는 다윗 가문 출신이어야 했습니다. 그래서 다윗 자손 요셉과 정혼한 처녀 마리아가 성모로 간택되어, 성령으로 잉태했습니다.

메시아가 오시는 길에 그 어머니로 쓰임받는 건 분명 큰 영광입니다. 하지만 그 영광은 인생의 파탄과 죽음의 위험을 무릅쓴 희생 가운데 피어난 꽃이었습니다. 마리아는 간음죄의 누명을 쓰는 희생과, 목숨을 건 희생을 감수했습니다. 그리고 십자가 위에서 참혹하게 죽어 가는 아들을 보며 가슴 찢는 고통을 당해야 하는 희생을 감수했습니다.

그분이 그토록 엄청난 희생을 감수하면서 동정녀 탄생의 주역이 되었기에, 오늘 우리가 구원 은총을 누리고 있습니다. 크리스마스는 예수님의 겸손과 마리아의 희생이 빚어 낸, 가슴 저미도록 고맙고 감격스러운 이야기입니다.

마태복음 1장 18~25절

예수 그리스도의 나심은 이러하니라 그의 어머니 마리아가 요셉과 약혼하고 동거하기 전에 성령으로 잉태된 것이 나타났더니 그의 남편 요셉은 의로운 사람이라 그를 드러내지 아니하고 가만히 끊고자 하여 이 일을 생각할 때에 주의 사자가 현몽하여 이르되 다윗의 자손 요셉아 네 아내 마리아 데려오기를 무서워하지 말라 그에게 잉태된 자는 성령으로 된 것이라 아들을 낳으리니 이름을 예수라 하라 이는 그가 자기 백성을 그들의 죄에서 구원할 자이심이라 하니라 이 모든 일이 된 것은 주께서 선지자로 하신 말씀을 이루려 하심이니 이르시되 보라 처녀가 잉태하여 아들을 낳을 것이요 그의 이름은 임마누엘이라 하리라 하셨으니 이를 번역한즉 하나님이 우리와 함께 계시다 함이라 요셉이 잠에서 깨어 일어나 주의 사자의 분부대로 행하여 그의 아내를 데려왔으나 아들을 낳기까지 동침하지 아니하더니 낳으매 이름을 예수라 하니라

요셉의 순결한 결혼 19

아담이 선악과를 따먹고 죄를 지었을 때, 전 인류가 지옥의 운명으로 떨어졌습니다. 공의의 하나님은 아담과 약속하신 대로 그렇게 심판하셨습니다. 그러나 사랑의 하나님은 모조리 지옥으로 떨어진 인간이 불쌍해서 메시아 언약을 맺어 주셨습니다. 창세기 3장 15절 말씀이 바로 그 언약입니다. 하나님이 처음으로 메시아를 보내 주겠다고 약속하셨기 때문에, 창세기 3장 15절에는 원시 복음이란 이름이 붙었습니다. 원시 복음이 메시아를 '여자의 후손'으로 표현한 까닭에, 사람들은 예수님의 성육신을 미루어 짐작할 수 있었습니다. 또, 이스라엘에는 전통적으로 메시아 사상이 있었습니다. 그 사상에 의하면, 메시아는 다윗 왕의 후손이어야 했습니다. 아브라함 언약에 의하면, 메시아는 아브라함 후손 중에서 나오게 되어 있었습니다. 다윗이 아브라함 후손이므로, 메시아가 다윗 후손이어야 한다는 생각은 성경 내용과 모순되지 않았습니다. 마태는 오늘 본문의 앞부분, 즉 마태복음 1장 1~17절에서 메시아가 다윗 자손임을 증명했습니다. 1절 말씀을 보십시오.

아브라함과 다윗의 자손 예수 그리스도의 계보라

마태는 예수님이 다윗 왕의 혈통을 따라, 이 세상에 오셨다고 말함으로써, 예수님의 인성을 증언했습니다.

오늘 본문 18~25절에서는 마태가 메시아의 신성을 증언합니다. 그 증언에 의하면, 다윗 왕의 26대 손자 중에 요셉이 있었습니다. 요셉은 마라아란 여인과 약혼을 하고 결혼을 기다리는 중이었습니다. 그런데 그 기간에 마리아가 임신을 했습니다. 요셉은 마리아와 아기 만들 일을 전혀 하지 않았습니다. 그렇다면 마리아가 임신한 아기의 아빠는 약혼자 요셉이 아니라, 다른 어떤 남자란 이야기였습니다. 하지만 그게 아니었습니다. 마리아가 성령으로 임신을 한 것이었습니다. 하나님이 인간이 되어 메시아로 오시는 마당이니, 뭔가 특별해야 하지 않겠습니까? 예수님께는 육신의 아버지가 없습니다. 예수님의 아버지는 하나님이십니다. 이처럼 예수님은 인간이 되셨을 때도 신성을 그대로 지니셨습니다.

처녀가 임신을 해서 예수님을 낳았기 때문에, 흔히 예수님의 탄생을 동정녀 탄생이라고 합니다. 동정녀 탄생은 세상 사람들로 하여금 기독교 신앙을 수용하기 어렵게 만드는 교리 중 하나입니다. 요셉 당시에도 상황은 다르지 않았습니다. 사람들은 성령으로 잉태하는 것도, 숫처녀가 혼자서 임신하는 것도 도무지 이해할 수 없었습니다.

게다가 그 당시 사람들은 성령 하나님을 우리만큼 알지 못했습니다. 그러나 본문을 읽노라면, 이런 거창한 교리를 생각할 겨를도 없이 당장 부닥쳐 오는 문제가 있습니다. 19절에서는 요셉을 남편으로, 20절에서는 마리아를 아내로 부르고 있습니다. 정말 이상하지 않습니까? 약혼자와 남편, 그리고 약혼녀와 아내는 전혀 다릅니다. 이 문제를 해결하기 위해서는 이스라엘의 결혼 제도를 살펴보아야 합니다. 이스라엘의 결혼은 세 단계에 걸쳐 이루어집니다.

첫째는, 약혼the engagement 단계입니다. 결혼 당사자가 아직 어릴 때, 양쪽 부모 혹은 중매쟁이를 통해 결혼을 약속합니다. 당사자가 서로를 보지 못한 상태에서 결혼 약속이 이루어집니다. 옛날 우리나라에서도 일반화되었던 풍습입니다.

둘째는, 정혼定婚, the betrothal 단계입니다. 결혼 당사자가 성인이 되어, 부모가 맺은 결혼 약속에 동의함으로써, 결혼을 확정 짓는 단계입니다. 이 때, 여자가 그 결혼에 반대 의사를 표명하면, 정혼은 이루어지지 않습니다. 하지만 원만하게 정혼 단계로 돌입하면, 둘 사이에는 절대적 구속력이 생깁니다. 이 단계는 일 년 동안 지속되는데, 그 기간에 당사자들은 남편과 아내로 불립니다. 이로써 본문 19~20절의 남편과 아내란 호칭이 해명됩니다. 하지만 그들은 같이 살지 못할 뿐만 아니라, 남편과 아내로서의 권리도 누리지 못합니다. 그런데도 정혼 상태를 끝내려면 이혼 절차를 밟아야 합니다. 또, 그 기간에 남편이 죽은 여자는 처녀 과부a virgin who is a widow로 불립니다.

요셉과 마리아가 바로 이 단계에 있었습니다. 한글개역판 성경은 이 단계를 정혼이라고 했는데, 개역개정판에서 약혼으로 번역했습니다. 우리는 첫 단계인 약혼과 구분하기 위해, 옛 성경처럼 정혼이란 용어를 사용했습니다.

셋째는, 결혼the marriage proper 단계입니다. 정혼 기간이 끝나는 날, 결혼식을 합니다. 이스라엘의 결혼식은 밤에 있고, 그 밤에 결혼 잔치도 열립니다. 신랑과 신부는 그 잔치가 끝난 후에야 신방에 들어가 첫날밤을 지냅니다.

요셉과 마리아가 일 년의 정혼 기간을 지내는 중, 마리아가 임신을 했습니다. 마리아가 천사로부터 자신이 성령으로 잉태했다는 소식을 듣고 요셉에게 의논을 했습니다. 요셉은 그 소식을 듣고 얼마나 혼란스러웠는지 모릅니다. 마리아의 순결은 얼마든지 믿을 수 있었습니다. 하지만 성령으로 잉태한다는 게 무엇인지 도무지 알 길이 없었습니다. 요셉은 마리아의 임신 문제를 두고서 잠 못 이루며 고민했습니다. 그렇게 해서 내린 결론이 19절에 나와 있습니다.

> 그의 남편 요셉은 의로운 사람이라 그를 드러내지 아니하고 가만히 끊고자 하여

의로운 사람이란 하나님 법을 잘 지키는 사람이란 뜻입니다. 그런 바른 생활 사나이 요셉이, 마리아의 입장을 십분 배려해서 가만히 파혼하기로 결정한 것이었습니다. 정혼 기간에 다른 남자와 사귀어 임신을 하면, 동네 사람들이 그 여자를 데려다 돌로 쳐죽였습니다. 그게 당시의 이스라엘 법이었습니다. 마리아가 성령으로 임신했다는 걸 요셉 자신도 이해할 수 없는데, 사람들이 어찌 수긍하겠습니까?

그렇게 되면 마리아는 영락없이 돌에 맞아 죽을 판이었습니다.

요셉은 마리아의 생명을 보존하고, 그 명예를 지켜 주기 위해, 비밀 파혼을 결정하고 나서도, 하염없이 고민을 했습니다. 바로 그 때, 주의 사자가 꿈에 나타나 요셉에게 하나님 뜻을 전했습니다. 하나님이 필요 적절한 순간에 메시아 탄생 사건에 개입하신 것이었습니다. 주의 사자가 그 때 나타나지 않았더라면, 요셉은 마리아와 파혼을 했을 테고, 예수님은 결국 법적인 아버지가 없는 상태로 태어나셨을 것입니다. 20~21절에 주의 사자가 전한 말이 나와 있습니다.

> 다윗의 자손 요셉아 네 아내 마리아 데려오기를 무서워하지 말라 그에게 잉태된 자는 성령으로 된 것이라 아들을 낳으리니 이름을 예수라 하라 이는 그가 자기 백성을 그들의 죄에서 구원할 자이심이라

요셉은 '다윗의 자손 요셉아'라는 부름을 듣고서 다윗의 후손으로 오실 메시아를 생각했습니다. 그리고 자신이 수행해야 할 막중한 사명을 깨달았습니다. 주의 사자는 마리아가 성령으로 잉태한 사실을 확인해 주었습니다. 게다가 예수라는 이름까지 지어 주었습니다. 그가 자기 백성을 죄에서 구원할 자이기 때문에, 예수가 되어야 했습니다. 예수란, '여호와는 구원이시다.'는 뜻을 지닌 말입니다. 누군가의 이름을 지어 준다는 것은, 그가 이름을 지어 준 사람의 소유라는 뜻입니다. 하나님이 그 이름을 지어 주신 예수님은, 하나님 아들이 되시는 것이었습니다.

요셉은 성령 잉태와 동정녀 탄생 때문에 그토록 혼란스러웠지만, 마태는 그것이 칠백 년 전 선지자 이사야가 한 예언의 성취에 지나지 않는다고 간단명료하게 규명했습니다. 22~23절 말씀을 보십시오.

> 이 모든 일이 된 것은 주께서 선지자로 하신 말씀을 이루려 하심이니 이르시되 보라 처녀가 잉태하여 아들을 낳을 것이요 그의 이름은 임마누엘이라 하리라 하셨으니 이를 번역한즉 하나님이 우리와 함께 계시다 함이라

계속해서 본문 24~25절 말씀을 보십시오. 요셉은 즉각 하나님 말씀에 순종했습니다.

> 요셉이 잠에서 깨어 일어나 주의 사자의 분부대로 행하여 그의 아내를 데려왔으나 아들을 낳기까지 동침하지 아니하더니 낳으매 이름을 예수라 하니라

요셉은 곧바로 마리아를 자기 집으로 데려옴으로써, 예수님 탄생에 대한 책임과 의무를 다하겠다는 의지를 보였습니다. 이제 두 사람은 한 집에서 부부로 살게 되었지만, 요셉은 아내가 아들을 낳을 때까지 동침하지 않았습니다. 메시아를 품고 있는 마리아의 몸을 성결하게 지키기 위해서였습니다. 아들 이름을 예수라고 지음으로써, 법적인 아버지의 권리도 행사했습니다.

사랑하는 교우 여러분!

요셉은 메시아가 인간으로 오시는 길목을 성스럽게 지킨 사람이었습니다. 약혼녀가 성령으로 잉태했을 때, 요셉이 받은 충격은 이루 다 말로 할 수 없었습니다. 하지만 꿈 속에 찾아든 주의 사자의 말을 그대로 믿고, 즉시 마리아와 결혼했습니다. 놀랍게도, 부부는 아들이 태어날 때까지 순결을 지켰습니다. 요셉이 결혼을 하고도, 사랑하는 아내를 곁에 두고도, 열 달 동안 경건한 금욕 생활을 한 것이었습니다.

성경은 결혼하지 않은 남녀의 육체 관계를 금합니다. 하나님이 세워 주신 결혼 제도에 의하면, 남녀의 육체 관계는 오직 결혼한 사람에게만 허용됩니다. 그게 바로 둘이 한 몸이 되는 원리입니다. 그러므로 병든 세상은 혼전 임신을 혼수라고 떠들든 말든, 그리스도인은 결혼하기까지 순결을 지켜야 합니다. 요셉은 결혼한 후에도 태아胎兒 예수님을 위해 순결을 유지했습니다.

그리스도인의 몸은 성령님이 거주하시는 성전이기 때문에, 언제나 깨끗하게 간수되어야 합니다.

누가복음 2장 14절

지극히 높은 곳에서는 하나님께 영광이요 땅에서는 하나님이 기뻐하신 사람들 중에 평화로다

영광 그리고 평화 20

　천지 창조 때 하나님은 인간을 매우 특별하게 만드셨습니다. 그래서 우리는 너나없이 하나님께 특별한 존재입니다. 어떻게 창조하셨기에, 인간이 그처럼 특별한 존재가 되었을까요?

　우선, 하나님이 동물을 만드실 때는 몸과 혼만 갖게 하셨습니다. 인간에게는 몸과 혼에 영을 더하여 주셨습니다. 인간은 그 영을 통해서 하나님과 교제를 합니다. 하나님이 영이시기 때문이죠. 그러면 하나님은 왜 영으로 존재하셔야 할까요? 그 이유는 간단합니다. 영으로 존재하셔야 시간과 공간의 제약을 벗어나실 수 있습니다. 아주 쉬운 예를 들어 볼까요? 지금 이 시간, 이웃 교회도 하나님께 예배를 드립니다. 하나님이 사람처럼 육체를 지니셨다면, 여기에서 우리 예배를 받으시는 동안은 다른 교회를 돌아보실 수 없습니다. 하나님이 우리 교회에도 계시고 이웃 교회에도 계시어 양쪽 예배를 동시에 받으실 수 있는 건, 영으로 존재하시기 때문입니다.

이처럼 하나님이 영이시기 때문에, 우리는 예배도 영으로 드려야 합니다. 이렇게 되면 요한복음 4장 24절 말씀이 금방 실감 납니다.

> 하나님은 영이시니 예배하는 자가 영과 진리로 예배할지니라

여기의 '진리'는 물론 하나님 말씀입니다. 마르틴 루터의 종교 개혁으로 탄생한 개신교 예배에서, 설교가 그토록 중요한 위치를 차지하는 건 바로 요한복음 4장 24절 까닭입니다. 이는 개신교 목회의 핵심이 되는 말씀이기도 합니다. 교회는 회중에게 하나님 말씀을 선포하고 가르치는 일 외에, 다른 행사를 할 필요가 없습니다. 하나님 말씀을 제대로 배운 그리스도인이 세상에 나가면, 자동적으로 빛과 소금 역할을 하게 되어 있으니까요.

하나님 말씀 또한 영을 통해서 배웁니다. 지금 여러분은 영으로 제 설교를 듣고 계십니다. 인간의 혼은 학교 공부, 즉 일반 학문의 영역을 담당합니다. 혼은 정신, 지성, 마음이라고도 합니다. 그리고 아이큐는 혼의 능력을 측정한 수치입니다.

이처럼 하나님과 인간의 인격적 관계는 영의 영역에서 이루어집니다. 그러기에 하나님 말씀을 선포하고 가르치는 일은 대상의 거주 지역이나 학력 수준에 따라 달라질 수 없습니다. 그렇지 않다면 성인 예배도 연령별, 학력별로 반을 편성해서, 그 수준에 맞춰 기획해야 할 것입니다. 하지만 설교는 그 대상에 따라 단어의 난이도만 조정하면 됩니다.

이렇게 놀라운 일들이 가능한 건, 인간이 영을 지닌 까닭입니다.

그러니 인간이 얼마나 특별한 존재입니까! 인간은 만물의 영장 정도가 아닙니다. 그런데도 하나님은 그에 만족하지 않으시고, 인간의 영에 하나님 형상을 새겨 주셨습니다. 이는 인간이 하나님 성품을 그대로 닮았다는 뜻입니다. 그렇다면 과연 하나님의 어떤 성품을 닮았을까요? 하나님 형상을 이루는 요소는 많지만, 여기에서는 세 가지만 살펴보겠습니다.

첫째는, 영원성입니다.

신은 절대로 죽지 않습니다. 따라서 신이신 하나님은 영원히 사십니다. 그에 비해, 인간은 백 년을 채 살지 못합니다. 그런데도 인간은 영원을 꿈꿉니다.

"영원히 너만 사랑할 게!"

이는 사랑에 빠진 젊은이들이 흔히 하는 맹세입니다. 고작 7~80년을 사는 주제에 감히 영원을 논하는 건, 인간이 하나님 형상을 지닌 까닭입니다. 영원성을 지닌 사람은 비록 지금은 가난해도 내 자녀 대에는, 내 손자 대에는 재벌이 될 수도 있다는 소망을 품고 열심히 공부하고, 열심히 일합니다.

둘째는, 신성입니다.

신성이란 하나님과 같은 성격을 의미합니다. 하나님은 영이시기 때문에 비육체적입니다. 따라서 하나님 형상을 지닌 사람은 비록 육체를 지니고 있지만 얼마든지 육체를 초월할 수 있습니다. 인간은 그 겉모습은 동물과 크게 다르지 않습니다. 하지만 그 안에 신성을 품고 있기 때문에, 깨끗하고 영원한 사랑을 꿈꿉니다. 배가 고파 죽을 지경일 때에도 짧게나마 음식을 주신 하나님께 감사 기도를 합니다. 동물이라면 그런 경우 감사고 뭐고 허기부터 달래겠지요. 이처럼 신성은 하나님과 동물의 중간에 있는 인간을 하나님 가까이로 이동시켜 주는 결정적 요소입니다.

셋째는, 다스림입니다.

하나님은 우주 만물을 다스리십니다. 바로 그 다스림의 본성을 인간에게도 허락하셨습니다. 그래서 하나님 형상이 충만한 사람은 그 무엇에도 지배당하지 않습니다. 술을 다스리고, 돈을 다스립니다. 정당하지 않은 욕심을 다스리고, 육체적 쾌락을 다스립니다. 무엇보다도 마음을 다스려 시기와 질투, 교만에서 자유롭습니다. 이는 소극적 의미의 다스림입니다.

적극적 의미의 다스림은, 하나님이 정해 주신 자리를 이탈한 피조물을 제자리로 돌려 놓는 것입니다. 사람은 아침에 일찍 일어나야 합니다. 예수님이 새벽에 기도하셨기 때문입니다. 그러므로 주일 아침에 안쓰럽다고 자녀를 깨우지 않아 예배에 지각하게 하는 부모는, 다스림의 형상이 넉넉하지는 않습니다. 적극적인 다스림의 형상을 지닌 사람은, 자연을 함부로 깨부수는 따위의 일도 하지 않습니다. 그런 이들은 할 수만 있다면 하나님이 창조하신 그대로 자연을 보존하고 싶어합니다.

이토록 귀한 하나님 형상을, 인간이 잃어버리게 된 건 아담의 범죄 때문입니다. 하나님은 에덴 동산을 세우시어, 최초의 인간 아담의 거주지로 삼으셨습니다. 그리고 동산 중앙에 선악과 나무를 심으시고, 그 열매를 따먹지 말라고 명령하셨습니다.

> 선악을 알게 하는 나무의 열매는 먹지 말라 네가 먹는 날에는 반드
> 시 죽으리라(창 2:17)

하나님의 그 조처를 못마땅해하는 사람이 많습니다. 선악과를 만들었으면 먹게 하시든가, 아니면 아예 만들지 마실 것이지, 일껏 만들어 놓고 따먹지 말라 하셨으니 말입니다. 하지만 선악과야말로 하나님의 인간 사랑의 증거입니다.

하나님은 인간에게 영을 만들어 주시고, 거기에 하나님 형상까지 새겨 주셨지만 그것으로도 만족하실 수 없었습니다. 그래서 인간에게 자유 의지를 주시어, 인간 스스로 의사 결정을 하고 그에 대해 책임을 지게 하셨습니다. 인간을 하나님처럼 자율적 존재로 만들어 주신 것입니다. 그런데 자유 의지를 써먹을 데가 없으면, 그게 뭐 그리 대수겠습니까? 다름 아닌 선악과 나무가 자유 의지의 시험 장치였습니다. 아담은 선악과를 따먹을 건지 말 건지 자유롭게 결정할 수 있었고, 따먹을 경우에는 죽음으로 그 책임을 져야 했습니다.

아담은 따먹는 쪽을 선택해서 하나님 명령을 어겼습니다. 그 결과 아담은 영적 죽음을 초래했습니다. 그에 따라 영에 새겨진 하나님 형상도 흔적만 남게 되었습니다. 영이 죽은 사람은 지옥에 갑니다. 그런데 문제는 아담의 죄가 그대로 후손에게 유전된다는 점이었습니다. 그가 인류의 조상이고, 인간의 대표이기 때문입니다. 그렇게 해서 전 인류가 영이 죽은 상태로 태어나 지옥에 가야 하는 운명에 처하게 되었습니다.

정의의 하나님은 그렇게 인간을 심판하셨습니다. 하지만 사랑의 하나님은 그런 인간의 운명에 눈물짓는 신이십니다. 그래서 메시아를 세상에 보내 주겠다는 약속을 하셨습니다. 흔히 원시 복음이라고 불리는 창세기 3장 15절 말씀이 바로 그 약속입니다.

> 내가 너로 여자와 원수가 되게 하고 네 후손도 여자의 후손과 원수가 되게 하리니 여자의 후손은 네 머리를 상하게 할 것이요 너는 그의 발꿈치를 상하게 할 것이니라

여기의 '너'는 사탄을 가리킵니다. '여자의 후손'은 예수 그리스도이신데, 이 말 속에 성육신이 암시되어 있습니다. 그리고 하나님이 최초로 메시아를 약속하셨기 때문에, '원시' '복음' 혹은 '메시아 언약'이 됩니다. 그 후로, 구약 성도는 오실 예수님을 믿어 천국에 갔습니다.

원시 복음에 따라 지금으로부터 2천여 년 전, 예수님이 아기 예수로 이 세상에 오셨습니다. 십자가의 참혹한 죽음으로 인간의 죄를 박살내시기 위해서 말입니다. 인간의 죄 문제를 해결하기 위해서는 메시아가 피를 흘리고 죽어야 했습니다. 하나님과 인간이 그런 피의 언약을 맺었기 때문이죠. 그런데 신은 죽을 수가 없기에, 신이 죽으면 신이 아니기에, 하나님이신 예수님이 죽으시기 위해서는 인간이 되셔야만 했습니다. 부득불 예수님은 하늘 보좌를 버리고 이 세상으로 이사 오셨습니다. 그 이사가 크리스마스입니다.

예수님이 하늘 나라에서 이 땅으로 내려오신 걸 어디에 비유할 수 있을까요? 백 칸짜리 호화 저택에서 지하 단 칸 셋방으로 이사

한 것으로는 어림도 없습니다. 게다가 예수님은 아주 가난한 동네, 가난한 집안의 맏아들로 태어나셨습니다. 그런데 예수님께 생일 축하를 하다니요! 그건 어불성설語不成說입니다. 백 칸짜리 호화 저택에서 지하 단 칸 셋방으로 이사 간 사람에게 이사 축하를 할 수 있겠는지 생각해 보면 쉽사리 이해가 되실 것입니다. 물론 사람끼리는 아무리 성탄 축하를 해도 지나치지 않습니다. 크리스마스 덕택에 내 죄가 도말되었기 때문입니다.

사랑하는 교우 여러분!

크리스마스는 하나님이 인간의 죄 문제를 해결하시기 위해 독생자를 죽음으로 내모신 날입니다. 하나님은 그토록 인간을 사랑하십니다. 크리스마스는 하나님의 인간 사랑이 성취된 날이요, 인간 구원이 절정에 이른 날입니다. 그러기에 하늘 궁정에 계신 하나님께 영광스러운 날이고, 구원받을 사람에게 평화의 날입니다.

크리스마스는 하나님께 감사를, 인간에게 축하를 하는 날입니다. 하지만 예수님께는 감사하다 못해 죄스러운 날입니다. 바로 그 마음을 모아, 이번 크리스마스에는 어려운 이웃을 돌아보아야겠습니다. 부자가 가난한 자를 돕고, 행복한 사람이 불행한 이를 위로하고, 마음이 깨끗한 영혼이 누더기 마음을 보살피노라면, 그 믿음이 한 켜 성장해서 그 속의 하나님 형상도 넉넉히 회복될 것입니다. 아기 예수께는 이것이, 동방 박사의 황금과 유향과 몰약보다 더 귀중한 예물이 될 것입니다.

마가복음 1장 35~39절

새벽 아직도 밝기 전에 예수께서 일어나 나가 한적한 곳으로 가사 거기서 기도하시더니 시몬과 및 그와 함께 있는 자들이 예수의 뒤를 따라가 만나서 이르되 모든 사람이 주를 찾나이다 이르시되 우리가 다른 가까운 마을들로 가자 거기서도 전도하리니 내가 이를 위하여 왔노라 하시고 이에 온 갈릴리에 다니시며 그들의 여러 회당에서 전도하시고 또 귀신들을 내쫓으시더라

21 새벽 아직도 밝기 전에

스위스의 한 노인이 살아온 80평생을 돌이켜보면서 지나온 시간을 헤아려 보았습니다. 그랬더니 다음과 같은 통계가 나왔습니다.

80년 중 26년은 잠을 잤습니다. 움직이지도 않고 생각조차 할 수 없는 일에 가장 많은 시간을 쓴 셈입니다. 일하는 데 바친 시간은 21년이었습니다. 식사하는 데는 6년을 사용했습니다. 사람들이 약속을 지키지 않아서 기다리느라 소비한 시간은 무려 5년이나 되었습니다. 그런가 하면, 5년이란 세월은 아무것도 하지 못한 채 불안해하며 낭비했습니다. 세면하고 수염을 깎느라 228일을 보냈고, 아이들과 노는 데는 26일을 썼습니다. 넥타이를 매는 데 18일이 걸렸고, 담뱃불을 붙이는 데 12일을 소모했습니다. 그가 마음에 행복을 누린 기쁜 시간을 찾아보니 46시간에 불과했습니다.

미국의 제20대 대통령 J. A. 가필드1831~1881가 대학에 다닐 때였습니다. 가필드의 동기생 중에 수학을 기가 막히게 잘 하는 학생이 있었습니다. 가필드는 그 친구를 앞질러 보려고 무진 애를 썼습니다. 그러나 수학에 있어서만은 그를 당해 낼 도리가 없었습니다. 어느 날 밤, 가필드는 잠자리에 들기 전 우연히 그 친구의 방을 보게 되었습니다. 그 방에는 아직 불이 켜져 있었고, 불은 정확히 10분 후에 꺼졌습니다. 며칠을 더 관찰해 본 결과, 똑같은 일이 반복되었습니다. 가필드는 자신도 모르게 손뼉을 치며 외쳤습니다.

"그렇구나, 바로 그 10분이었구나."

가필드는 그 다음날부터 10분 늦게 잠자리에 들기로 하고, 그 10분 동안 수학 공부를 했습니다. 그 결과 가필드는 수학 잘 하는 친구를 앞질러 마침내 수학 1등이 되었습니다.

훗날 대통령이 되었을 때, 그는 당시를 회상하며 이런 말을 남겼습니다.

"사람들은 그 일을 제 청년 시절의 에피소드로 생각하겠지만, 결코 그렇지 않습니다. 그 때 그렇게 10분을 이용한 것, 그것이 제게는 성공의 비결이기 때문입니다."

오늘 본문은 마가가 기록한 예수님의 일기입니다.

오늘 본문 바로 앞부분을 보면, 예수님이 베드로 장모의 열병을 치료해 주신 기사가 나옵니다. 예수님이 그렇게 병자를 치료해 주시자, 삽시간에 소문이 퍼져 베드로 집 앞에는 수많은 병자와 귀신 들린 사람이 몰려들었습니다. 예수님은 밤이 늦도록 일일이 그들의 병을 고쳐 주셨습니다. 온종일, 그것도 밤늦도록 병자와 씨름하셨으니 그 몸이 얼마나 피곤하셨겠습니까? 그런데도 예수님은 여느 때처럼 깜깜한 새벽에 일어나셨습니다. 늦게 잠자리에 든 것이 그 다음날 늦게 일어나도 되는 면죄부는 아닙니다. 토요일 늦게 잠자리에 든 것이 주일 아침 예배에 지각해도 되는 권리를 부여하는 건 결코 아닙니다. 아니, 다음날 아침 여느 때와 똑같이 일어날 수 있는 사람만이, 그 전날 밤 늦게 잠자리에 들 수 있는 권리가 있습니다. 그렇게 꼭두새벽에 일어나신 예수님은, 밖으로 나가 한적한 곳을 찾으셨습니다. 조용히 하나님께 기도하시기 위해서였습니다. 그 당시 갈릴리 지방에는 방 한 칸짜리 집이 흔했는데, 그런 집에서 열 명 혹은 스무 명이 살기도 했습니다. 또, 마을의 길들이 몹시 좁았습니다. 그래서 혼자 있을 장소를 마을에서 찾는 건 불가능에 가까웠습니다.

마을 밖으로 나가 혼자 있게 되신 예수님이 열심히 기도하노라니, 베드로와 제자들이 찾아와 이렇게 말씀드렸습니다.

모든 사람이 주를 찾나이다(37절)

여기의 '모든 사람'은, 예수님을 뵙기 위해 베드로 집 앞에 모여 있는 가버나움 사람들을 가리킵니다. 그들이 예수님을 그토록 간절히 찾은 건, 예수님이 메시아라는 사실을 깨달아서가 아니었습니다. 단지 예수님이 베푸시는 기적을 체험하거나 구경하기 위해서였습니다. 그래서 예수님은 그들에게 돌아가지 않으셨습니다. 이런 말씀을 하시면서 말입니다.

우리가 다른 가까운 마을들로 가자 거기서도 전도하리니 내가 이를
위하여 왔노라(38절)

그 당시 갈릴리 상류 지방에만 하더라도 2백여 개의 마을이 있었습니다. 수많은 사람에게 천국 복음을 전해야 하시는 예수님으로서는, 한 마을에 오래 머무실 수 없었습니다. 게다가 예수님이 이 세상의 인기와 영광을 구하는 것은 하나님 뜻에 합당한 일이 아니었습니다. 예수님을 향한 하나님 아버지의 뜻은 고난의 메시아가 되시는 것이었습니다. 그러기에 베드로 집 앞에 장사진을 이루고 있는 사람들에게 돌아가실 수가 없었습니다.

예수님은 전도하시기 위해 인간이 되어 이 세상에 오셨습니다. 예수님의 성육신 목적이 전도라는 이야기입니다. 이는 예수님이 친히 말씀하신 바입니다. 아까 본 38절에 나오는 말씀이니까요.

거기서도 전도하리니 내가 이를 위하여 왔노라

예수님은 갈릴리 전역을 다니시며 전도하시고, 귀신 들린 자들을 고쳐 주셨습니다(39절).

우리는 지금까지 예수님의 일기장을 검토해 보았습니다. 이제는 새벽 기도를 하신 예수님을 클로즈업해 보겠습니다.

전 세계에서 새벽 기도회를 하는 나라는 대한 민국밖에 없다고 합니다. 그래서 이민 간 한국 크리스천이 가장 아쉬워하는 것은, 현지 교회가 새벽 예배를 드리지 않는 관습입니다. 세계 교회 지도자

들은, 한국이 하나님께 새벽 제단을 쌓는 까닭에 이토록 잘 살게 되었다고, 입을 모읍니다. 한국 교회는, 예수님이 새벽 기도를 하셨기 때문에, 예수님 따라 무조건 새벽 기도를 합니다. 새벽 예배를 드리는 데 다른 이유는 없습니다.

성공한 사람을 보면 하나같이 일찍 일어났습니다. 현대 그룹을 창설한 고故 정주영 회장은 한평생 새벽을 기다리는 것이 설렘이었답니다. 또, 이명박 대통령은 어려서부터 어머니가 새벽 5시면 깨워 가정 예배를 드렸습니다. 그분은 장로가 되기 전 교회에서 주차 안내 위원으로 봉사할 때도, 새벽같이 교회에 나와 들어오는 차를 맞이했습니다.

예수님은 새벽에 하나님과 독대獨對하셨습니다. 낮에는 사람들에 둘러싸여 계셨기 때문에, 새벽 조용한 시간 사람이 없는 곳을 찾아 하나님과 대화하셨습니다. 예수님은 오직 하나님 뜻에 따라 움직이셨기 때문에, 새벽마다 당신 일과를 두고 하나님과 긴밀히 의논하셨습니다. 예수님의 새벽 기도는 아들이 아버지께 상담을 하는 소중한 시간이었습니다.

특별히, 청소년 여러분은 어떤 새벽을, 어떤 아침을 살고 있습니까? 여러분은 대부분 자기 방을 가지고 있습니다. 기껏해야 형제, 자매 둘이서 방을 쓰는 정도일 것입니다. 그러기 때문에 예수님처럼 새벽마다 한적한 곳을 찾아 집 밖으로 나갈 필요는 없습니다. 새벽에 일찍 일어나 세수를 하고 자기 방에 틀어박혀 있으면, 식구들하고도 마주치지 않고 정갈한 시간을 꾸릴 수 있습니다. 서울 같으면 생활의 동선動線이 길어서 등교하기 전 한 시간쯤 확보할 수 있습니다. 하지만 지방에서는 족히 두 시간도 만들 수 있습니다.

새벽에 일어나 세수를 하고 등교할 복장을 갖추고 책상에 앉습니다. 그리고 잠깐 동안 성경을 보고 나서 학교 공부를 한다면, 그 인생이 얼마나 찬란해지겠습니까? 가필드 대통령은 매일 10분을 확보한 것이 성공의 비결이었다고 증언했습니다. 중학교 1학년 친구들이 앞으로 5년 반을 그렇게 보낸다면, 얼마나 근사하고 유능한 대학생이 될까요? 고등 학교 2학년 친구들도 그런 새벽을 보낼 수 있는 기간이 아직 1년 반이나 남았습니다. 고등 학교 3학년 친구들이야 잘 하고 있을 테고요.

생각해 보십시오. 아침에 일어나 헐레벌떡 학교에 가는 것과 한두 시간 공부하고 여유 있게 등교하는 것은 천국과 지옥만큼이나 차이가 날 것입니다. 게다가 아침 일찍 일어나 성경 말씀을 묵상하고 학교에 간다면, 하루 종일 비밀한 기쁨이 그 가슴을 채울 것입니다.

사랑하는 교우 여러분!

우리는 예수님처럼 살기 위해 교회에 다닙니다. 예수님은 캄캄한 새벽에 일어나셨습니다. 늦잠을 자고도 인생에 성공한 사람은 없습니다. 우리 자녀들이 아침 5시 정도에 일어난다면 얼마나 좋을까요? 잠을 덜 자도 되는 아이는 4시간 반 정도만 자고, 그 외의 아이들은 6시간을 넘기지 않았으면 좋겠습니다.

80년의 생애 중 26년을 잠으로 보냈다니 충격적이지 않습니까? 사람이 죽은 후에는 잠자는 것밖에 할 일이 없습니다. 잠은 죽은 후에 실컷 자기로 하고, 공부하는 시기에는 4시간 내지 6시간만 자기로 합시다. 혹, 다이어트를 하는 분들 계십니까? 먹고 싶은 대로 다 먹어도 잠을 줄이면 살이 찌지 않습니다.

자녀들은 예수님처럼 새벽에 일어나, 성경을 읽고 학교 공부를 합시다. 성경을 보되 영어·성경으로 읽는다면, 하나님 말씀도 공부하고 영어 공부도 할 수 있으니 얼마나 좋습니까? 그렇게 해서 우리 모두가 하나님 앞에 가장 아름다운 인생을 꾸린다면, 그것이 진정한 성공입니다.

부모님들은 예수님처럼 새벽에 일어나, 새벽 기도를 하고 하나님 말씀을 묵상합시다. 부모가 자녀를 위해 기도를 많이 할 경우, 자녀가 잘못되는 일은 절대로 일어나지 않습니다.

누가복음 22장 39~46절

예수께서 나가사 습관을 따라 감람산에 가시매 제자들도 따라갔더니 그 곳에 이르러 그들에게 이르시되 유혹에 빠지지 않게 기도하라 하시고 그들을 떠나 돌 던질 만큼 가서 무릎을 꿇고 기도하여 이르시되 아버지여 만일 아버지의 뜻이거든 이 잔을 내게서 옮기시옵소서 그러나 내 원대로 마시옵고 아버지의 원대로 되기를 원하나이다 하시니 천사가 하늘로부터 예수께 나타나 힘을 더하더라 예수께서 힘쓰고 애써 더욱 간절히 기도하시니 땀이 땅에 떨어지는 핏방울같이 되더라 기도 후에 일어나 제자들에게 가서 슬픔으로 인하여 잠든 것을 보시고 이르시되 어찌하여 자느냐 시험에 들지 않게 일어나 기도하라 하시니라

22 겟세마네 기도

미국의 「룩」Look이라는 잡지 회사가 재정난을 겪다가 쓰러지기 직전에 놓인 적이 있습니다. 그 때 사장은 전 직원을 모아 놓고 회사가 처한 상황을 설명했습니다. 그는 비장한 심정으로 회사가 위기에 처해 어쩌면 잡지 「룩」을 폐간해야 될지도 모르겠다고 말했습니다. 그러고 나서 직원들에게 질문이 있느냐고 물었습니다. 그 때 한 여비서가 손을 번쩍 들더니 이런 질문을 했습니다.

"사장님! 왜 이제는 커피 배달 수레가 13층에 서지 않나요?"

회사가 망하느냐 살아남느냐 하는 절박한 순간이었습니다. 그런데도 그 여비서는 커피 타령만 하고 있었으니, 사장이 얼마나 고독했을까요? 이처럼 우주가 자기 주위를 돌고 있다고 생각하며 사는 사람들이 있습니다. 그런 이들은 지나치게 자기 중심적이어서 자기 생각밖에 하지 못하는 경우가 잦습니다. 그래서 함께하는 사람을 아주 외롭게 만들기도 합니다. 바로 그런 사람들이 십자가 길에 서신 예수님 주위를 둘러싸고 있었습니다. '고독하신 예수님'은, 거의 모든 사람에게 생소한 주제입니다. 그러나 잠시만 생각해 보면, 예수님처럼 고독했던 사람도 그리 많지 않을 것입니다.

이스라엘 성인 남자라면 예외 없이 지켜야 하는 명절이 세 개 있습니다. 유월절, 오순절, 장막절입니다. 그 중 유월절은 이스라엘 백성이 출애굽 하기 직전 이집트에서 살아남은 사건을 기념하는 명절입니다. 모세가 파라오바로에게 이스라엘 백성을 이집트에서 내보내라는 하나님 명령을 전했지만, 파라오가 순순히 응하지 않았습니다. 그러자 하나님이 이집트에 열 가지 재앙을 내리셨습니다. 열 번째 재앙은 집집마다 맏아들을 죽이는 것이었습니다. 바로 그 때, 이스라엘 백성은 양을 잡아 그 피를 문에 발랐습니다. 천사가 그 문에 피가 묻어 있는 집은 장자를 죽이지 않고 그냥 넘어갔습니다. 그래서 유월절이 되었습니다. '유월逾越은 pass over, 즉 '넘어가다, 통과하다'는 뜻입니다. 유월절은 일 주일 동안 지켰습니다.

예수님이 굳이 유월절에 예루살렘으로 들어가신 건, 유월절 어린 양이 되시기 위해서였습니다. 유월절 어린 양이란 장자를 죽이는 재앙 때 이스라엘 백성을 살리기 위해 죽어야 했던 양들을 가리킵니다. 예수님 또한 인류의 죄 때문에 그 양들처럼 피를 흘려야 하시기에 유월절이 시작되는 첫날, 즉 주일에 예루살렘에 입성하셨습니다. 월요일, 화요일, 수요일에 연거푸 사역을 하시고 목요일에 이르렀습니다. 예수님이 제자들의 발을 씻기신 것도, 제자들에게 마지막 설교를 하신 것도, 겟세마네 동산에서 기도하신 것도 바로 그

목요일이었습니다. 그러니까 예수님은 고난 주간 목요일 밤에 십자가 지실 준비를 마치신 셈입니다.

예수님은 제자들과 함께 지상에서의 마지막 유월절 식사를 하셨습니다. 레오나르도 다빈치가 그 모습을 상상하여 그린 그림이 바로 그 유명한 "최후의 만찬"입니다. '만찬'은 손님을 초대하여 함께 먹는 저녁 식사를 가리킵니다. 그 식사 후 예수님은 제자들과 함께 감람산 비탈에 있는 겟세마네 동산으로 기도하러 나가셨습니다.

그 당시 예루살렘은 땅이 좁아서, 시내에는 커다란 정원을 만들 수 없었습니다. 부유한 가정은 예루살렘 교외에 있는 감람산에 정원을 꾸몄습니다. 겟세마네 동산은 그런 정원 중 하나였습니다. 본문 39절 말씀을 보십시오.

> 예수께서······습관을 따라 감람산에 가시매

이 말씀을 통해 우리는 겟세마네 동산의 소유자가, 언제든지 예수님이 그 곳을 이용하시도록 배려했음을 알 수 있습니다. 예수님이 그 동산을 '습관적으로' 드나드셨기 때문입니다. 예수님의 그 습관은 제자들도 알고 있었습니다. 그래서 가룟 유다가 겟세마네로 로마 군병을 이끌고 가, 예수님을 체포했습니다.

바로 그 동산에서 예수님은 그 유명한 겟세마네 기도를 하나님께 드리셨습니다. '겟세마네'는 '기름 짜는 틀'이란 뜻입니다. 거기서 예수님은 문자 그대로 당신의 기름을 짜 내는 기도를 하셨습니다. 땀이 핏방울이 되도록 기도하셨기 때문입니다.

> 예수께서 힘쓰고 애써 더욱 간절히 기도하시니 땀이 땅에 떨어지는 핏방울같이 되더라(44절)

혼신의 힘을 다해 기도하노라면 땀이 핏방울처럼 될 수 있음은 현대 의학이 증명하는 바입니다. 본문 42절 말씀을 보십시오. 이것이 겟세마네 기도의 핵심입니다.

> 아버지여 만일 아버지의 뜻이거든 이 잔을 내게서 옮기시옵소서 그러나 내 원대로 마시옵고 아버지의 원대로 되기를 원하나이다

겟세마네 기도를 읊조리노라면 금방 눈물이 솟구칩니다. 예수님의 애절하고 비장한 심정, 그리고 절절한 고독이 우리에게 그대로 전달되기 때문입니다. 하지만 얼른 정신을 차리고 보면 이상한 생각이 들기도 합니다. 예수님은 왜 "이 잔을 내게서 옮기시옵소서"라는 기도를 드리셨을까요? '이 잔'이 십자가를 지고 돌아가시는 일인데 말입니다. 예수님이 인간이 되어 이 세상에 오신 목적 자체가 전 인류의 죄를 짊어지고 십자가에서 피를 흘리며 돌아가시는 일인데, 어찌하여 예수님은 그 일을 피하게 해 주시라고 기도하셨을까요?

첫째는, 예수님이 신성神性과 인성人性을 공히 지니셨기 때문이었습니다.

예수님은 하나님 아들로서 완전한 신이십니다. 하지만 인간이 되어 이 세상에 오신 이후에는 우리와 똑같은 완전한 인간이셨습니다. 그렇다면 서른세 살 총각이 그토록 허무하게 이 세상을 하직

하고 싶으셨겠습니까?

둘째는, 아무도 예수님께 십자가를 강요하지 않았기 때문이었습니다.

예수님은 얼마든지 십자가를 거부하실 수 있었습니다. "하나님 아버지! 저 그거 못하겠는데요."라고 한 마디만 하시면, 예수님은 바로 그 자리에서 천국으로 올라가실 수 있었습니다. 인간이 예수님을 통해 구원받는 건 물 건너갔겠지만 말입니다. 그런 상황이었기 때문에 예수님이 "이 잔을 내게서 옮기시옵소서"라는 기도로, 십자가 죽음 없이는 죄인을 구원하실 방도가 없는지 하나님께 여쭈신 것입니다. 물론 방도는 있었습니다. 하지만 그것은 하나님 뜻이 아니었습니다. 하나님은 반드시 예수님 십자가를 통해 인간을 구원하기 원하셨습니다.

셋째로, 예수님이 "이 잔을 내게서 옮기시옵소서"라고 기도하신 건 하나님의 저주와 심판이 두려우셨기 때문이었습니다.

예수님이 겟세마네 기도 후 십자가를 지기로 결정하신다면, 그것은 하나님의 저주와 심판을 받으시겠다는 뜻입니다. 예수님이 인간의 죄를 다 짊어지시면, 그 얼마나 흉악한 죄인이 되시겠습니까? 그러면 죄인 예수님 위에 하나님의 저주와 심판이 떨어질 건 당연한 이치입니다. 사람이 죄를 지으면 영적 죽음을 초래하고, 영이 죽은 인간은 하나님과의 관계가 단절됩니다. 예수님이 죄인이 되어 십자가를 지신다는 건, 하나님과의 소통이 완전히 끊긴다는 뜻입니다. 그것이 바로 예수님이 그토록 두려워하신 저주와 심판입니다. 하나님에게서 떨어져 나가다니……, 하나님 뜻을 양식 삼고 33년의 지상 생애를 살아 오신 예수님에게 그보다 더 가혹한 형벌은 없었습니다. 나중에 예수님은 그 가혹한 형벌 때문에 십자가 위에서 처참하게 울부짖으셨습니다.

엘리 엘리 라마 사박다니 (마 27:46)

이는 "나의 하나님, 나의 하나님, 어찌하여 나를 버리셨나이까?"라는 뜻입니다.

겟세마네 기도는 "이 잔을 내게서 옮기시옵소서"로 끝난 게 아니었습니다. 예수님은 그 앞에 지극히 예수님다우신 단서를 붙이셨습니다. "아버지여 만일 아버지의 뜻이거든 이 잔을 내게서 옮기시옵소서"라고 기도하셨기 때문입니다. 그렇다면 하나님은 하나밖에 없는 아들의 소원을 왜 들어주지 않으셨을까요? 하나님은 전능하시기 때문에, 예수님이 십자가를 지지 않으셔도 얼마든지 인간을 구원하실 수 있습니다. 그런데도 굳이 예수님을 그토록 처절하게 죽이셔야 하는 이유는 무엇이었을까요?

한마디로 대답하면, 하나님의 지극하신 인간 사랑 때문이었습니다. 예수님이 인간의 죄를 모두 짊어지고 십자가를 지시면, 인간은 충분히 죄의 대가를 치르게 됩니다. 그러면 인간은 더 이상 죄 때문에 부끄러워하지 않고 당당할 수 있습니다. 사탄조차도 인간을 조롱하거나 정죄할 수 없게 됩니다. 인간을 사랑하시는 하나님 뜻은 바로 그런 것이었습니다. 예수님은 겟세마네 기도에서 하나님의 그 뜻을 좇아 십자가를 지기로 결정하셨습니다. 그 때 예수님은 다시는 돌아올 수 없는 강을 건너고 만 것이었습니다. 이제 예수님은 골고다 언덕까지 걷고 또 걸어야만 했습니다.

그렇게 해서 예수님의 지상 생애는 외로움으로 마무리되는 듯했습니다. 예수님은 주변 사람들의 오해 때문에 한평생 참으로 고독하셨습니다. 예수님은 정치적 메시아가 아니셨습니다. 그런데도 이스라엘 백성은 예수님이 로마를 물리치고 식민지 신세를 면하게 해 주시길 바랐습니다. 3년을 합숙까지 시키며 가르치신 제자들조차도, 예수님이 왕이 되시는 걸로 오해했습니다. 그 때문에 제자들은, 예수님이 십자가 지실 준비를 하시는 순간에도 예수님 왕국에서 좀더 높은 자리를 차지하기 위해 신경전을 벌였습니다. 예수님의 동생들 또한 형이 정치적으로 출세해서 가문을 빛내 주기를 원했습니다. 그뿐이 아니었습니다. 예수님이 십자가의 길을 결단하느라 겟세마네에서 기도의 사투死鬪를 벌이시고 있는 동안에도, 제자들은 옆에서 쿨쿨 잠을 잤습니다. 그러니 예수님이 얼마나 고독하셨겠습니까? 뭐니뭐니 해도 예수님의 고독의 절정은, 죄인이 되어 하나님과의 소통이 끊어지는 상황이었습니다. 하나님 뜻을 공기처럼 호흡하며 살아 오신 예수님에게, 하나님과의 단절은 절망과 고독 그 자체였습니다. 하지만 겟세마네 동산에서 땀이 핏방울이 되도록 기도하신 예수님은 마침내 개선가를 울리셨습니다. 하나님 뜻이 절대 고독마저 무너뜨린 것이었습니다.

　　그러나 내 원대로 마시옵고 아버지의 원대로 되기를 원하나이다(42절)

사랑하는 교우 여러분!

예수님은 신이셨지만 동시에 완전한 인간이셨습니다. 그런 예수님은 참으로 고독한 일생을 사셨습니다. 겟세마네 기도는 그런 고독의 응결점이었습니다. 하지만 그 처절한 고독조차도 하나님 뜻을 따르는 삶의 자세로 극복하셨습니다. 예수님께서는 '아버지의 원대로' 되는 것이 양식이요, 음료요, 삶의 깃발이었기 때문입니다. 그 덕택에, 오늘 우리가 하나님 나라 백성으로 여기 서 있습니다.

이제는 우리도 예수님 따라 겟세마네 기도를 올렸으면 좋겠습니다. 그래서 하나님 뜻만을 구하는 삶의 자세를 가다듬는다면, 한평생 고독하셨던 예수님께 얼마나 큰 위로가 될까요?

> 아버지여 만일 아버지의 뜻이거든 이 잔을 내게서 옮기시옵소서
> 그러나 내 원대로 마시옵고 아버지의 원대로 되기를 원하나이다
> (42절)

마태복음 27장 11~26절

예수께서 총독 앞에 섰으매 총독이 물어 이르되 네가 유대인의 왕이냐 예수께서 대답하시되 네 말이 옳도다 하시고 대제사장들과 장로들에게 고발을 당하되 아무 대답도 아니하시는지라 이에 빌라도가 이르되 그들이 너를 쳐서 얼마나 많은 것으로 증언하는지 듣지 못하느냐 하되 한 마디도 대답하지 아니하시니 총독이 크게 놀라워하더라 명절이 되면 총독이 무리의 청원대로 죄수 한 사람을 놓아 주는 전례가 있더니 그 때에 바라바라 하는 유명한 죄수가 있는데 그들이 모였을 때에 빌라도가 물어 이르되 너희는 내가 누구를 너희에게 놓아 주기를 원하느냐 바라바냐 그리스도라 하는 예수냐 하니 이는 그가 그들의 시기로 예수를 넘겨 준 줄 앎이더라 총독이 재판석에 앉았을 때에 그의 아내가 사람을 보내어 이르되 저 옳은 사람에게 아무 상관도 하지 마옵소서 오늘 꿈에 내가 그 사람으로 인하여 애를 많이 태웠나이다 하더라 대제사장들과 장로들이 무리를 권하여 바라바를 달라 하게 하고 예수를 죽이자 하게 하였더니 총독이 대답하여 이르되 둘 중의 누구를 너희에게 놓아 주기를 원하느냐 이르되 바라바로소이다 빌라도가 이르되 그러면 그리스도라 하는 예수를 내가 어떻게 하랴 그들이 다 이르되 십자가에 못 박혀야 하겠나이다 빌라도가 이르되 어찜이냐 무슨 악한 일을 하였느냐 그들이 더욱 소리 질러 이르되 십자가에 못 박혀야 하겠나이다 하는지라 빌라도가 아무 성과도 없이 도리어 민란이 나려는 것을 보고 물을 가져다가 무리 앞에서 손을 씻으며 이르되 이 사람의 피에 대하여 나는 무죄하니 너희가 당하라 백성이 다 대답하여 이르되 그 피를 우리와 우리 자손에게 돌릴지어다 하거늘 이에 바라바는 그들에게 놓아 주고 예수는 채찍질하고 십자가에 못 박히게 넘겨 주니라

빌라도 총독 23

예수님 당시의 이스라엘은 로마 식민지였습니다. 그래서 로마 황제가 파견한 총독이 이스라엘을 다스렸습니다. 예수님 당시의 총독은 빌라도였습니다.

"본디오 빌라도에게 고난을 받으사……"

빌라도, 사도신경에 나오는 바로 그 이름입니다. 우리가 예배 때마다 신앙 고백으로 암송하는 사도신경 말입니다. 사도신경을 외어 보면, 이 구절의 주어는 '하나님의 외아들 예수님'이십니다. 따라서 예수님이 본디오 빌라도에게 고난을 받으셨다는 뜻입니다. 그도 그럴 것이, 빌라도가 예수님에게 십자가 사형을 언도하고 그 집행을 담당했기 때문입니다. 이처럼 빌라도는 예수님의 십자가와 떼려야 뗄 수 없는 인물입니다.

식민지 이스라엘에는 사형을 선고하고 집행하는 권한이 없었습니다. 이스라엘 백성이라 해도 사형에 해당하는 죄를 범한 사람의 재판은 로마 총독에게 맡겨야 했습니다. 그렇다면 예수님이 사형에 해당하는 죄를 범하셨다는 이야기입니까? 예수님의 재판을 로마 총독인 빌라도가 담당했으니 말입니다. 교회를 다니지 않는 사람까지도, 예수님이 죄를 짓지 않으셨다는 사실쯤은 알고 있습니다. 그러면 예수님 재판 사건의 전말은 어떻게 된 걸까요?

하나님이 창조하신 최초의 사람 아담이 선악과를 따먹어 하나님 명령을 어겼습니다. 죄란 하나님 명령에 불복종하는 행위입니다. 그래서 사람이 죄를 지으면 지옥에 갑니다. 선악과를 따먹지 말라는 명령을 어겨 죄를 지은 아담도 지옥으로 떨어졌습니다. 사랑의 하나님은 그런 인간이 불쌍해서 구세주를 보내 주겠다고 약속하셨습니다. 그 구세주는 물론 예수님이십니다.

그렇다면 구세주가 아기 예수로 세상에 오신 건 어느 때였을까요? 이스라엘 백성이 가장 고생할 때였습니다. 당시의 종교 지도자들은 얼마나 타락했는지, 가엾은 백성을 위해 기도하기는커녕 백성을 가난에 빠뜨리는 주범이었습니다. 하나님께 드리는 제사를 핑계로 온갖 재물을 백성에게서 수탈해 갔기 때문입니다. 로마는 로마대로 이스라엘 백성에게 엄청난 세금을 물렸습니다. 굶주림에 지친 백성은 자식을 팔기도 하고, 자기 몸을 팔아 노예로 전락하기도 했습니다.

예수님이 사람이 되어 이 세상에 오신 건, 구세주가 그토록 절실한 시기였습니다. 당연히 예수님은 백성을 위로하고, 종교 지도자들을 꾸짖으셨습니다. 불쌍한 백성을 위해 앉은뱅이를 일으키고,

죽은 사람을 살리는 등의 기적도 베푸셨고요. 백성은 점차 예수님을 하나님 아들로 인식했습니다. 그러나 종교 지도자들만은 그런 예수님을 시기하고 질투했습니다. 예수님 때문에 자기들의 수입까지 감소하자, 마침내는 예수님을 죽이겠다고 나섰습니다.

유대교 지도자들이 예수님께 씌운 죄목은 신성 모독죄였습니다. 예수님이 하나님 아들이라는 당신의 정체를 밝히셨기 때문이었습니다. 예수님을 하나님 아들로 인정하고 싶지 않은 종교 지도자들은, 하나님을 모욕했다는 죄로 예수님을 고소했습니다. 하지만 그런 죄목으로는 로마 총독에게 갈 수 없어서 사형에 해당할 만한 죄목을 만들어 내야 했습니다. 그 때문에 세 가지 죄목이 새롭게 조작되었습니다.

첫째, 예수님은 로마에 항거하는 위험한 혁명가.
둘째, 로마 황제에게 세금을 내지 말라고 백성을 선동한 죄.
셋째, 이스라엘 왕을 사칭한 죄.
예수님의 죄목은 이처럼 종교적인 데서 정치적인 것으로 둔갑했습니다.

그러나 노회한 빌라도는 사건의 내막을 눈치챘습니다. 예수님께 아무 죄가 없다는 사실도 물론 알았고요. 그래서였을까요, 빌라도는 예수님과 마주했을 때 그분께 압도당해 뭔지 모를 두려움을 느꼈습니다. 피고는 예수님인데 왜 자신이 죄인처럼 여겨지는지 알다가도 모를 일이었습니다. 게다가 재판 중에 아내에게서 이런 전갈이 당도했습니다.

저 옳은 사람에게 아무 상관도 하지 마옵소서 오늘 꿈에 내가 그 사람으로 인하여 애를 많이 태웠나이다(19절)

빌라도는 예수님의 무죄를 확신했기 때문에, 예수님을 석방하려고 무진 애를 썼습니다. 그 때가 마침 유월절이어서 예수님을 특사 대상으로 지명하고 싶었습니다. 유월절은 이스라엘 최대 명절로서, 특별히 죄수 한 명을 방면할 수 있기 때문이었습니다. 그러나 군중은 바라바를 풀어 주라고 소리쳤습니다. 살인 강도죄로 복역 중인 흉악범 바라바를 특사로 풀어 주라니, 어처구니없는 일이었습니다. 하지만 이는 종교 지도자들이 돈을 주고 동원한 군중이 그 역할을 충실히 행한 결과였습니다. 동원된 군중의 임무는 예수님께 불리한 증언을 하는 것이었습니다. 이에 빌라도가 당황해서 군중에게 다시 물었습니다.

그러면 그리스도라 하는 예수를 내가 어떻게 하랴(22절)

군중은 짜인 각본에 따라 더욱 큰 소리를 냈습니다.

십자가에 못 박혀야 하겠나이다(22, 23절)

빌라도는 더 이상 어찌할 수 없어서, 물을 가져다 손을 씻었습니다. 예수님의 유죄 판결에 자신은 책임이 없다는 뜻으로 말입니다.

빌라도는 예수님이 무죄임을 뻔히 알면서도 어쩔 수 없이 유죄 판결을 내리고 말았습니다. 예수님이야 십자가에서 돌아가심으로써 구세주의 사명을 완수하셨지만, 빌라도는 역사상 가장 비열한 통치자로, 불의한 재판관으로 낙인찍혔습니다. 빌라도 법정이란 말이 예수님의 재판 사건에서 유래하여 지금껏 쓰이고 있을 정도로 말입니다. 서양에서는 '빌라도 법정'이 터무니없이 억울한 재판을 가리키는 보통 명사로 쓰이고 있습니다. 그뿐이 아닙니다. 전 세계 기독교인이 예배를 드릴 때마다 사도신경을 외면서 빌라도란 이름을 저주합니다. 지난 2천 년 동안 그래 왔고, 앞으로도 예수님이 다시 오실 그 날까지 계속될 것입니다.

로마 시대에는 대단히 성공한 정치가가 총독 자리에 올랐습니다. 그러고 보면 빌라도도 성공한 정치가였음에 틀림없습니다. 하지만 그는 예수님의 재판을 빌라도 법정으로 만드는 바람에 인류 역사상 가장 저주스런 이름으로 변했습니다. 그렇다면 그가 예수님의 재판을 그렇게 해야만 했던 이유는 과연 무엇이었을까요? 한마디로 말하면, 총독 자리를 지키기 위해서였습니다.

그는 총독이 되기 위해 참으로 많은 노력을 했습니다. 그런데 정당한 노력보다는 불의한 짓을 더 많이 한 게 화근이었습니다. 그 중 최악의 불의는 총독이 되어 이스라엘에 부임했을 때 범했습니다. 별것 아닌 일로 이스라엘 백성을 학살했는가 하면, 하나님을 능멸하는 짓들을 자행했습니다. 예루살렘의 상수도 공사를 한 데까지는 좋았습니다. 하지만 그 경비를 백성이 하나님 앞에 바친 헌금으로 충당했습니다. 여러분! 한번 생각해 보십시오. 만약 행운동의 상수도 공사 경비를 돈는 해 교회 교인들의 헌금으로 충당하라고 하면, 교회가 가만 있겠습니까? 하물며 예루살렘 성전의 헌금을 로마 총독이 빼앗아 가다니, 이스라엘 백성의 반감은 극에 달했습니다.

그 당시 로마 제국의 식민지 백성은 하나의 권리를 누렸습니다. 아주 나쁜 총독을 만난 식민지 백성이, 그의 악행과 비리를 로마 황제에게 일러바칠 수 있는 권리였습니다. 그런 보고가 당도하면, 황제는 해당 총독을 로마로 소환하여 죄를 물었습니다. 빌라도가 군중의 의도대로 재판을 하지 아니하면, 이스라엘 종교 지도자들이 그 권리를 써먹을 참이었습니다. 그들이 빌라도의 과거 행적을 낱낱이 조사해 둔 것도 바로 그 때문이었습니다. 하지만 빌라도는 어렵게 얻은 총독 자리를 그렇게 허무하게 잃고 싶지는 않았습니다. 이제는 그가 빌라도 법정을 연출해야만 했던 서글픈 사연을 납득하실 수 있겠지요?

빌라도는 예수님께 몹쓸 짓을 하고 싶은 마음이 전혀 없었습니다. 그러나 과거의 잘못들이 그의 발목을 붙잡고 늘어졌습니다. 이스라엘이 황제에게 자신의 비리를 보고하면, 자신의 인생은 그걸로 끝장이라고 생각했습니다. 그래서 진리와 정의를 거스른 채 하나님 아들을 죽이는 일에 가담했습니다. 그러면 총독 자리는 오래오래 지켰을까요? 물론 그러지 못했습니다. 예수님이 십자가를 지신 지 얼마 안 돼서, 그는 결국 로마로 소환되었습니다. 그것도 이스라엘 백성의 보고에 의해서 말입니다. 그런데 로마로 가는 도중에 황제가 죽어서, 재판조차 받을 수 없었습니다. 전설에 의하면, 견디다 못한 빌라도는 그 다음 황제 때 자살을 했다고 합니다. 사람들이 그의 시체를 로마의 티베르 강에 던졌습니다. 그랬더니 강에 악령들이 출몰해서, 이번에는 프랑스의 론 강에 던졌습니다. 거기서도 같은 일이 일어나, 강에서 시체를 꺼내어 어느 산 구덩이에 매장했다고 합니다.

빌라도는 적어도 하나님 아들 앞에서는 양심과 진리를 수호했어야 했습니다. 게다가 예수님 꿈을 꾼 아내의 경고까지 받은 마당이었습니다. 그럼에도 불구하고 그는 로마 황제에게 비리 보고서를 내겠다는 군중의 협박에 굴복하고 말았습니다. 그러고서 자신은 죄가 없다는 표시로, 물을 가져다가 손을 씻는 쓸데없는 제스처를 취했습니다. 전설에 의하면, 지금도 빌라도의 무덤에는 그림자 하나가 나타나곤 하는데, 거기서도 그는 여전히 손을 씻고 있답니다.

사랑하는 교우 여러분!

불의한 과거의 삶이 현재의 빌라도를 끈질기게 물고늘어져, 그로 하여금 하나님 아들을 십자가에 못 박는 지경에까지 이르도록 했습니다. 과거의 삶이 오늘의 삶을 망가뜨린 것입니다. 이 어찌 빌라도에게만 해당되는 일이겠습니까? 오늘 우리에게도 그대로 적용되는 삶의 원리입니다.

어떻습니까? 초등 학교 때 공부를 열심히 한 아이는 중학교 때 공부하기가 수월합니다. 중학교 때 공부를 열심히 한 아이는 고등학교 생활이 한결 쉬울 테고요. 대학 때 공부를 열심히 하지 않은 사람은 직장 생활을 하는 데 무리가 생길 수도 있습니다. 무릇 인간은 어제를 발판으로 해서 오늘을 살고, 오늘을 발판으로 해서 내일을 살아갑니다. 오늘을 부실하게 살면, 내일은 힘겹고 가난할 수밖에 없습니다.

지금 여러분은 어떻습니까? 청소년의 경우, 이대로 살아도 내일을 여는 데 지장이 없겠습니까? 이대로 공부해도 부모 노릇 하는 데 문제가 없겠습니까? 이다음에 내 아들딸들도 나만큼만 살면 되겠습니까?

어른의 경우에는, 지금 이대로 살아도 훗날 자녀의 봉양을 받을 때 양심의 가책을 느끼지 않을 수 있겠습니까? 그렇지 않다고 생각되는 사람은, 이번 성탄을 기다리면서 새 인생을 결단해야 할 것입니다. 그러지 않으면 우리도 빌라도처럼 비참한 사람이 될 수 있습니다.

마태복음 27장 27~44절

이에 총독의 군병들이 예수를 데리고 관정 안으로 들어가서 온 군대를 그에게로 모으고 그의 옷을 벗기고 홍포를 입히며 가시관을 엮어 그 머리에 씌우고 갈대를 그 오른손에 들리고 그 앞에서 무릎을 꿇고 희롱하여 이르되 유대인의 왕이여 평안할지어다 하며 그에게 침 뱉고 갈대를 빼앗아 그의 머리를 치더라 희롱을 다 한 후 홍포를 벗기고 도로 그의 옷을 입여 십자가에 못 박으려고 끌고 나가니라 나가다가 시몬이란 구레네 사람을 만나매 그에게 예수의 십자가를 억지로 지워 가게 하였더라 골고다 즉 해골의 곳이라는 곳에 이르러 쓸개 탄 포도주를 예수께 주어 마시게 하려 하였더니 예수께서 맛보시고 마시고자 하지 아니하시더라 그들이 예수를 십자가에 못 박은 후에 그 옷을 제비 뽑아 나누고 거기 앉아 지키더라 그 머리 위에는 유대인의 왕 예수라 쓴 죄패를 붙였더라 이 때에 예수와 함께 강도 둘이 십자가에 못 박히니 하나는 우편에 하나는 좌편에 있더라 지나가는 자들은 자기 머리를 흔들며 예수를 모욕하여 이르되 성전을 헐고 사흘에 짓는 자여 네가 만일 하나님의 아들이어든 자기를 구원하고 십자가에서 내려오라 하며 그와 같이 대제사장들도 서기관들과 장로들과 함께 희롱하여 이르되 그가 남은 구원하였으되 자기는 구원할 수 없도다 그가 이스라엘의 왕이로다 지금 십자가에서 내려올지어다 그리하면 우리가 믿겠노라 그가 하나님을 신뢰하니 하나님이 원하시면 이제 그를 구원하실지라 그의 말이 나는 하나님의 아들이라 하였도다 하며 함께 십자가에 못 박힌 강도들도 이와 같이 욕하더라

십자가에서 내려올지어다 24

 예수님이 인간으로 이 이 세상에 계실 때, 이스라엘 종교 지도자들의 타락은 극에 달했습니다. 예수님이 십자가에서 돌아가실 때까지는, 구약 제사가 존속했습니다. 그래서 종교 지도자들의 타락은 제물과도 관계가 깊었습니다. 예루살렘 성전은 제물을 파는 장사치들로 붐볐습니다. 제사장들은 어떻게든 트집을 잡아서 백성이 가져온 제물을 물리고 성전에서 새로 사게 했습니다. 성전에서는 병들고, 시원찮아서 아무짝에도 쓸모없는 짐승을 제물이랍시고 팔았습니다. 제사장들은 그런 짐승을 싸게 사서, 백성에게 아주 비싸게 팔았습니다. 그들은 백성의 영적 성장에는 아예 관심이 없고, 백성에게서 돈을 갈취할 궁리만 했습니다.
 예수님은 그런 지도자의 비리를 혹독하게 꾸짖으셨습니다. 하지만 유대교 지도자들은 회개하기는커녕, 호시탐탐 예수님을 제거할 기회만 노렸습니다. 그러다 돈에 눈먼 가롯 유다를 매수해서, 신성 모독

죄, 백성 선동죄 등으로 예수님을 체포했습니다. 로마 총독 빌라도는
그 사건을 유대인의 종교 문제로 여겨, 재판에 깊이 개입하려 하지
않았습니다. 그런데 슬프게도, 빌라도는 그렇게 할 수 없었습니다. 빌
라도가 예수님께 무죄 판결을 내리면, 그의 과거 비리를 로마 황제에
게 알리겠다고, 유대인들이 협박했기 때문이었습니다. 빌라도는 온
통 부정과 불의로 총독 자리에까지 오른 인물이었습니다.

그런 과정을 통해서 예수님은 십자가 사형을 언도받으셨습니다.
십자가형은 로마 제국의 노예가 정부를 뒤엎으려는 죄를 지었을
때 적용하는 형벌이었습니다. 예수님은 노예도 아니요, 반정부죄를
지으신 건 더더욱 아니었습니다. 그리고 하나님 아들이 하나님 아
들이라고 신분을 밝히신 것이 어찌 신성 모독죄가 된단 말입니까?
그런데도 로마 총독의 사형 언도가 떨어지고, 로마 병정들의 형 집
행이 시작되었습니다.

목요일 밤, 겟세마네 기도 후 체포되신 예수님은, 밤새도록 심문
과 고문을 당하셨습니다. 한숨도 주무시지 못한 지친 상태로 빌라
도 법정에 서신 예수님은, 처참하도록 가혹한 매질을 견디셔야 했
습니다. 옷이 벗겨진 채 두 손이 등 뒤로 묶였습니다. 그런 상태로
예수님의 몸 또한 눈앞에 서 있는 쇠기둥에 묶였습니다. 그 때 등은
구부려서 둥그렇게 만들어야 했습니다. 로마 병정들이 가죽 채찍으
로 예수님 등을 후려갈길 때, 잘 맞도록 하기 위해서였습니다. 기다
란 가죽 채찍에는 사이사이 뼛조각과 납이 박혀 있어서, 예수님 몸
을 내려칠 때면 채찍에 살과 피가 묻어났습니다. 그런 몸으로 기둥

같은 십자가를 지고 가야 했으니, 가죽 채찍으로 인한 상처가 얼마나 아팠겠습니까? 그 고통 때문에 십자가에 못 박히기도 전에 죽어 버리는 죄수가 허다했다고 합니다.

오늘 본문에는 로마 병정들이 예수님께 저지른 만행이 소상히 기록되어 있습니다. 로마 병정들은 유대인의 왕이라고 하면서 예수님을 마음껏 조롱했습니다. 예수님 몸에 왕의 옷과 비슷한 붉은 옷감을 두르고, 왕의 홀이라며 갈대를 오른손에 들려주었습니다. 그들은 예수님 머리에 가시관을 씌웠고, 그래서 피가 쉴새없이 흘러내렸습니다. 로마 병정들은 그렇게 한 후, 예수님 앞에 무릎을 꿇었습니다.

> 유대인의 왕이여 평안할지어다(29절)

그들은 이렇게 비아냥거리면서 예수님께 침을 뱉었습니다. 그들은 예수님 손에서 갈대를 빼앗아 예수님 머리를 쳤습니다. 그렇게 희롱한 다음, 왕의 옷을 벗기고, 예수님 옷을 도로 입혔습니다.

그렇게 매를 맞고 조롱을 당하신 예수님은, 십자가를 지고 사형장소인 골고다 언덕까지 올라가셔야 했습니다. 하지만 예수님께는 그럴 힘이 남아 있지 않았습니다. 로마 병정은 구경꾼 하나를 지목해서 대신 십자가를 지게 했습니다. 북아프리카 리비아의 키레네구레네 시에서 온 시몬이었습니다. 이스라엘 해외 교포인 시몬은 예루살렘에서 유월절을 지키기 위해, 여러 해 동안 여행 경비를 모았습니다. 그런데 가는 날이 장날이라고, 시몬은 그렇게 험한 일을 당했습니다. 하지만 그 날, 예수님이 시몬의 마음을 감화시켜 그리스도

인이 되게 하셨습니다. 훗날 그의 두 아들 알렉산더와 루포막 15:21
는 초대 교회의 아주 중요한 인물이 되었습니다. 그렇게 해서 시몬
의 가정은 십자가 사건을 역사적 사실로 증명했습니다.

    사형수는 예루살렘 골목골목을 돌아, 가장 긴 경로로 이송되었습니다. 백성에게 죄에 대한 경각심을 불러일으키기 위해서였습니다. 처형 장소인 골고다에 도착했을 때, 예수님 몸은 땅바닥에 있는 십자가 위에 놓였습니다. 사형 집행관들이 예수님의 두 손과 두 발에 대못을 쳤습니다. 십자가 꼭대기에는 "유대인의 왕 예수"라는 죄패를 매달았습니다. 그렇게 한 다음, 십자가를 일으켜 세워 그 세로대를 땅에 묻었습니다. 예수님을 매단 십자가가 공중에 우뚝 선 것이었습니다. 그런 때 죄수는 너무나 고통스러운 나머지, 힘을 다해 절규하면서 대소변까지 흘렸다고 합니다. 십자가 위의 죄수는 잠시 쉴 틈도 없이, 죽을 때까지 그렇게 극한의 고통을 감내해야 했습니다.

    십자가에 못 박히신 예수님 몸에서는 계속 피가 빠져 나갔습니다. 사막 기후인 이스라엘의 한낮은 태양이 작열했습니다. 피가 흐르는 상처에는 각다귀와 파리 떼가 달려들었습니다. 허기와 갈증은 죽음보다 더한 고통이었습니다. 어디 그뿐이었나요? 밤에는 살을 에는 추위가 엄습했습니다. 죄수들은 그런 고통을 견디다 못해 대개는 미쳐서 죽었다고 합니다.

    그 때, 사형을 집행한 로마 병정들은 십자가 밑에서 무슨 짓을 하고 있었을까요? 본문 35절 말씀을 보십시오.

> 그들이 예수를 십자가에 못 박은 후에 그 옷을 제비 뽑아 나누고

죄수의 옷은 처형지까지 죄수를 호송한 네 명의 로마 병정 몫이었습니다. 이스라엘 남자가 평상시 입는 옷은 구두, 터번, 허리띠, 속옷, 겉옷이었습니다. 구두, 터번, 허리띠, 속옷은 병정 네 명이 하나씩 골라 가졌습니다. 그러나 겉옷만은 한 필의 옷감으로 만들어져서, 분할되면 옷으로서의 가치를 상실했습니다. 로마 병정들이 제비뽑기를 한 건, 그런 겉옷을 차지하기 위해서였습니다.

곰곰이 생각해 보면, 예수님 겉옷은 어머니 마리아가 눈물로 지은 옷이었습니다. 예수님은 마리아가 여전히 사랑하는 맏아들이요, 인류를 위해 사지死地로 묵묵히 걸어가시는 메시아였습니다. 그런 예수님이 지상에서 마지막으로 입을 옷이었으니, 마리아가 얼마나 애틋한 마음으로 지었겠습니까? 그런 어머니 생각에, 제비뽑기 병정들을 내려다보시는 예수님 마음은 더욱 쓰리고 아팠습니다.

하지만 십자가에 매달려 계신 예수님께는 그런 마음의 고통조차 별것 아니었습니다. 육체적 고통, 인간의 조롱, 심적 고통, 이 모든 것보다 더한 고통이 예수님께 있었기 때문입니다. 그것은 바로 당신의 무한한 능력을 사용하실 수 없는 고통이었습니다. 예수님이 십자가를 끝까지 견디어 인간을 구원해 내는 것이, 아버지 하나님의 뜻이기 때문이었습니다. 예수님은 겟세마네 기도에서 하나님의 그런 뜻을 재삼 확인하고 골고다 언덕까지 올라가신 터였습니다.

그런 사실을 알 리 없는, 아니 알려고도 하지 않는 군중은, 이번

에는 십자가 위의 예수님을 향해 조롱을 퍼부었습니다. 사정이 어떻든 서른세 살 총각 예수님은 극한의 고통 가운데서 최후를 맞이하고 계십니다. 그런데도 어쩌면 사람들은 일말의 동정심조차 베풀지 못할까요? 지나가는 사람들이 머리까지 흔들며 예수님을 조롱했습니다.

> 아하 성전을 사흘에 헐고 짓는다는 자여 네가 너를 구원하여 십자가에서 내려오라(막 15:29~30)

유대교 지도자들도 예수님을 희롱했습니다.
"네가 하나님이 보내신 메시아라며? 그럼 지금 당장 십자가에서 내려와 자신부터 구해 보시지. 그럼 우리 모두 예수쟁이가 되어 줄 텐데……."
심지어 예수님과 함께 십자가에 못 박힌 흉악범까지도 예수님을 비웃었습니다.
예수님은 완전한 사람이 되셨지만, 하나님으로서의 능력 또한 그대로 지니고 계셨습니다. 십자가에서 내려와 조롱하는 자들을 한 순간에 불로 심판하시는 건 식은 죽 먹기였습니다. 그런데도 그 능력을 자제하시고, 십자가 위에서 끝까지, 정말 끝까지 참으셔야 했습니다. 예수님께는 그것이 육체적 고통보다 훨씬 더 지독한 고통이었습니다.

사랑하는 교우 여러분!
한국 사람은 기분 나쁘면 천당도 안 간답니다. 그만큼 자기 감정을 중시한다는 뜻이겠지요. 그러면 십자가 위의 예수님은 어떠셨을까요? 육체적 고통의 극한에서 온갖 조롱까지 견디시느라, 그 마음이 누더기처럼 상하셨습니다. 그보다 더한 고통도 있었으니, 당신의 전능성에도 불구하고 십자가에서 내려오실 수 없는 고통이었습니다. 아버지 하나님의 뜻은 그런 고통마저 잠재웠고, 그래서 예수님의 십자가는 인간 구원의 꽃을 피웠습니다.

   십자가는 기독교의 핵심입니다. 아니, 기독교의 전부입니다. 그러므로 우리는 십자가를 항상 가슴에 세우고 살아야겠습니다. 거기에 자기 부인의 삶이 있고, 그리스도인의 행복은 그런 삶에 고입니다.

마태복음 27장 45~50절

제육시로부터 온 땅에 어둠이 임하여 제구시까지 계속되더니 제구시쯤에 예수께서 크게 소리 질러 이르시되 엘리 엘리 라마 사박다니 하시니 이는 곧 나의 하나님 나의 하나님 어찌하여 나를 버리셨나이까 하는 뜻이라 거기 섰던 자 중 어떤 이들이 듣고 이르되 이 사람이 엘리야를 부른다 하고 그 중의 한 사람이 곧 달려가서 해면을 가져다가 신 포도주에 적시어 갈대에 꿰어 마시게 하거늘 그 남은 사람들이 이르되 가만두라 엘리야가 와서 그를 구원하나 보자 하더라 예수께서 다시 크게 소리 지르시고 영혼이 떠나시니라

25 엘리 엘리 라마 사박다니

 제2차 세계 대전 후, 패전국 이탈리아 시칠리아 섬에는 산을 사이에 두고 고아원이 하나씩 있었습니다. 하나는 연합군과 결연을 맺고 있어서, 시설도 음식도 모두 훌륭했습니다. 다른 하나는, 비바람도 제대로 가리지 못하는 시설에, 분유도 충분히 먹이지 못하는 형편이었습니다. 그런데 참으로 이상한 일이 일어났습니다. 시설과 음식이 훌륭한 고아원 어린이 사망률이 건너편 고아원보다 60퍼센트나 높았습니다. 그런 사실은 학자들의 관심을 끌기에 충분했고, 그래서 중요한 연구 결과를 낼 수 있었습니다.
 전쟁 중 세 아이를 잃고 실성한, 한 사십대 어머니가 있었습니다. 그녀가 떠돌아다니다가 우연히 시설이 나쁜 쪽 고아원을 찾아들었습니다. 그 어머니는 고아들을 자기 자식으로 착각했습니다. 그래서 수 년간 아이를 하나씩 안아 주고 얼러 주었습니다.
 '마라스머스'도 같은 맥락의 병이라고 할 수 있습니다. 이 병은 주로 전쟁 고아나 고아원에서 외롭게 자란 아이들에게 나타납니다. 그 증상은 신체 발육이 부진하고, 온몸에 힘이 빠지는 것입니다. 환자는 그런 상태로 시름시름 앓다가 죽고 맙니다. 마라스머스는 영양 부족이나 병균 때문에 생기는 병이 아닙니다. 그 원인은 단 하나, 사랑의 결핍입니다.

이처럼 인간은 사랑을 먹지 않고는 살 수 없습니다. 아기는 엄마의 젖을 먹고 자라는 게 아니라, 엄마의 사랑을 먹고 자랍니다. 그러므로 사람이 버림받았다는 건 살아갈 힘을 빼앗겼다는 것과 똑같은 의미입니다. 마라스머스가 그런 사실을 증언해 줍니다.

성자 예수님은 죄 문제를 해결하시기 위해 친히 인간이 되어 이 세상에 오셨습니다. 예수님은 성령으로 잉태되셨기 때문에, 육신의 아버지가 없으신 셈입니다. 마리아의 몸을 빌려 이 세상에 오신 예수님께, 요셉은 어머니의 남편일 뿐이었습니다. 하지만 예수님은 요셉에게 맏아들로서의 효성을 다하셨습니다.

예수님은 그에 못지않게 하늘의 아버지를 사랑하셨습니다. 예수님은 33년의 지상 생애 동안, 아버지 하나님과 깊은 인격적 교제 가운데 사셨습니다. 이스라엘 사람은 감히 그 이름도 부르지 못하는 하나님을 '아빠 아버지'롬 8:15라 하실 정도로 말입니다. 예수님은 "내가 아버지 안에, 아버지가 내 안에 계시다."는 말씀을 자주 하셨습니다. "아버지와 나는 하나."라는 말씀도 하셨으니, 우리는 그 친밀도를 넉넉히 짐작할 수 있습니다. 하나님 아버지를 보여 달라는 제자 빌립의 요청 앞에서 예수님이 안타까워하신 것도, 빌립이 그 친밀감을 이해하지 못했기 때문이었습니다.

> 빌립아 내가 이렇게 오래 너희와 함께 있으되 네가 나를 알지 못하느냐 나를 본 자는 아버지를 보았거늘 어찌하여 아버지를 보이라 하느냐(요 14:9)

그뿐이 아니었습니다. 예수님은 무슨 일을 하든지 기도로 시작하셨습니다. 병자를 고칠 때도 기도하셨고, 이적을 행할 때도 반드시 기도하셨습니다. 매일 새벽 기도로 하루의 사역을 시작하셨습니다. 예수님은 그렇게 아버지 하나님을 사랑하셨습니다.

예수님은 아버지를 그토록 사랑하셨기 때문에, 아버지 뜻대로만 움직이셨습니다. 그래서 늘 아버지 말씀을 들으셔야 했고, 그 일을 위해 새벽마다 조용한 곳에서 기도하셨습니다. 실로 예수님은 아버지가 가라 하시면 가시고, 서라 하시면 서시는, 사랑과 순종의 대명사이셨습니다.

하나님 아버지의 소원은, 천지 창조 전에 선택된 모든 인간이 구원받고 천국으로 돌아가는 것입니다. 그런데 일찍이 인간은 아담의 범죄로 인해 지옥으로 떨어졌습니다. 죄는 하나님과 인간을 분리시킵니다. 거룩하신 하나님은 죄와 나란히 서 계실 수 없기 때문입니다. 사정이 그렇게 되자, 하나님이 언젠가는 메시아를 세상에 보내어 인간의 죄 문제를 해결해 주마고 약속하셨습니다. 그 때까지 인간이 짓는 죄에 대한 방책도 마련하셨습니다. 누군가가 죄 지은 사람을 대신해 피를 흘리면, 하나님이 그 죄를 눈감아 주시기로 말입니다. 그래서 사람이 죄를 지을 때마다 동물을 잡아 피를 흘리게 했는데, 그것이 바로 구약 제사였습니다. 수천 년 동안 그렇게 속죄제사를 드려야 했으니, 백성이 얼마나 번거로웠겠습니까?

그래서 마침내 예수님이 이 세상에 오셨고, 십자가를 지셨습니다. 구약 시대의 수많은 동물이 피를 흘린 것처럼 예수님이 피를 흘리셔야만 했습니다. 그렇기에 예수님은 십자가의 모진 고통을 참아내셨습니다. 인간으로서는 견디기 힘든 육체적 고통을 겪으셨습니다. 하지만 그보다 더한 고통은 사람들의 조롱이었습니다. 온갖 종류의 사람이, 심지어 이방인인 로마 병정들까지 십자가 밑에서 예수님을 비웃어 댔습니다.

> 그가 남은 구원하였으되 자기는 구원할 수 없도다 그가 이스라엘의 왕이로다 지금 십자가에서 내려올지어다 그리하면 우리가 믿겠노라(마 27:42)

조롱을 견디는 것보다 더한 고통은, 무한한 능력을 자제하셔야만 하는 고통이었습니다. 예수님이 그 능력을 발휘하여 십자가에서 내려오시면, 인간의 구속은 물 건너갑니다. 그런데 어찌 그 능력을 사용하신단 말입니까?

하지만 그보다 더한 고통이, 십자가의 마지막 순간에 예수님께 엄습했습니다. 예수님은 여섯 시간 동안 십자가에 매달려 계셨습니다. 그런데 처음 세 시간이 흐른 뒤 지상에 어둠이 내렸습니다. 정오제육시부터 오후 3시제구시까지, 한낮의 태양이 완전히 빛을 잃은 것이었습니다. 이는 본문 45절이 알려 주는 바입니다.

> ……제육시로부터 온 땅에 어둠이 임하여 제구시까지 계속되더니

하나님의 아들이 처참하게 죽어 가는데, 태양인들 멀쩡하게 빛을 발할 수 있었겠습니까?

어둠이 대낮을 덮은 마지막 순간에, 예수님이 사력死力을 다해 울부짖으셨습니다. 46절을 말씀을 보십시오.

> ……엘리 엘리 라마 사박다니……나의 하나님 나의 하나님 어찌하여 나를 버리셨나이까……

그 처절한 육체적 고통도, 이방인까지 합세한 조롱도, 예수님은 견디실 만했습니다. 전능하신 예수님께서는 십자가에서 내려오지 않으시는 것이 내려오시는 것보다 훨씬 더 어려웠지만, 그것도 무사히 참아 내셨습니다. 그러나 하나님의 버리심 앞에서는 속수무책이었습니다.

예수님의 절규가 '버리셨나이까'라는 과거형인 걸 보면, 하나님이 이미 예수님을 버리셨음을 알 수 있습니다. 부활 이전의 예수님은 우리랑 똑같은 인간이셨습니다. 그래서 '마라스머스'라는 병에 걸린 아이처럼 하나님 아버지의 사랑을 필요로 하셨습니다. 그런 분이 그토록 사랑하는 아버지로부터 버림을 받으셨으니, 얼마나 고통스러우셨겠습니까? 예수님께는 그것이 가장 견디기 힘든 고난이었습니다. 그 고난을 따라서 형언할 수 없는 공포와 절망이 예수님 영혼으로 밀려들었습니다.

그러면 하나님은 왜 그토록 처참하게 예수님을 버리셔야만 했을까요? 하나님의 진노 때문이었습니다. 사람이 죄를 지으면 두 가지 결과를 초래합니다. 죄 지은 사람의 영적 죽음과 하나님의 진노입니다. 사람이 죄를 지으면 그 때마다 하나님의 진노가 쌓입니다. 동물의 피로 제사를 드리면 인간의 죄는 그 때 그 때 해결되지만, 하나님의 진노는 그대로 쌓여 갔습니다. 아담이 죄를 지은 순간부터, 예수님 십자가에 이르는 길고 긴 세월 동안, 하나님의 진노는 태산처럼 쌓였습니다. 하나님 안에 켜켜이 쌓인 그 진노가 십자가 위의 예수님에게 남김없이 부어졌습니다.

하나님은 어째서 그렇게 당신의 진노를 예수님에게 쏟으셨을까요? 예수님이 큰 죄인이 되셨기 때문이었습니다. 예수님은 인간의 죄를 모두 짊어지고 십자가를 지셨습니다. 천지 창조 이래 인간이 지은 죄 전부가 예수님 어깨에 얹혔습니다. 그뿐이 아니었습니다. 예수님 재림 때까지 인간이 지을 죄도 보태졌습니다. 그러니까 십자가 위의 예수님은 아직 태어나지 않은 인간의 죄까지 모조리 책임지셔야 했습니다. 그러니 십자가 위의 예수님이 그 얼마나 큰 죄인이셨겠습니까? 하나님은 그런 예수님에게 당신의 진노를 들이부으셨습니다. 그리고 예수님에게서 고개를 돌리셨습니다. 아버지가 아들을 지옥으로 내던지신 것이었습니다. 예수님은 지옥에 떨어져 허우적거리면서 처절하게 하나님을 부르셨습니다. 죄인이 되어 버렸기에, 더 이상 아버지라 부를 수도 없었습니다.

엘리 엘리 라마 사박다니

메시아가 지옥의 고통을 겪는 그 순간까지도 인간은 잔혹하기만 했습니다. '엘리'를 엘리야로 알아들은 멍청한 인간들이 여전히 예수님을 시험하고 조롱했습니다. 47절, 49절 말씀을 보십시오.

이 사람이 엘리야를 부른다(47절)

가만두라 엘리야가 와서 그를 구원하나 보자(49절)

그들은 신 포도주를 적신 스폰지를 갈대에 끼워서, 십자가 위의 예수님 입에 대 드렸습니다48절. 마취제인 신 포도주를 드시고 고통을 더 참으시라는 뜻이었습니다. 예수님의 생명이 조금이라도 연장돼야, 엘리야가 올지 어떨지 확인할 수 있기 때문이었습니다.

사랑하는 교우 여러분!
예수님은 완전한 신이시지만, 동시에 완전한 인간이셨습니다. 인간은 사랑 없이 살 수 없는 존재입니다. 인간 예수님도 그러하셨습니다. 그런 예수님은 하나님을 몹시도 사랑하셨습니다. 아버지 또한 아들을 지극히 사랑하셨습니다. 예수님이 공생애를 시작하며 세례 받으실 때, 하늘에서 사랑의 메시지를 보내실 정도로 말입니다.

이는 내 사랑하는 아들이요 내 기뻐하는 자라(마 3:17)

그런데 십자가 고통의 절정에서 그 아버지가 아들을 버리셨습니다. 아버지로부터 버림받은 고통이 얼마나 지독했던지, 예수님은 마지막 남은 힘을 모아서 부르짖으셨습니다.

나의 하나님 나의 하나님 어찌하여 나를 버리셨나이까(46절)

예수님은 '아빠'는커녕 아버지라 부르지도 못하셨습니다. 인류의 죄를 모조리 뒤집어쓴 죄인에게 하나님이 아버지이실 수는 없었습니다.

하나님은 그런 예수님 때문에, 더 이상 인간을 정죄하지 않으십니다. 예수님의 십자가 죽음이 자신의 죄 때문이라고 믿는 사람은 무조건 구원해 주십니다. 그러므로 우리는 매순간 "엘리 엘리 라마 사박다니"를 들어야겠습니다. 고통의 심연에서 터뜨린 예수님의 절규를 들으며, 구원의 은혜를 새기고 또 새겨야겠습니다.

마태복음 27장 50~56절

예수께서 다시 크게 소리 지르시고 영혼이 떠나시니라 이에 성소 휘장이 위로부터 아래까지 찢어져 둘이 되고 땅이 진동하며 바위가 터지고 무덤들이 열리며 자던 성도의 몸이 많이 일어나되 예수의 부활 후에 그들이 무덤에서 나와서 거룩한 성에 들어가 많은 사람에게 보이니라 백부장과 및 함께 예수를 지키던 자들이 지진과 그 일어난 일들을 보고 심히 두려워하여 이르되 이는 진실로 하나님의 아들이었도다 하더라 예수를 섬기며 갈릴리에서부터 따라온 많은 여자가 거기 있어 멀리서 바라보고 있으니 그 중에는 막달라 마리아와 또 야고보와 요셉의 어머니 마리아와 또 세베대의 아들들의 어머니도 있더라

26 성전 휘장이 찢어지다

　재준이와 성우는 함경 북도 경흥에서 태어난 고향 친구였습니다. 두 사람은 함께 서울 중동 학교로 유학을 가, 오랫동안 한 방에서 하숙을 하며 지냈습니다. 그러던 어느 날, 성우가 몸에 열이 나면서 앓기 시작했습니다. 그는 감기약이나 지어 먹고 견디려 했지만, 병이 낫기는커녕 열이 점점 더 올라갔습니다. 그들은 어쩔 수 없이 세브란스 병원 무료 진료실을 찾았고, 의사의 무서운 선언을 들어야 했습니다.

　"장티푸스인데 너무 늦게 오셨습니다. 환자는 사흘을 넘기지 못할 것 같습니다. 마음 준비를 단단히 하십시오. 당장 죽을 수도 있습니다."

　그런 성우의 임종을 지켜 보기 위해 밤늦게 고향에서 친구 열 명이 올라왔습니다. 그 때까지 혼수 상태이던 성우가 갑자기 눈을 떴습니다.

"뭐야, 왜들 이렇게 모여 있는 거지? 기도회를 할 참인가? 아직 기도할 시간은 안 됐는데……. 그래도 어쨌든 기도하자."
성우는 이렇게 말하고 나서, 또박또박 기도를 했습니다.
"주님! 제 영혼을 받아 주시옵소서. 저는 죽음이 두렵지 않습니다. 그러나 스무 살이 될 때까지 주님이 길러 주셨는데, 아무 일도 하지 못한 채 주님 앞에 가기가 송구스럽습니다. 주님! 제가 떠난 후에도 고향의 경흥 교회를 축복하시고, 저의 가족을 지켜 주시고, 저의 모든 친구를 인도해 주십시오. 우리 학교 선생님과 학생들을 축복하시고, 여기 둘러선 사랑하는 친구들을 위로해 주십시오. 잠깐 동안이나마 저를 치료해 주신 의사 선생님과 간호원, 심부름을 해 준 일본 부인에게 주님이 친히 복 내려 주시옵소서. 저는 이제 갑니다. 용서하시고, 불러 주시옵소서."
재준이는 그의 손을 잡고 굳게 약속했습니다.
"구원은 행한 일로가 아니라 믿음으로 얻는 거잖아. 그러니까 마음 편히 주님 나라로 떠나. 일은 내가 네 몫까지 할게. 아무 걱정 말고 주님을 만나 뵈려무나."
성우는 마지막 힘을 다해 재준이의 손을 잡았습니다. 정말로 자기 몫까지 열심히 살아 달라는 부탁의 몸짓이었습니다. 그렇게 친구의 손을 잡은 채 성우는 주님 곁으로 갔습니다.
재준이는 그 약속을 지키기 위해 진짜로 열심히 살았습니다. 중동학교를 졸업한 후, 일본 청산대 신학부로 유학을 떠났습니다. 그 후, 미국 프린스턴 신학대에서 구약학 박사가 되었습니다. 1901년에 태어난 그분은 1987년까지 목사와 신학자로서 한국 교회 발전에 크게 공헌했습니다. 그분이 한 일을 한 가지만 들면, 1940년 조선 신학교의 설립입니다. 조선 신학교는 한국 신학 대학으로 이름을 바꿨다가, 1992년에 한신 대학교가 되어 오늘에 이르렀습니다. 그분은 찬송가 582장, "어둔 밤 마음에 잠겨"의 작사가이기도 합니다.

평범한 한 젊은 그리스도인의 죽음이 위대한 신앙의 인물을 배출했습니다. 김재준 목사님은 친구 성우의 요절夭折이 만들어 낸 작품이라고 해도 과언이 아니기 때문입니다.

죽음은 이 세상과 저 세상을, 그리고 산 사람과 죽은 사람을 가르는 경계선입니다. 죽음은 완전한 끝이고 죽은 자는 아무것도 할 수 없다고 생각하는 사람이 많습니다. 하지만 그 어떤 죽음도 완전한 끝을 만들지는 못합니다. 주변의 누군가에게 아무런 흔적도 남기지 않는 죽음은 없기 때문입니다. 죽은 자는 사랑으로든 미움으로든 누군가의 마음에 남아서 영향을 미칩니다.

이처럼 죽음은 결코 끝이 아닙니다. 사람은 죽어서 더 큰 일을 하기도 합니다. 김재준 목사님의 친구 성우가 그랬고, 스데반 또한 그런 사람이었습니다. 스데반이 하나님 말씀을 전한 기간은 얼마 되지 않았습니다. 살아서는 내세울 만한 일을 하지 못했다는 뜻입니다. 하지만 죽은 후에, 자신을 처형한 사울을 바울로 변화시키는 위대한 일을 했습니다. 바울은 스데반의 신학 사상을 그대로 이어받아 후세에 전했고, 그 길은 마르틴 루터에 이르렀습니다. 그가 바울 신학을 재발견해서, 종교 개혁을 일으킬 수 있었기 때문입니다.

사람의 죽음이 이럴진대, 하나님 아들 예수님의 죽음은 더 말해 무엇 하겠습니까? 게다가 예수님의 죽음은 인간 구원을 위해 하나님이 치밀하게 기획하신 작품이었습니다. 하나님은 또 그 작품을 통해서 인간에게 몇 가지 사실을 알려 주실 예정이었습니다. 그 때문에 예수님이 돌아가시는 순간, 기적적인 일들이 연출되었습니다. 이제 그 일들이 무엇이고, 그 의미는 각각 무엇인지 살펴보겠습니다.

첫째로, 성전 휘장이 찢어졌습니다.

예수님은 금요일 오전 9시, 십자가에 못 박히셨습니다. 정오가 되자 태양이 빛을 잃고 대낮의 어둠이 온 세상을 덮었습니다. 그 어둠 속에서 예수님이 "엘리 엘리 라마 사박다니"를 큰 소리로 외치고 돌아가시니, 오후 3시였습니다. 바로 그 순간, 예루살렘 성전에 참으로 놀라운 사건이 발생했습니다. 성소와 지성소를 가르는 휘장이 위에서부터 아래로 찢어진 일이었습니다. 그 휘장은 황소 두 마리가 양쪽에서 잡아당겨도 끄떡없을 만큼 튼튼했습니다.

예루살렘 성전에는 성소와 지성소가 있었습니다. 성소는 제사장이 매일 들어가는 장소인 반면, 지성소는 하나님이 임재하신 곳이었습니다. 지성소는 대제사장이 대속죄일 딱 하루 양의 피를 가지고 제사드리러 들어갈 뿐, 어느 누구도 출입할 수 없는 곳이었습니다. 대제사장이라 해도 다른 날에 들어가면 즉시 죽임을 당했습니다. 하나님이 제사를 받지 않으실 경우에도 마찬가지였습니다. 지성소는 그처럼 죽음이 번뜩이는 무시무시한 곳이었습니다. 그런데 예수님이 운명하신 순간, 그토록 무서운 곳을 막아 주던 휘장이 수직으로 찢어졌습니다.

이 사건은 예수님의 죽음만큼이나 엄청난 의미를 띱니다. 그 때까지 사람은 하나님이 계신 지성소에 들어갈 수 없었습니다. 죄인이 하나님 앞에 서면 반드시 죽기 때문이었습니다. 그런데 예수님의 십자가 죽음이 인간을 죄 없는 존재로 만들었습니다. 예수님이 인류의 죄를 모조리 짊어지고, 십자가에서 희생 제사를 드리신 까닭이었습니다. 천지 창조 이래, 인간이 범죄할 때마다 쌓인 하나님의 진노 역시 예수님 십자가에 남김없이 부어졌습니다. 그렇게 해서 인간이 하나님 앞에 나아갈 자격을 얻었습니다. 그에 따라 지성소를 막는 휘장도 쓸모없게 되었습니다. 신약 교회의 지성소는 예배당입니다. 누구든지, 아무 때나, 예배당에 들어올 수 있음은 예수님의 십자가 은혜입니다.

둘째로, 예수님이 운명하신 순간 지진이 일어나고, 시체들이 살아났습니다.

이스라엘은 시체를 동굴에 매장하고, 그 입구를 큰 돌로 막았습니다. 그런데 지진으로 돌들이 터져, 무덤 문이 사라졌습니다. 그와 동시에 무덤 속 시체들이 일어나, 예수님의 부활 후 수많은 사람 앞에 나타났습니다.

이처럼 예수님의 십자가는 사망까지도 이겨 냈습니다. 예수님은 죽음과 부활을 통해 무덤의 권세를 파괴하셨습니다. 아담의 타락으로 인해, 인간은 태어나기도 전에 죄인이 되어 버립니다. 아담이 전 인류의 대표이기 때문입니다. 그가 지은 죄는 원죄, 혹은 죄성이라는 이름으로 후손의 유전자DNA 속에 저장됩니다. 그와 꼭 마찬가지로, 예수님은 모든 그리스도인의 대표입니다. 그래서 예수님이 하신 일은 모두 그리스도인에게 계승됩니다. 예수님이 십자가에서 돌아가셨을 때, 나 또한 십자가에서 죽었습니다. 하나님은 그런 나를 더 이상 죄인으로 취급하지 않으십니다. 예수님이 부활해서 죽음을 이기셨습니다. 그렇다면 나 또한 죽더라도, 예수님 재림 때 부활하게 됩니다.

셋째로, 백부장 일행이 신앙을 고백하고, 여인들이 끝까지 예수님을 지켰습니다.
54절 끝부분을 보십시오. 예수님의 사형을 집행한 백부장과 로마 병정들이 사건 전말을 지켜본 후, 이렇게 고백했습니다.

이는 진실로 하나님의 아들이었도다

그들은 하나님을 전혀 모르는 이방인이었습니다. 게다가 로마 제국은 황제를 신으로 숭배하는 나라였습니다. 그러기에 그들은 십자가상의 예수님을 아무 거리낌 없이 조롱했습니다. 그것도 방금 전에 말입니다. 그런 군인들의 신앙 고백은 기적이 아닐 수 없습니다.
그리고 연약한 여인들이 마지막까지 남아서 예수님의 죽음을 목도했습니다. 그들은 후에, 예수님의 부활을 부정하려고 십자가 죽음을 가짜로 모는 무리에게, 예수님의 죽음을 명백히 증언했습니다. 여인들은 예수님 제자가 모조리 도망간 상황에서, 예수님의 최후를 지켜 드렸습니다. 그들은 예수님을 진실로 사랑했기에 온갖 두려움을 떨칠 수 있었습니다.

사랑하는 교우 여러분!

예수님의 십자가 죽음은 하나님의 강력한 계시였습니다. 예수님이 숨을 거두신 순간에 성전 휘장이 찢어진 것은, 지성소로 나아가는 길이 열렸다는 계시였습니다. 이제 그리스도인은 누구나 직접 하나님 앞에 나아갈 수 있게 되었습니다. 평신도가 직접 하나님께 죄를 회개하고, 직접 용서받고, 직접 성경 공부를 할 수 있게 된 것입니다.

예수님이 운명하신 순간, 무덤이 열리고 시체들이 살아난 것은, 십자가가 사망을 격파했다는 계시였습니다. 사탄이 죽음을 무기 삼아 인간을 지배해 왔지만, 예수님이 그마저도 무찌르셨습니다. 이제 그리스도인은 예수님을 따라 사망을 이기고 부활하게 됩니다. 예수님을 처형한 군인들이 신앙 고백을 하기에 이른 것은, 십자가가 이방인 선교의 단초가 되리라는 계시였습니다.

이처럼 십자가는 하나님의 강력한 계시요, 기독교의 핵심입니다. 그러므로 그리스도인은 항상 십자가 밑에서, 예수님의 고난과 구원의 은혜를 묵상하고 그 삶을 가다듬어야 합니다.

누가복음 24장 1~12절

안식 후 첫날 새벽에 이 여자들이 그 준비한 향품을 가지고 무덤에 가서 돌이 무덤에서 굴려 옮겨진 것을 보고 들어가니 주 예수의 시체가 보이지 아니하더라 이로 인하여 근심할 때에 문득 찬란한 옷을 입은 두 사람이 곁에 섰는지라 여자들이 두려워 얼굴을 땅에 대니 두 사람이 이르되 어찌하여 살아 있는 자를 죽은 자 가운데서 찾느냐 여기 계시지 않고 살아나셨느니라 갈릴리에 계실 때에 너희에게 어떻게 말씀하셨는지를 기억하라 이르시기를 인자가 죄인의 손에 넘겨져 십자가에 못 박히고 제삼일에 살아나야 하리라 하셨느니라 한대 그들이 예수의 말씀을 기억하고 무덤에서 돌아가 이 모든 것을 열한 사도와 다른 모든 이에게 알리니 (이 여자들은 막달라 마리아와 요안나와 야고보의 모친 마리아라 또 그들과 함께한 다른 여자들도 이것을 사도들에게 알리니라) 사도들은 그들의 말이 허탄한 듯이 들려 믿지 아니하나 베드로는 일어나 무덤에 달려가서 구부려 들여다보니 세마포만 보이는지라 그 된 일을 놀랍게 여기며 집으로 돌아가니라

부활의 증거 27

「크리스천 센추리」Christian Century는 미국 시카고에서 발행되는 기독교 잡지입니다. 그 잡지의 편집장을 지낸 바 있는 마티 목사님은 젊은 시절에 교회 학교 교사를 했습니다. 초등 학교 3학년을 담임한 어느 해 부활절에, 그분은 반 아이들에게 빈 상자 하나씩을 나누어 주었습니다.

"이 상자에 새 생명을 담아서 다음 주일에 가져오너라."

그 다음 주일에 아이들은 저마다 한 가지씩을 담아서 그 상자를 들고 왔습니다. 계란을 넣어 온 아이, 꽃을 넣어 온 아이, 나비를 넣어 온 아이, 종이를 넣어 온 아이 등 다양했습니다. 마지막으로 장애아인 스티브의 상자를 열어 보니 여전히 빈 상자였습니다. 마티 선생님이 그 연유를 물었습니다.

"스티브는 어째서 아무것도 담아 오지 않았지?"

"선생님! 예수님의 무덤은 비어 있었잖아요?"

조금 모자란 듯한 스티브의 말을 들은 선생님은 얼마나 충격을 받았는지 모릅니다. 그렇습니다, 우리 모두가 지니고 있는 생명이지만, 그것을 설명하는 일은 결코 쉽지 않습니다. 그래도 예수님의 부활이 가장 중요한 생명이라는 사실만은 금세 납득이 됩니다. 스티브의 빈 상자가 선생님에게 그토록 충격을 준 건, 예수님의 빈 무덤이 부활의 증거가 되기 때문이었습니다.

예수님은 고난 주간 즉 주후 33년 유월절 기간 목요일 밤에, 겟세마네 동산에서 로마 병정에게 체포당하셨습니다. 그 날, 밤새도록 재판을 받으신 결과 십자가형을 언도받으셨습니다. 그리고 금요일 오후 3시경에 운명하셨습니다. 그 다음날, 즉 토요일은 유대교의 안식일이었습니다. 율법에 의하면, 십자가에서 처형된 시체는 안식일까지 매달아 둘 수 없었습니다. 예수님의 시체도 십자가에서 내려 처리해야만 했습니다.

예수님 제자들은 스승에게 마지막 도리를 하고 싶었습니다. 아리마대 요셉이란 숨겨진 제자가, 니고데모와 함께 예수님 장례를 준비했습니다. 아리마대 출신 요셉은 이스라엘 최고 의결 기구인 산헤드린 공회 의원이었기 때문에 대단한 권력가였습니다. 그래서 빌라도에게 예수님 시체를 내어 달라고 요청했습니다. 대단한 부자이기도 했던 요셉은, 갈보리 언덕 근처에 사 둔 새 무덤까지 예수님을 위해 내놓았습니다.

그 당시 부자들은 시체를 땅 속에 묻지 않고 동굴의 선반 위에 얹어 두었습니다. 제자들은 예수님의 시체를 긴 세마포로 싸서 그렇게 안치했습니다. 그런 무덤은 문을 닫아서 잠그는 게 아니었습니다. 바퀴처럼 된 커다란 둥근 돌로 여닫았습니다. 예수님은 무덤 속 선반 위에 눕혀지고, 무덤 입구는 남자 20명이 달라붙어야 겨우 움직일 수 있는 커다란 돌로 막았습니다.

오늘 본문 7절에서 보듯이, 예수님은 돌아가시기 전에 당신의 부활을 예언하셨습니다. 그래서 유대교 지도자들은 무덤의 감시를 소홀히 하지 않았습니다. 빌라도는 로마 병정을 잔뜩 풀어서 24시간 예수님 무덤을 감시하게 했습니다. 그런 상태로 예수님 시체는 안식일에 줄곧 무덤 속에 있었습니다. 안식일에는 아무도 예수님 무덤을 찾을 수 없었습니다. 안식일에 예루살렘에서 갈보리까지 가는 건 안식일 법을 어기는 일이기 때문이었습니다. 그 법에 의하면, 안식일에 일정 거리 이상을 이동하는 건 일종의 노동으로서, 제4계명 위반이었습니다. 무덤 상황이 그러했으므로, 부활을 부인하는 자들이 주장하는 것처럼, 누군가 예수님 시체를 훔쳐 가는 건 불가능한 일이었습니다.

십자가 밑에서 예수님 최후를 지킨 여자들 대부분은, 예수님 덕택에 새 삶을 살게 되었습니다. 그래서 진실로 감사하는 마음으로 예수님을 사랑했습니다. 그런 여인들이 안식일 다음날 새벽같이 예수님 무덤을 찾았습니다. 그 당시 이스라엘에는 누군가가 죽으면, 그를 사랑하는 사람들이 그 몸에 향유를 발라 주는 풍습이 있었습니다. 그런데 예수님께는 그렇게 해 드릴 짬이 없었습니다. 예수님이 금요일 오후 3시에 돌아가셨는데, 장례 절차를 밟는 동안 안식

일이 되어 버렸기 때문이었습니다. 이스라엘에서는 금요일 오후 6시부터 안식일이 시작되었습니다. 자정이 아니라, 저녁 6시에 날이 바뀌었다는 뜻입니다. 창조 기사에서 "저녁이 되고 아침이 되니"라고 하여 '저녁'을 먼저 언급한 것도 그 때문이었습니다.

오늘 본문은 열 절을 그 여인들에게 할애했습니다. 그들이 예수님 무덤에 도착했을 때에는, 무덤 입구를 막고 있던 돌이 옮겨져 있었고, 예수님 시체도 보이지 않았습니다. 그들은 예수님의 십자가 죽음을 목도하고, 그 무덤에 표까지 해 두었었습니다. 그렇기 때문에 무덤을 잘못 찾았을 리 없었습니다. 그렇다면 누군가가 예수님 시체를 도둑질해 간 걸까요? 여인들이 근심하고 있는데, 홀연히 두 명의 천사가 나타나 사건을 설명해 주었습니다. 본문 5~6절 말씀을 보십시오.

> 어찌하여 살아 있는 자를 죽은 자 가운데서 찾느냐 여기 계시지 않고 살아나셨느니라

이어서 천사들은, 예수님이 십자가를 지시기 전에 부활을 예언하신 사실을, 여인들에게 상기시켰습니다. 본문 7절 말씀을 보십시오.

> 인자가 죄인의 손에 넘겨져 십자가에 못 박히고 제삼일에 다시 살아나야 하리라

예수님이 체포되신 이후 대부분의 제자는 숨어 버렸습니다. 자기들에게도 어떤 위해危害가 가해질지 모른다는 두려움 때문이었

습니다. 그들은 예수님 장례식에도 나타나지 않았습니다. 우리는 예수님 제자들을 그 신앙에 따라 세 부류로 나누어 볼 수 있습니다.

우선, 앞에서 살펴본 여인들은 예수님을 지극히 사랑했습니다. 그 사랑 까닭에 여인들은 최초로 부활의 증인이 되는 영광을 누렸습니다. 천사의 말을 듣고 예수님의 부활을 깨달은 여인들은, 열한 사도와 다른 모든 이에게 그 사실을 알렸습니다9절. 그에 대한 반응을 통해 나머지 두 부류의 사람을 찾아낼 수 있습니다.

베드로와 요한은 부활 소식을 듣고 곧바로 예수님 무덤으로 달려갔습니다. 본문은 베드로 혼자 무덤에 간 걸로 기술하고 있지만, 요한복음에 따르면 베드로와 요한이 함께 달려갔습니다. 두 사람은 빈 무덤을 확인하고, 역시 예수님의 부활을 믿었습니다.

나머지 제자들은 여전히 숨어 있었습니다. 부활의 증언을 듣고도 부활을 믿을 수 없기 때문이었습니다.

그렇다면 여러분은 어떻습니까? 예수님의 부활 사건이 믿어지십니까? 아니면, 아직도 믿지 못해 그 마음이 서성이고 있는 건 아닌지요? 이 사건은 합리적 지식의 영역에 속한다고 단언할 수는 없습니다. 그렇다고 초월적 지식으로 분류하기도 어렵습니다. 예수님의 부활이 역사적 사건임은 얼마든지 증명할 수 있기 때문입니다. 부활의 증거 세 가지를 살펴봅니다.

첫째는, 예수님의 빈 무덤이 부활의 증거입니다.

이는 본문 말씀을 통해서 분명히 확인할 수 있는 바입니다. 12절 말씀을 보십시오.

> 베드로는 일어나 무덤에 달려가서 구부려 들여다보니 세마포만 보
> 이는지라 그 된 일을 놀랍게 여기며 집으로 돌아가니라

비록 예수님을 세 번씩이나 부인한 과거가 있긴 하지만, 베드로는 역시 수제자다웠습니다. 그는 예수님의 부활 소식을 듣자마자 무덤으로 내달렸습니다. 그리고 빈 무덤을 확인했습니다. 거기에서 베드로가 놀랍게 여긴 것은, 예수님 몸을 감쌌던 세마포였습니다. 부활을 부인하는 자들이 주장하는 대로 누군가가 예수님 시체를 훔쳐 갔다면, 수의를 벗긴 채 알몸으로 가져갔을 리 없기 때문이었습니다. 게다가 다른 복음서를 보면, 예수님 수의가 잘 개켜져 있는 게 아니었습니다. 세마포와 두건이 놓여 있는 모습을 보면, 시체가 누워 있는 상태에서 몸만 그대로 빠져 나간 형상이었습니다. 그것은 예수님 자신의 능력으로만 연출이 가능한 정황이었습니다.

둘째는, 사복음서의 부활 기사가 상이함이 부활의 증거입니다.

생각해 보십시오. 여러분이 지금 여기에서 똑같이 저의 설교를 듣고 있지만, 밖에 나가 누군가에게 전할 때에는 그 내용이나 강조점이 조금씩 달라질 수 있습니다. 그런데 만약 우리가 뭔가를 거짓으로 꾸민다면, 모두가 말을 맞추기로 약속을 해야만 할 것입니다. 거짓임을 감추기 위해서 말입니다. 예수님의 부활이 거짓이라면 마태, 마가, 누가, 요한은 그 기사를 아주 정확히 맞춰 똑같이 기록했을 것입니다. 그래야 거짓이 들통 나지 않을 테니까 말입니다.

셋째는, 부활 기사가 로마 제국에서 살아남았음이 부활의 증거입니다.

로마 사람은 실용적이고 실증적인 사고에 익숙했습니다. 그래서

로마 시대에는 법학이나 건축, 토목 등이 발달했습니다. 역사 또한 실제로 증명된 사실만 기록했습니다. 언감생심焉敢生心 허튼 소리를 역사에 기록할 수는 없었습니다. 부활 기사가 그런 분위기의 로마 제국을 뚫고 역사에 살아남았다는 사실이야말로 부활의 증거가 아닐 수 없습니다.

　사랑하는 교우 여러분!
　기독교의 복음은 빈 무덤으로부터 시작됩니다. 빈 무덤은 기독교 교리의 핵심입니다. 예수님의 부활이 기독교를 만들었고, 그리스도인을 존재하게 했습니다. 그러므로 부활을 믿는 사람은 예수님처럼 부활할 것이고, 그렇지 못한 사람은 지옥으로 떨어져 영원한 형벌을 받을 것입니다.
　예수님이 부활하신 증거는 다름 아닌 빈 무덤입니다. 사복음서의 부활 기사가 각각 다르고, 그것이 로마 제국에서 살아남았음이 또한 부활의 증거입니다.
　죽음은 끝이 아닙니다. 죽음은 진정한 삶의 시작입니다. 그리고 그 삶은 영원합니다. 어떻습니까, 이제 예수님의 부활 사건이 믿어지는지요? 아니, 부활의 새벽에 예수님 무덤을 찾은 여인들처럼, 우리도 부활의 증인으로 나서야겠습니다.

고린도전서 15장 20~23절

그러나 이제 그리스도께서 죽은 자 가운데서 다시 살아나사 잠자는 자들의 첫 열매가 되셨도다 사망이 한 사람으로 말미암았으니 죽은 자의 부활도 한 사람으로 말미암는도다 아담 안에서 모든 사람이 죽은 것같이 그리스도 안에서 모든 사람이 삶을 얻으리라 그러나 각각 자기 차례대로 되리니 먼저는 첫 열매인 그리스도요 다음에는 그가 강림하실 때에 그리스도에게 속한 자요

28 부활의 첫 열매

스위스의 유명한 정신과 의사이자 기독교 상담 심리학자인 폴 투르니에가 자신의 저서 『경청하기』Listening Ear에서 고백한 이야기입니다. 투르니에 부부는 참으로 금슬이 좋았습니다. 그런데 어느 해에 부부가 그리스 여행을 하던 중, 아내가 그만 병을 얻었습니다. 부부는 병을 고치려고 백방으로 노력했지만, 부인은 결국 심장마비로 세상을 뜨고 말았습니다. 부인이 세상을 떠나는 순간은 아름답다 못해 장엄했습니다. 부인은 아주 평화로운 얼굴로 미소를 띠면서 남편에게 말했습니다. 남편의 손을 꼭 잡은 채 말입니다.

"오늘 천국에 도착하면, 당신 부모님을 만나 아주 즐거운 시간을 보낼 거예요."

폴이 그 말을 듣고 얼마나 큰 충격을 받았는지 모릅니다. 폴은 모태 신앙을 지닌 사람으로, 어려서부터 예수를 믿어 왔지만, 그런 신앙에 이르지는 못했습니다. 아내의 임종을 하면서, 폴은 참으로 큰 믿음을 얻었습니다. 그리고 이런 신앙 고백을 했습니다.

"오직 부활 신앙만이 인간을 인간 되게 하고, 생명을 생명 되게 합니다."

마침내 아내를 따라 폴도 부활 신앙을 지니게 된 것이었습니다.

고린도전서는 사도 바울이 고린도 교회에 첫번째로 보낸 편지입니다. 바울이 영적 슬럼프에 빠졌을 때 개척한 교회여서 그랬을까요, 고린도 교회는 말도 많고 탈도 많은 문제투성이 교회였습니다. 그 중 하나가, 예수 그리스도의 부활을 믿지 않는 교인이 상당수라는 사실이었습니다. 그리스, 로마 등 고대 세계는 영혼의 불멸은 믿었습니다. 그러나 유대교를 제외하고는 육체의 부활을 믿는 종교는 없었습니다. 그리스 도시 고린도 사람들 역시 육체의 부활을 믿지 않았습니다. 그래서 바울이 고린도전서 15장 전체를 예수 그리스도의 부활을 증언하는 데 할애해, 고린도전서 15장은 부활장이란 이름을 얻었습니다.

예수 그리스도의 부활은 진리 가운데서도 핵심 진리입니다. 부활은 기독교 신앙의 핵심일 뿐만 아니라, 뿌리입니다. 무엇보다도 바울이 고린도 교회에 전한 복음의 핵심입니다. 그러므로 고린도 교회가 부활을 믿지 않는다는 건, 복음을 믿지 않는다는 뜻이었습니다. 예수님의 지상 생애가 십자가 죽음으로 끝났다면, 우리의 구원도 물 건너가고, 그리스도인은 소망 없는 불쌍한 존재로 전락했을 것입니다. 그러기에 예수님의 부활은 우주적이고, 역사적인 사건이요, 하나님의 창조적 사건입니다.

만약 예수님의 부활이 역사적 사실이 아니라면, 그 기록이 남아 있을 수 없습니다. 예수님 당시 이스라엘은 로마 식민지였고, 그래서 부활 사건은 로마 제국 한가운데서 일어난 셈입니다. 로마 제국의 역사학은 실증주의를 견지했기 때문에, 사실로 판명된 내용이 아니고서는 절대로 역사 기록으로 올라갈 수 없었습니다. 예수님의 부활 사건이 그런 로마 제국을 뚫고 어엿이 기록으로 남았다는 건, 부활이 실제로 일어난 역사적 사건이라는 강력한 증거입니다.

바울은 본문을 통해 부활 사건의 의미를 차근차근 설명합니다. 20절 말씀을 보십시오.

> 그러나 이제 그리스도께서 죽은 자 가운데서 다시 살아나사 잠자는 자들의 첫 열매가 되셨도다

여기의 '잠자는 자'는 죽은 사람을 가리킵니다. 바울이 죽은 걸 잠잔다고 표현한 이유는 무엇일까요? 예수님도 여러 곳에서 죽은 걸 잔다고 표현하셨습니다. 어떤 죽음이든 예수님이 깨우시면 마치 잠을 자고 있었던 것처럼 깨어 날 수 있기 때문에, 그렇게 말씀하셨습니다. 하지만 그보다 더 중요한 이유가 있습니다. 사람은 육체가 죽었다고 해서 그 생명까지 죽는 게 아닙니다. 사람이 죽은 후에도 본질적 생명은 살아 있습니다. 그러므로 한번 지구상에 존재한 사람의 생명은 절대로 사라지지 않습니다. 이쯤 되면 죽은 것이 자는 거 아니겠습니까?

'열매'는 생명이 발전해 가는 마지막 단계입니다. 씨가 뿌려지고,

싹이 나고, 꽃이 피면, 식물이 마지막으로 도달하는 게 열매이기 때문입니다. 열매는 생명의 뿌리가 되기도 합니다. 그 열매로 다시 씨를 뿌리기 때문입니다. 열매는 생명의 발전 과정에서 마지막 단계인 동시에 목적 단계입니다.

생명의 단계는 다섯 단계로 헤아려 볼 수 있습니다.

첫째는, 식물적 생명의 단계입니다.

둘째는, 동물적 생명의 단계입니다.

셋째는, 인간의 단계입니다.

동물은 혼과 몸밖에 없는데, 인간은 거기에 영이 더해졌습니다. 게다가 영에는 하나님 형상이 새겨져 있습니다. 그래서 인간은 동물과 하나님의 중간에 위치해 있지만, 하나님 쪽에 훨씬 가까운 존재가 되었습니다. 인간의 생명은 거기서 그치지 않습니다.

넷째는, 그리스도인의 단계입니다.

그리스도인은 하나님과 함께 인생길을 걸어가는 사람이기에, 보통 사람보다 한 단계 높은 차원의 생명을 누립니다. 그러기에 그리스도인은 세상 사람과 전혀 다른 삶을 삽니다.

다섯째는, 그리스도적 생명 즉 부활 생명의 단계입니다.

이는 죽음을 통과한 후에 도달하는 단계로, 생명의 완성 단계입니다. 부활하신 예수님이 새로운 몸을 입으신 단계입니다. 그 몸은 음식을 먹어도 그만, 안 먹어도 그만입니다. 그런가 하면 시간과 공간의 제약을 초월한 몸이기에, 문이 잠겨 있는 방에도 바람처럼 들어갈 수 있습니다.

이제 '첫 열매'를 살펴보겠습니다. 구약 시대 이스라엘은 그 해에 맨 처음 수확한 것을 하나님께 바쳤습니다. 첫 열매가 맺히면, 그 다음에도 같은 열매가 계속해서 맺히게 되어 있습니다. 예수님의 부활은 전체 부활의 첫 열매요, 계약금이요, 1기분이요, 시작입니다. 그러므로 다음 열매가 계속 열릴 것이고, 중도금이 치러질 것이고, 2기분이 진행될 것입니다. 다음 열매, 중도금, 2기분은 다름 아닌 그리스도인입니다. 그리스도인은 예수님 다음으로 부활할 것입니다. 그러면 어떻게 그런 일이 가능한 걸까요? 21~22절 말씀이 그 원리를 설명합니다.

아담이 선악과를 따먹어 범죄함으로써 전 인류가 영적 죽음에 이르렀습니다. 그리고 육신이 죽는 날 지옥으로 가게 되었습니다. 아담이 죄를 짓지 않았더라면, 인간은 살아서 천국으로 직행해 영원히 살 수 있었습니다. 그런데 아담의 죄가 원죄라는 이름으로 인류의 유전자DNA 속에 저장되어, 인류를 사망의 그늘에 가두었습니다. 왜 그렇게 되었을까요? 아담이 단순한 한 사람이 아니라 인류의 대표이기 때문이었습니다.

이 대표성의 원리는 예수님의 부활에도 그대로 적용됩니다. 21~22절 말씀을 보십시오.

> 사망이 한 사람으로 말미암았으니 죽은 자의 부활도 한 사람으로 말미암는도다 아담 안에서 모든 사람이 죽은 것같이 그리스도 안에서 모든 사람이 삶을 얻으리라

아담 안에서 모든 사람이 죽음의 형벌 아래 놓였습니다. 하지만

그리스도가 오심으로써 그 죄의 사슬이 끊겼습니다. 예수님이 죄가 없기 때문에 죽음을 정복하신 것이었습니다. 그리하여 모든 그리스도인이 예수님 안에서 죽음을 정복하고 부활하게 되었습니다.

대표성의 원리에 의해 아담의 범죄와 예수님의 부활 효력이 모든 사람에게 미칩니다. 하지만 둘 사이에는 약간의 차이가 있습니다. 전 인류가 아담 안에서 죄인이 되는 건 자동적이고 유전적입니다. 하지만 그리스도의 죽음과 부활의 효력은 개별적이고, 신앙적으로 작용합니다. 다시 말하면, 그리스도의 죽음과 부활의 효력은 그리스도인에게만 적용됩니다. 예수님이 구원 사역을 완성하셨다고 해서 사람이 가만히 있어도 자동적으로 천국에 가고 부활하는 게 아니란 뜻입니다. 사람은 반드시 교회를 다니면서 예수를 믿어야 첫 열매이신 예수님처럼 부활할 수 있습니다.

그러면 우리가 예수님처럼 부활하는 건 언제일까요? 23절 말씀을 보십시오.

> 그러나 각각 자기 차례대로 되리니 먼저는 첫 열매인 그리스도요 다음에는 그가 강림하실 때에 그리스도에게 속한 자요

부활은 차례대로 이루어집니다. 예수님이 먼저 부활하셨고, 그 다음에는 '그리스도에게 속한 자', 즉 그리스도인이 부활합니다.

그리스도인이 죽으면 육체는 무덤에 갇히고, 영혼은 천국으로 갑니다. 그러다가 예수님이 재림하실 때, 무덤 속의 육체가 모조리 부활합니다. 예수님 재림 때에 살아 있는 사람은 그대로 부활합니

다. 하지만 부활 이전의 몸과 부활 이후의 몸은 전혀 다릅니다. 부활한 몸은 부활하신 예수님 몸과 똑같은 영광의 몸이기 때문입니다. 그리스도인도 예수님처럼 부활을 통해 생명의 최종 단계인 그리스도적 생명에 이릅니다.

사랑하는 교우 여러분!
십자가와 부활이 없으면 기독교도 없습니다. 우리가 안식일이 아니라 주일에 예배를 드리는 것도 예수님의 부활을 축하하고, 부활에의 소망을 즐거워하기 위함입니다. 여러분은 지금 어느 생명의 단계를 살고 계십니까? 중생한 분은 그리스도인의 단계를, 그렇지 못한 분은 인간의 단계를 살고 계실 것입니다. 그리스도적 생명은 예수님이 재림하시어 우리가 부활할 때 비로서 얻을 수 있습니다.
이처럼 우리는 이 세상에서 충분한 만족을 누리도록 지어지지는 않았습니다. 하나님을 위한 존재로 창조되었을 뿐입니다. 그러므로 하나님께 나아가야만 내 길을 찾을 수 있고, 미래에 대한 불안도 떨칠 수 있습니다. 우리가 주일마다 교회에 나와 예배를 드려야 하는 것도 그 때문입니다. 예배는 우리 삶의 첫 열매입니다. 나의 예배가 하나님께 온전히 바쳐지면, 내 모든 삶이 하나님께 바쳐진 것입니다. 하나님이 그 삶을 받으셔서 하나님 뜻대로 인도하십니다. 그런데 무엇이 불안하고 무엇이 두렵겠습니까? 부활 신앙을 지닌 사람에게는 미래가 불안과 두려움이 아니라, 아름다운 설렘입니다.

5부

만남과 변화

29 창조적 변화
30 사울이 스데반을 만났을 때
31 자기 개혁자의 행로
32 아버지를 알려 주자
33 기독교 명문가의 시조

고린도후서 5장 15~17절

그가 모든 사람을 대신하여 죽으심은 살아 있는 자들로 하여금 다시는 그들 자신을 위하여 살지 않고 오직 그들을 대신하여 죽었다가 다시 살아나신 이를 위하여 살게 하려 함이라 그러므로 우리가 이제부터는 어떤 사람도 육신을 따라 알지 아니하노라 비록 우리가 그리스도도 육신을 따라 알았으나 이제부터는 그같이 알지 아니하노라 그런즉 누구든지 그리스도 안에 있으면 새로운 피조물이라 이전 것은 지나갔으니 보라 새 것이 되었도다

창조적 변화   29

아일랜드 공화국은 3P로 유명합니다. People인구, Poverty가난, Potato감자. 국토는 좁은데 인구가 많아서 가난하고, 또 감자를 주식으로 삼기 때문입니다. 모두 다 가난하기 때문에 한 집안의 재산이라고 해 봐야 보잘것 없는 것이긴 하지만, 그나마도 모조리 장남에게 상속됩니다. 그래서 아버지가 돌아가시면, 나머지 형제들은 빈 털터리로 독립을 해야 합니다. 1800년대 초반, 아일랜드 젊은이들이 미국 이민을 시작한 건 바로 그 때문이었습니다. 그들은 머슴이 되고 하녀가 될 서글픈 꿈을 안고서 조국을 등져야만 했습니다.

브리짓이라는 처녀도 미국행 배 안에서 같은 처지의 청년 패트릭 케네디1823~1858를 만났습니다. 그들은 미국에 도착해서 결혼을 하여 네 명의 자녀를 두었습니다. 그런데 브리짓이 서른일곱 살 되던 해에 그만 남편이 죽고 말았습니다. 브리짓은 앞이 캄캄했지만 자식 넷을 먹여살려야 했기에, 온갖 험한 일을 마다하지 않았습니다. 그리하여 마침내 어엿한 가정으로 일으켜 세웠습니다. 브리짓의 자녀들은 거기서 한 걸음 더 나아가 케네디 가家를 미국에서 내로라하는 재벌 가문으로 만들었습니다.

브리짓의 손자 조지프 케네디1888~1969는 경제적 성공을 넘어서 맏아들 조를 미국 대통령으로 만들겠다는 꿈을 세웠습니다. 조지프는 "1등이 되어라. 2등은 지는 것."이라는 교훈으로 자녀를 양육했습니다. 그런 아버지의 뜻과 교훈을 좇아서, 맏아들 조는 공부도, 운동도, 남을 돕는 일도 모두 1등이었습니다. 그에 비해 둘째 아들 존은 운동을 빼놓고는 잘 하는 게 없었습니다. 그는 먹는 것을 엄청 좋아했고, 노는 것은 둘째 가라면 서러울 정도였습니다. 그래도 글쓰기를 좋아해서 대학을 졸업하고 신문 기자가 되었습니다. 스물여덟 살 청년 존은 인생을 즐겼습니다. 아니, 20대에 벌써 유부녀들과 놀아날 만큼 바람둥이였습니다.

그런데 세계 제2차 세계 대전이 일어나 케네디 가家도 장남과 차남이 나란히 해군에 입대했습니다. 바로 그 전쟁에서 장남이 전사하는 불행한 일이 일어났습니다. 아버지는 낙심천만해서 우울한 나날을 보냈습니다. 존은 그런 아버지를 보는 것이 몹시도 괴로웠지만, 그렇다고 자신이 형을 대신해서 정치가가 될 생각은 추호도 없었습니다. 그런 채로 어느 만큼의 시간이 흐른 뒤, 아버지가 느닷없이 존을 불러앉혔습니다.

"존! 나는 가난 때문에 미국으로 건너온 아일랜드 이민 3세다. 이제 가난을 떨치고 부자가 되었으니 미국을 위해 뭔가 해야 할 것 같다. 그래서 네 형을 대통령으로 만들 결심을 한 건데 그만……. 이제 그 꿈을 네게 걸어 보고 싶은데, 네 생각은 어떠냐?"

존은 여전히 정치가가 될 생각이 없었는데도 불구하고, 상황에 떼밀려 하원 의원이 되고 말았습니다. 그렇게 되자 존은 아예 정신을 차리고 아버지의 꿈을 이루어 드리리라 결심했습니다. 바로 그 순간, 그는 새로운 사람으로 다시 태어났습니다.

'이제 나는 대통령이 되어야 할 몸인데……'

이 생각만 하면 모골이 송연해져, 예전과는 달리 처신할 수밖에 없었습니다. 그런 존은 마흔넷이란 나이에 진짜로 미국 대통령이 되었습니다. 그것도 미국 역사상 가장 젊은 나이에 대통령이 되었을 뿐 아니라, 가장 인기 있는 대통령으로 남았습니다.

인간이 한평생 경험하는 변화는 세 가지입니다.

진화론적 변화는, 세월이 가고 나이를 먹으면 저절로 생기는 변화입니다. 우리 청년부 친구들의 경우, 청년부 회원이 되기 위해 특별히 한 일은 없습니다. 그저 고등부를 졸업하면 저절로 청년부 식구가 됩니다. 또, 작년에는 1미터 65센티미터이던 키가 어느 새 1미터 75센티미터가 되었습니다. 이런 것이 진화론적 변화입니다. 가만히 있어도 생기는 변화요, 동물에게도 일어나는 변화입니다. 한평생 이런 변화밖에 경험하지 못한다면, 참으로 불쌍한 사람입니다.

인격적 변화는, 교육에 의해 발생하는 발전적 변화입니다. 사람이 공부를 통해 무엇인가를 새롭게 느끼고, 깨닫고, 결심하면, 그 인격이 성장하고 그 삶이 바람직하게 변합니다. 앞에서 살펴본 케네디 대통령의 이야기는 전형적인 인격적 변화입니다. 아버지가 자신의 꿈을 전수하는 교육을 한 덕택에, 바람둥이 청년 존 F. 케네디

1917~1963가 미국 역사상 가장 위대한 대통령 중 하나가 되었기 때문입니다. 인격적 변화는 이처럼 대단한 기능을 수행합니다. 하지만 그것만 가지고는 본질적 변화를 경험할 수 없습니다. 그것이 하나님과 무관한 변화이기 때문입니다.

창조적 변화는, 인간의 영에 일어나는 것으로, 오직 그리스도인에게 가능한 본질적 변화입니다. 창조란 무에서 유를 만들어 내는 작업입니다. 그래서 창조는 하나님만이 하실 수 있고, 창조적 변화 또한 하나님 능력에 의해서만 가능합니다. 하나님이 그 영에 창조적 변화를 일으켜 주신 사람이, 오늘 본문에서 말하는 새로운 피조물입니다. 따라서 새로운 피조물이란, 본질적 변화를 경험한 사람입니다.

그러면 인간이 창조적 변화를 경험해야만 하는 이유는 무엇일까요?

사람은 몸과 혼과 영으로 구성되어 있습니다. 하나님이 천지 창조 때 사람을 당신 형상대로 만드셨는데, 그 형상이 새겨진 곳이 영입니다. 사람은 영으로 하나님과 교제하고, 하나님께 예배드리고, 하나님 말씀을 배웁니다. 학교 공부는 혼의 영역에서 담당합니다. 아이큐란 혼의 능력을 수치로 나타낸 것입니다. 몸은 그런 영과 혼을 담고 있는 소중한 실재reality입니다.

그러면 죄는 또 무엇일까요? 죄란 하나님 명령을 어기는 것입니다. 사람이 죄를 지으면 그 영이 죽습니다. 몸은 살아 있지만 혼이 죽은 사람을 식물 인간이라고 합니다. 그러면 몸은 살아 있는데 영이 죽은 사람은 어떨까요? 영적 식물 인간입니다. 아담은 하나님 명령을 어기고 선악과를 따먹어, 영적 식물 인간이 되었습니다. 지옥은 영적 식물 인간이 모여 사는 곳입니다. 아담의 죄는 전 인류를 지옥의 운명으로 빠뜨렸습니다. 그래서 아직 태어나지 않은 아기까지도 이미 지옥 백성입니다. 참으로 가엾고 끔찍한 일이 아닐 수 없습니다. 공의의 하나님은 이토록 무섭게 인간의 죄를 심판하십니다. 하지만 사랑의 하나님은 재창조 사역을 통해 그런 인간을 구원해 주십니다.

사실, 하나님은 태초에 창조 사역을 모두 마치셨기 때문에, 더 이상 창조 사역을 하지 않으십니다. 그런데 딱 한 가지 예외가 있습니다. 죽은 영을 살리시어 인간을 재창조하시는 일만은 예수님 재림 때까지 계속하십니다. 그래야 지옥으로 떨어진 인간을 구제할 수 있기 때문입니다. 예수님이 인간으로 이 세상에 오시어 십자가를 지신 것도 그 때문입니다. 이런 사실을 믿어 예수님을 구세주로 영접하는 사람은, 그 영이 되살아나서 천국에 갈 수 있게 됩니다. 이것이 중생이요, 그런 재창조의 역사를 입은 사람이 새로운 피조물입니다. 그러므로 인간이 창조적 변화를 경험해야 하는 건, 지옥에서 천국으로 이사를 가기 위해서입니다. 다시 말하면, 인간이 구원에 이르기 위해서는 창조적 변화를 경험해야만 합니다.

하나님의 재창조 사역은 사람의 죽은 영을 다시 살리십니다. 그것이 중생이요, 창조적 변화입니다. 그렇게 거듭난 사람은 지옥에서 천국으로 이민 가는 본질적 변화를 경험합니다. 새로운 피조물이란 바로 그런 변화를 경험한 사람입니다. 그런 변화는 전적으로 하나님 능력에 의해서 이루어집니다. 인간 스스로 창조적 변화를 할 수는 없습니다. 그렇다면 새로운 피조물로서, 혹은 새로운 피조물이 되는 날을 위해, 우리가 할 수 있는 일은 어떤 게 있을까요?

첫째는, 교회 정규 예배에 반드시 출석합니다.

본문 17절 말씀을 보십시오. '그리스도 안에 있으면 새로운 피조물'이라고 했습니다. 이는 새로운 피조물이 되려면, 그리스도 안에 있어야 한다는 말씀입니다. '그리스도 안에 있다'는 건 예수님이 나의 구세주이심을 믿고, 그분을 주인으로 모신다는 뜻입니다. 사람이 그렇게 되려면 주일과 수요일에는 반드시 교회 나와서 예배를 드려야 합니다. 성령 하나님은 성부 하나님 말씀에 따라서만 움직이시기 때문에, 우리는 예배가 있고 말씀이 있는 자리를 사모해야 합니다. 예배를 드리는 동안, 성령 하나님이 우리 영에 외과 수술을 하셔서 영을 건강하게 해 주십니다. 우리가 말씀과 함께 할 때, 성령 하나님이 그 말씀 위에 역사하십니다. 창조적 변화는 바로 그런 과정에서 일어납니다. 그리스도인의 삶이 예배로 시작해서 예배로 끝나야 하는 건 바로 그 때문입니다.

둘째는, 우리의 공간 개념과 자아 정체성을 확대해 갑니다.

본문 16절 말씀을 보십시오.

> 그러므로 우리가 이제부터는 어떤 사람도 육신을 따라 알지 아니하노라 비록 우리가 그리스도도 육신을 따라 알았으나 이제부터는 그같이 알지 아니하노라

예수님은 하나님 아들로서 나의 구세주이십니다. 그런데 예수님

을 요셉과 마리아의 아들로만 생각한다면 '육신을 따라' 아는 것입니다. 그와 마찬가지로 이제는 우리 자신도 '육신을 따라' 알아서는 안 됩니다. 예수님이 나를 위해 십자가에서 돌아가셨기 때문에, 나는 하나님 나라의 소중한 백성입니다. 그래서 우리의 소속은 지구에 그치는 게 아닙니다. 몸은 서울에 있지만 우리 마음은 세계를, 나아가서 우주를 품어야 합니다. 나 자신을 바라볼 때도, 그냥 내가 아니라 하나님 안에 사는 나를 생각해야 합니다. 이처럼 우리 교우들이 물리적 여건을 초월하는 의식을 가질 때, 대한 민국 곳곳에서 사람들이 돈는 해 교회로 몰려드는 놀라운 역사도 꿈꿀 수 있을 것입니다. 그렇게 되면 교회 공동체 자체가 새로운 피조물이 되는 것입니다.

셋째는, 예수 그리스도 안에서 자랑거리를 만들어 갑니다.

누군가가 여러분에게 각자의 자랑거리를 하나씩 대라고 한다면, 어떤 대답을 하시겠습니까? 마음 속에서 한번 말씀해 보십시오. 그 자랑이 예수님과는 어떤 관계가 있는지도 가늠해 보십시오. 본문 15절 말씀을 살펴보겠습니다.

> 그가 모든 사람을 대신하여 죽으심은 살아 있는 자들로 하여금 다시는 그들 자신을 위하여 살지 않고 오직 그들을 대신하여 죽었다가 다시 살아나신 이를 위하여 살게 하려 함이라

예수님이 나를 위해 십자가에서 돌아가시고 부활하셨기 때문에, 이제 나는 예수님을 위해서 살아야 합니다. 자랑 또한 예수님으로 인한 것이어야 합니다. 그런 자랑거리는 아무리 많이 만들어도 사

람을 교만하게 하지 않습니다. 거기서 한 걸음 더 나아가, 내 자신이 돋는 해 교회의 탁월한 자랑이 되는 수준에 이른다면, 그는 이미 새로운 피조물입니다.

사랑하는 교우 여러분!
그리스도인만이 창조적 변화를 입어 새로운 피조물이 됩니다. 그것이 중생이요, 하나님의 재창조 역사役事입니다. 그러기에 어떤 사람이 새로운 피조물이 되는 건 전적으로 하나님 소관입니다. 그렇다고 해서 우리가 마냥 손을 놓고 있을 수만은 없습니다.
새로운 피조물로서, 혹은 새로운 피조물이 되는 날을 위해, 우리는 우선, 교회의 정규 예배에 빠짐없이 출석해야 합니다. 또, 공간 개념을 확장하여 우주를 가슴에 품고, 하나님 나라 백성으로서의 정체성도 확고히 해야겠습니다. 그런 다음에는, 예수 그리스도로 인한 자랑거리를 만들어 갑니다. 그 자랑거리들을 가지고 돋는 해 교회를 자랑합시다. 목사님을 자랑하고, 교우들을 자랑해서, 지옥을 향해 걸어가고 있는 불쌍한 사람들을 우리 교회로 안내합시다. 그렇게 하는 것이 예수님을 위해 사는 사람의 길 아니겠습니까?

사도행전 7장 54절~8장 1절 상반절

그들이 이 말을 듣고 마음에 찔려 그를 향하여 이를 갈거늘 스데반이 성령 충만하여 하늘을 우러러 주목하여 하나님의 영광과 및 예수께서 하나님 우편에 서신 것을 보고 말하되 보라 하늘이 열리고 인자가 하나님 우편에 서신 것을 보노라 한대 그들이 큰 소리를 지르며 귀를 막고 일제히 그에게 달려들어 성 밖으로 내치고 돌로 칠새 증인들이 옷을 벗어 사울이라 하는 청년의 발 앞에 두니라 그들이 돌로 스데반을 치니 스데반이 부르짖어 이르되 주 예수여 내 영혼을 받으시옵소서 하고 무릎을 꿇고 크게 불러 이르되 주여 이 죄를 그들에게 돌리지 마옵소서 이 말을 하고 자니라 사울은 그가 죽임당함을 마땅히 여기더라

사울이 스데반을 만났을 때 30

 우리는 일정 기간 국가에서 시행하는 공교육을 받았을 뿐만 아니라, 어떤 의미에서는 모두 다 교육자입니다. 그렇다면 교육에 대해 얼마나 알고 계십니까? 우선, 교육의 어원은 무엇일까요? 가르치고 기른다는 뜻의 한자 '敎育'교육이 맨 처음 나타난 건 동양의 고전 맹자에서였습니다. 『孟子』맹자 "盡心章 上"진심장 상을 보면 군자의 세 가지 즐거움이 나옵니다.
 "군자에게는 세 가지 즐거움이 있지만 천하에 왕 노릇하는 것은 거기에 들어가지 않는다.
 부모가 생존해 계시고 형제에게 아무 사고가 없는 것이 첫번째 즐거움이요,
 우러러보아 하늘에 부끄럽지 않고 굽어보아 사람에게 부끄럽지 않은 것이 두 번째 즐거움이다.
 천하의 뛰어난 인재를 얻어서 그를 교육하는 것이 세 번째 즐거

움이다."

왕 노릇하는 것은 군자의 세 가지 즐거움에 포함되지 않는다고 선언한 맹자는, 세 번째 즐거움을 설명하면서 교육이란 말을 사용했습니다.

"得天下英才而教育之三樂也" 득천하영재이교육지삼락야

그러면 교육이란 또 무엇일까요? 교육의 정의는 무수히 많습니다. 학자마다 그 정의를 다르게 내리기 때문입니다. 그 많은 교육의 정의는 다음과 같이 두 가지 범주로 아우를 수 있습니다.

첫째로, 전통적 교육관을 지닌 사람은 교육을 인간 행동의 의도적 변화라고 정의합니다. 그런 이들에 의하면, 인간은 백지 상태로 태어납니다. 백지는 하나의 가능성이요, 본바탕입니다. 교육이란 바로 그 백지 위에, 필요한 그림을 그려 가는 과정입니다. 그러면 백지 위에 어떤 그림을 그리느냐가 아주 중요해집니다. 바로 그 일을 담당하는 교사가 자라나는 세대에게 교과 내용을 주입식으로 가르쳐서, 국가와 사회가 필요로 하는 인간상을 만들어 냅니다. 그래서 이 교육관을 수공업적 교육관이라고도 합니다.

둘째로, 아동 중심적 교육관을 지닌 사람은 교육을, 어린 인간이 그의 내적 성장 질서에 따라 조화롭게 성장하도록 돕는 활동이라고 정의합니다. 교육에 대한 이런 정의는, 인간은 태어날 때 이미 그 속에 어떤 청사진을 지니고 있음을 전제합니다. 갓난아이가 말을 배워 가는 걸 보면, 아이 속에 언어, 특히 모국어를 습득할 수 있는 어떤 프로그램이 장착되어 있음을 인정하지 않을 수 없습니다.

인간은 또 저마다 다른 잠재 능력을 지니고 있는 달란트의 존재입니다. 교사는 아동이 그런 재능을 발현할 수 있도록 돕는 존재에 지나지 않습니다. 아동 중심적 교육관은 이처럼 아동의 위상을 고양시키는 공헌을 했지만, 열린 교육의 폐해를 초래하기도 했습니다.

전통적 교육관은 '만드는 교육'을, 아동 중심적 교육관은 '기르는 교육'을 해 왔습니다. 그런데 20세기에 이르러 '만남의 교육'을 주장하는 학자들이 출현했습니다. 사람은 어느 순간, 계획하거나 예측한 바 없이 갑작스런 변화를 경험할 수 있습니다. 제3의 교육관이라 할 수 있는 만남의 교육은, 그런 경험을 중요한 교육 요소로 간주합니다. 사람이 한평생을 살아가노라면, 뜻하지 않은 사건이나 사람을 만나 그 삶의 방향이 완전히 바뀌는 일이 얼마든지 일어날 수 있습니다. 하나님과의 만남이야말로 그 전형적인 예가 아니겠습니까? 기독교 교육학에서는 그런 '만남'과 '변화'의 개념을 본질적인 교육의 모티브로 여깁니다.

그리고 교육이란 건 원래 의도적으로 계획되고 연속적으로 행해져야 효과를 얻을 수 있는 활동입니다. 만남의 교육에는 그런 의도성과 연속성이 전혀 없습니다. 그런데도 그 어느 것보다 강력하게 작용해서 인간을 180도 바꾸어 놓습니다.

오늘 본문에서 우리는 그런 만남의 교육 현장 하나를 목격합니다. 스데반을 만난 사울이 바울로 변화되어, 정반대의 삶을 살기 시작했기 때문입니다. 그러면 스데반은 어떻게 해서 그렇게 대단한 만남의 교육을 베풀 수 있었을까요?

첫째로, 스데반은 하나님의 진리만을 전했습니다.

초대 교회 시절, 예루살렘 교회는 베드로의 설교로 순식간에 교인 수가 만여 명에 이르렀습니다. 그에 따라 과부 수도 급증해서, 사도들은 아침마다 가난한 과부를 돕는 교회 프로그램에 시간을 다 바쳐야 했습니다. 그 때문에 기도하고 말씀 준비할 짬을 낼 수 없게 된 사도들은 일곱 집사를 선출하여 구제 사역을 맡겼고, 스데반은 그렇게 해서 역사의 무대에 등장했습니다. 스데반 집사는 구제 사역은 물론, 설교까지 하게 되었습니다.

스데반의 설교 내용은 두 가지로 요약할 수 있었습니다. 하나는, 하나님은 예루살렘 성전에만 계시는 게 아니라 온 우주에 계신다는 것이었습니다. 또 하나는, 하나님의 구원 경륜은 이스라엘 사람뿐만 아니라 전 인류에 미친다는 것이었습니다. 이는 이스라엘 백성이 목숨 걸고 지키는 두 가지 사상을 정면으로 공박한 것이었습니다. 예루살렘 성전과 율법에 대해 딴죽을 걸다니, 목숨을 내놓지 않고는 할 수 없는 일이었습니다. 그러나 그것이 진리였기에, 스데반은 조금도 굴하지 않고 그 진리를 담대히 선포했습니다.

둘째로, 스데반은 아름답고 신실한, 예수님 제자였습니다.

믿음과 성령이 충만한 스데반 집사는 구제 사역과 말씀 사역에 더하여, 큰 기사와 표적까지 행했습니다. 그러니 그 인기가 얼마나 대단했겠습니까? 그 덕택에 기독교로 개종하는 사람도 많았을 것입니다. 그러나 다른 한편으로는, 그를 더욱 못마땅해하는 사람도 있었으니, 바로 자유민의 회당 소속 교인들이었습니다. 스데반이 그 곳에 가서 설교를 하자, 교인들이 그 내용에 반발하여 논쟁을 벌였습니다. 스데반이 워낙 지혜롭고 성령이 충만했기 때문에 교인들로서는 그를 당해 낼 도리가 없었습니다. 그러자 그 회당 소속의 똑똑한 부자 청년 하나가 사람들을 매수하여 음모를 꾸미기 시작했습니다. 우리는 본문 58절 말씀을 통해서 그가 바로 사울임을 알 수 있습니다.

매수된 사람들은 스데반을 신성 모독죄로 고소했고, 산헤드린 공회는 그를 체포해서 법정에 세웠습니다. 그들은 각본대로 거짓 증언을 했고, 공회는 신명기 법전에 따라 사형 선고를 내렸습니다. 스데반은 천사의 얼굴을 하고서 사형수 최후 진술을 했습니다. 그래서 사도행전 7장은 스데반의 유언이자, 한 편의 장엄한 설교입니다. 사람들은 그런 스데반을 향해 이를 갈았지만, 그는 시선을 돌려 하늘을 올려다보았습니다. 부활하신 예수님이 스데반을 맞이하기 위해 보좌에서 벌떡 일어서 계셨습니다.

> 보라 하늘이 열리고 인자가 하나님 우편에 서신 것을 보노라(56절)

그런 스데반을 더 이상 견딜 수 없게 된 사람들은 성 밖으로 끌고 갔습니다. 예루살렘 성 내에서는 사형을 집행할 수 없기 때문이었습니다. 돌로 쳐죽이는 형을 집행할 경우, 죄수를 높은 망대에 올려다 놓고, 같이 올라간 두 명의 증인이 그를 아래로 밀칩니다. 죄수가 땅에 떨어져 죽으면, 그로써 상황은 종료됩니다. 그러나 죽지 않은 경우에는, 그에게 둥근 돌을 던지고 또 던집니다. 마침내 그가 죽을 때까지 말입니다. 굳이 둥근 돌만 던지는 것은 그의 죽음을 지연시키기 위해서입니다. 모나고 각진 돌을 맞으면 피가 흘러 쉽게 죽어 버릴 수 있기 때문이죠.

스데반은 날아오는 돌 세례에 정신이 혼미해졌습니다. 그러나 비틀거리는 몸을 곧추세워 무릎을 꿇었습니다. 자기를 죽이고 있는 사람들을 용서해 주시라는 기도를 하지 않고는, 절대로 죽을 수가 없기 때문이었습니다.

주여 이 죄를 그들에게 돌리지 마옵소서(60절)

자신의 영혼을 부탁하는 기도까지도 그는 예수님과 똑같이 했습니다.

주 예수여 내 영혼을 받으시옵소서(59절)

스데반이 꺼져 가는 정신을 가다듬어 이렇게 기도를 하는 동안에도, 돌은 계속해서 날아들었습니다. 그리하여 마침내는 그의 모습이 보이지 않게 되었습니다. 사람들이 던진 돌들로 이루어진 돌무덤이 그를 삼키고 만 것이었습니다.

제자는 스승이 하는 그대로를 본받는 사람입니다. 스데반은 예수님처럼 진리를 위해 살았습니다. 스승님이 서셨던 법정에서 재판을 받았고, 죽는 모습까지도 스승님과 똑같이 연출했습니다. 죽음의 순간에도 그는 하늘에 계신 스승님만 바라보았습니다. 이 얼마나 충직한 제자입니까?

셋째로, 스데반은 사울을 사랑하되 끝까지 사랑했습니다.

요한복음 13장 1절을 보면, 예수님은 당신의 사람들을 사랑하시되 끝까지 사랑하셨습니다. 스데반도 사울을 끝까지 사랑했습니다.

무엇 하나 부족한 게 없는 전도유망한 청년 사울이 그릇된 길을 가고 있었기에, 스데반은 더더욱 사랑할 수밖에 없었습니다. 그러지 않았던들, 어떻게 그 처참하고 억울한 죽음의 순간에 사울의 회심을 구하는 기도를 드릴 수 있었겠습니까? 위대한 만남의 교육은 그렇게 해서 베풀어졌습니다.

스데반과 사울은 둘 다 자신이 신앙하는 진리를 위해 목숨을 거는 진짜 사나이였습니다. 그런데 한 쪽은 옳고 한 쪽은 그르니 두 사람의 한판 승부는 불가피했고, 사울이 일단 승리를 거둔 듯했습니다. 본문 8장 1절 말씀을 보십시오.

　　사울은 그가 죽임당함을 마땅히 여기더라

그런데 이건 또 무슨 조화 속일까요? 사울의 가슴에는 승리의 기쁨이 조금도 고이지 않았습니다. 진리의 길을 훼방하는 사악한 이단을 법에 의해 처단한 것뿐인데, 홀가분해지기는커녕 시커먼 구름이 마음의 하늘을 뒤덮었습니다. 그렇습니다! 처연하리만치 아름다웠던 스데반의 죽음이 그의 뒷덜미를 낚아챈 것이었습니다.

'그는 분명 죄인이었는데, 어떻게 그토록 의연하고 평화로운 모습으로 죽어 갈 수 있었을까? 게다가 자신을 죽이는 사람들을 위해 기도까지 하다니…….'

그건 정말 불가사의였습니다. 사울은 그대로 가만히 있다가는 스데반의 영상 때문에 미쳐 버리고 말 것 같았습니다. 그래서 산헤드린 공회로부터 체포 영장을 발부받아 다마스커스(다메섹)로 향했습니다.

그 곳 기독교인을 모조리 붙잡아 예루살렘으로 압송하기 위해서였습니다. 그런데 바로 그 길에서 부활하신 예수님을 만났으니, 또 한 번 만남의 교육이 이루어진 여정이었습니다.

그 후, 사울은 자신이 죽인 스데반의 신학을 그대로 이어받아 바울로 태어났습니다. 바울은 세계 곳곳을 누비며, 하나님은 온 우주에 계시고 하나님의 구원 경륜은 전 인류에 미친다는 진리를 설파했습니다. 그가 세계 교회를 위해 어떤 일을 했는지는, 우리 모두가 잘 알고 있습니다.

사랑하는 교우 여러분!

사람에게는 세 가지 만남의 복이 있습니다. 부모, 스승, 배우자를 잘 만나는 복입니다. 그렇다면 여러분은 그런 복을 누리고 계시는지요? 또, 여러분 자신이 상대방에게 그런 복이 되고 계신지도 궁금합니다.

기독교인은 기독교인이라는 이유만으로 세상 사람 앞에 영적 지도자입니다. 그리스도인은 세상 사람을 하나님 앞으로 인도해야 할 의무를 지니고 있기 때문입니다. 모름지기 그리스도인은 불신자에게 영적 부모 혹은 영적 스승이 되어, 그들을 교육해야 합니다. 내가 누군가를 전도해서 신앙 생활을 안내할 경우, 그 사람은 내가 하는 그대로 따라합니다. 내가 한 달에 한 번 교회에 나오면 그 사람도 한 달에 한 번 교회에 나옵니다. 새벽 기도 하는 교인이 전도한 사람은, 역시 새벽 기도로부터 시작하는 초신자가 되기 쉽습니다.

우리는 어떤 부모, 어떤 스승이 되어야 할까요? 당연히 작은 스데반이 되어야 합니다. 그렇게 되려면, 나의 영적 자녀 혹은 제자에게 하나님 말씀만 전해야 합니다. 그로 하여금 내게서 예수님 모습을 볼 수 있게 해야 합니다. 그리고 끝까지 그를 사랑해야 합니다. 예수님이 끝까지 제자들을 사랑하셨듯이 말입니다. 그러면 우리 주변의 사울들이 날마다 바울로 거듭나는 놀라운 역사가 일어날 것입니다.

고린도전서 2장 1~5절

형제들아 내가 너희에게 나아가 하나님의 증거를 전할 때에 말과 지혜의 아름다운 것으로 아니하였나니 내가 너희 중에서 예수 그리스도와 그가 십자가에 못 박히신 것 외에는 아무것도 알지 아니하기로 작정하였음이라 내가 너희 가운데 거할 때에 약하고 두려워하고 심히 떨었노라 내 말과 내 전도함이 설득력 있는 지혜의 말로 하지 아니하고 다만 성령의 나타나심과 능력으로 하여 너희 믿음이 사람의 지혜에 있지 아니하고 다만 하나님의 능력에 있게 하려 하였노라

31 자기 개혁자의 행로

　오순절 성령 강림 사건으로 탄생한 신약 교회는 1054년에 서방 교회와 동방 교회로 나뉘었습니다. 서방 교회는 천주교 하나로 내려오다가 중세에 이르러 그 타락이 극에 달하자, 이런저런 사건이 터지기 시작했습니다. 마르틴 루터의 '95개조 반박문'도 그 중 하나였습니다. 1517년 10월 31일, 루터가 95개 조항에 이르는 천주교의 오류를 적어서 비텐베르크 교회 문에 붙인 사건이었습니다. 그것이 종교 개혁의 봉화가 될 줄은 루터 자신도 몰랐습니다. 그는 여전히 교황의 충성스런 사제로서, 천주교의 오류가 개혁되기를 바랐을 뿐이었습니다.

　하지만 교황청은 루터가 지적한 오류들을 고칠 생각이 전혀 없었습니다. 오히려 루터를 압박했습니다. 그러자 신성 로마 제국 황제 카를 5세가 보름스 국회를 열어 루터를 파문해 버렸습니다. 이제 루터에게는 돌아갈 길이 없어져 버렸고, 그래서 종교 개혁을 더욱 철저히 진행하는 수밖에 없었습니다. 인류 역사상 진정한 의미의 개혁은 단 하나밖에 없습니다. 그것은 개신교를 탄생시킨 루터의 종교 개혁입니다. 개혁은 없던 것을 새로 만드는 것이 아닙니다. 개혁이란 본질로의 회복입니다. 루터가 종교 개혁을 통해 회복한 것은 바울 신학이었습니다.

오늘 본문에서 우리는 세 번씩이나 새로워진 한 사람을 만납니다. 그가 바로 사도 바울입니다. 그는 예수님을 핍박하는 사람에서, 예수님의 사람으로 새로워졌습니다. 그것이 바울의 첫번째 변화입니다. 두 번째 변화는, 그렇게 그리스도인이 된 바울이 다른 일을 모두 접고 전임full-time 사역자가 된 것이었습니다. 전임 사역자가 된 바울은 안디옥 교회의 선교사 파송을 받고, 세계 곳곳을 누비며 교회를 세웠습니다. 일 주일을 머물든, 이틀을 머물든 그의 발길이 닿는 곳에는 반드시 교회가 섰습니다. 그런데 유독 아테네에서만은 교회 개척에 실패했습니다. 그 때문에 말할 수 없이 의기소침해진 바울은 고린도로 숨어들었습니다. 거기서 천막 제조업으로 생계를 유지하며 조용히 지냈습니다. 선교사로서의 체통은 온데간데없어졌습니다. 수많은 사람 앞에서 복음의 사자후를 토해야 할 대大사도가, 겨우 몇 사람씩 붙들고 복음을 웅얼거리는 개인 전도인으로 전락한 것이었습니다. 하지만 본문 3절을 보면, 그 때 바울이 그럴 수밖에 없었던 사정을 금방 알 수 있습니다.

내가 너희 가운데에 거할 때에 약하고 두려워하고 심히 떨었노라 그러나 하나님 앞에서 이미 두 번씩이나 새롭게 결단한 바울을, 하나님이 그냥 내버려 두실 리 없었습니다. 사도행전 18장 9~10절 말씀을 보면, 하나님이 친히 나타나시어 바울을 격려해 주셨습니다.

> 두려워하지 말며 침묵하지 말고 말하라 내가 너와 함께 있으매 어떤 사람도 너를 대적하여 해롭게 할 자가 없을 것이니 이는 이 성 중에 내 백성이 많음이라

바울은 이 말씀에 힘입어 다시 일어섰습니다. 하지만 아테네의 실패가 정말 큰 충격이었나 봅니다. 바울은 일 년 반 동안 고린도에 머문 후에야 겨우 교회를 개척할 수 있었습니다. 바울이 그렇게 영적 침체기에 세운 탓이었을까요, 고린도 교회는 말도 많고 탈도 많았습니다. 그 때문에 바울이 3차 전도 여행 중, 에베소에서 고린도 교회에 편지를 보냈는데, 그것이 바로 고린도전서입니다. 그 편지 가운데 있는 오늘 본문에서, 바울은 자신이 아테네 선교에 실패한 원인을 분석하고 있습니다.

바울은 당대 세계 최고의 석학으로서 이스라엘 문화와 그리스 철학을 두루 섭렵한 사람이었습니다. 그랬기 때문에 그간 한없이 동경해 온 철학의 도시 아테네의 아크로폴리스에 섰을 때 감개무량했습니다. 그 옛날 소크라테스, 플라톤, 아리스토텔레스가 철학을 논했던 곳이요, 그 당시에도 여전히 에피쿠로스 학파와 스토아 학파 철학자들이 활동하는 무대이기 때문이었습니다. 바울은 철학으로 그들과 한판 붙어 그들을 멋지게 깨부순 후, 그 곳 아테네에

하나님의 깃발을 세우고 싶었습니다.

　무엇보다 바울을 격분시킨 것은 아테네 시내에 가득한 우상이었습니다. 저마다 이름이 붙어 있는 신상 가운데에는 '알지 못하는 신에게'To an unknown god라고 새겨진 것도 있었습니다. 혹시라도 이름을 빠뜨려 그 신의 노여움을 살까 봐, 그런 짓까지 한 것이었습니다. 바울은 그 '알지 못하는 신'이 누구인지 분명히 가르쳐 주겠다고 기염을 토했습니다. 그러다가 하나님이 마치, 그리스 인이 알지 못하는 하나의 잡신god에 불과한 것처럼 소개하는 결과를 초래했습니다. 복음이란, 하나님이신 예수님이 인간으로 오시어, 십자가를 지고 돌아가셨다가 부활·승천하셔서, 지금 하나님 보좌 우편에 앉아 계시다는 복된 소식입니다. 바울은 아크로폴리스 연설에서 복음만, 기독교 언어로, 간단명료하게 전했어야 했습니다. 철학의 광장이라고 해서 복음을 철학 용어로 멋들어지게 설명할 필요는 없었습니다. 그런데도 '알지 못하는 신'미지의 신, an unknown god에 착안해 기독교를 철학으로 바꾸어 버렸으니, 바울이 잘못해도 한참 잘못했습니다.

　그런 수치스러움 때문에 쫓기다시피 아테네를 떠난 바울은, 하나님 일은 오직 하나님 방식으로 해야 한다는 사실을 절절히 깨달았습니다. 그 깨달음에 의하면, 전도를 할 때에는 인간의 말과 인간의 지혜로가 아니라, 하나님의 말씀과 하나님의 지혜로 하되, 예수님의 십자가만 증언해야 합니다. 그래야 사람들의 믿음이 하나님의 능력 위에 올곧게 설 수 있습니다. 그런 깨달음이 바울의 세 번째 변화를 가능하게 했습니다. 바울이 선교 전략의 패러다임을 바꾸는 일대 결단을 감행한 것이었습니다.

하나님은 완벽하게 새로워진 바울과 루터를 사용하시어, 복음이 오늘 여기까지 이르게 하셨습니다. 바울이 확장해 간 신약 교회가 하나님의 진리에서 벗어났을 때, 루터가 등장했습니다. 그래서 바울이 가르쳐 준 이신칭의以信稱義 교리로 교회를 바로잡았습니다. 진리로 자기 개혁을 한 두 사람을 통해 하나님이 세계 교회를 세우시고, 세계 교회를 개혁하셨습니다. 그러면 바울과 루터는 어떻게 해서 그토록 철저히 자기 개혁을 할 수 있었을까요?

첫째는, 하나님 앞에서 끊임없이 자기 내면을 성찰했습니다.

여러분, 그거 아세요? 루터네 수도원장이 어느 날 이런 부탁을 했답니다.

"루터야! 네 죄 좀 모았다가 한꺼번에 가져 오너라."

그가 하루에도 수십 번씩 고해 성사를 하러 오는 바람에, 원장이 도무지 업무를 수행할 수 없었기 때문이었습니다. 수도원에서, 사유 재산 하나 없이, 그것도 남자들하고만 사는데, 무슨 죄를, 어떻게 지을 수 있단 말입니까? 그런데도 루터는 그토록 철저하게 자신의 내면을 성찰했습니다.

바울 또한 그에 못지않았습니다. 그가 얼마나 열심히 자기 내면을 성찰했던지, 하나님 법을 따르고 싶어하는 영과, 죄를 짓고 싶어하는 육肉 사이에 엄청난 괴리가 있음을 발견했습니다. 그 때문에 죽을 만큼 고뇌했습니다. 로마서 7장 24절은 그런 고뇌의 울부짖음입니다.

> 오호라 나는 곤고한 사람이로다 이 사망의 몸에서 누가 나를 건져 내랴

둘째는, 하나님 말씀 공부를 통해 자기 개혁을 할 수 있었습니다. 루터는 로마서 강의를 준비하는 중에, 믿음으로 구원 얻는다는, 기독교의 대진리를 깨달았습니다. 로마서 1장 17절에 따르면, 바울 또한 "의인은 그의 믿음으로 말미암아 살리라"는 하박국 말씀을 공부하다가 이신칭의 교리를 찾아냈습니다. 그렇게 해서 바울과 루터는 각각 인생의 전환점을 마련했습니다. 이처럼 하나님 말씀만이 진정으로 인간을 새롭게 할 수 있습니다.

셋째는, 예수님의 십자가만 붙들었습니다.

본문 2절 말씀을 보십시오. 아테네의 실패를 딛고 일어선 바울의 눈물겨운 신앙 고백입니다.

> 내가 너희 중에서 예수 그리스도와 그가 십자가에 못 박히신 것 외에는 아무것도 알지 아니하기로 작정하였음이라

바울의 신학은 십자가 신학입니다. 그 신학을 그대로 이어받은 루터의 신학 또한 십자가 신학일 수밖에 없습니다. 그들에게는 예수 그리스도의 십자가가 생의 전부였습니다. 십자가는 고난입니다. 바울과 루터는 십자가만 붙들고 예수 그리스도를 위한 고난을 감수했기에, 끝까지 자기 개혁의 끈을 놓지 않을 수 있었습니다.

사랑하는 교우 여러분!

러시아 작가 톨스토이가 그의 단편 "세 가지 질문"에서 이런 말을 했습니다.

"세상에서 가장 중요한 순간은 바로 지금이다. 세상에서 가장 소

중한 사람은 지금 내가 만나고 있는 사람이다. 그러면 세상에서 가장 중요한 일은 무엇일까? 오늘 내가 만나는 사람에게 좋은 일을 해 주는 것이다."

우리가 매일 만나는 사람들을 생각해 봅시다. 우리가 그들에게 해 줄 수 있는 가장 좋은 일은 무엇일까요? 예수 그리스도를 소개해 주는 일입니다. 그 일을 능력 있게 수행하기 위해서는 하나님 앞에서 자기 개혁을 해야 합니다. 자기 개혁은 끊임없이 내면을 성찰하고, 하나님 말씀을 공부하면서, 예수님의 십자가만 붙들 때 이룩됩니다.

우리가 그렇게 자기 개혁을 하면, 하나님이 우리를 행운동의 바울, 서울의 루터들로 삼아 주실 것입니다. 그러면 나 또한 직장과 서울, 나아가 한국 교회를 복음으로 개혁할 수 있지 않겠습니까? 그 길 끝에는 천 명 성도를 품은 돈는 해 교회 공동체가 서 있을 것입니다.

신명기 6장 4절, 4장 35절

이스라엘아 들으라 우리 하나님 여호와는 오직 유일한 여호와이시니

이것을 네게 나타내심은 여호와는 하나님이시요 그 외에는 다른 신이 없음을 네게 알게 하려 하심이니라

32 아버지를 알려 주자!

 2010년 국민 드라마는 누가 뭐래도 "제빵왕 김탁구"였습니다. 2006년에는 그보다 더 대단한 명품 드라마가 있었습니다. 문화 방송이 2006년 5월부터 2007년 3월까지 장장 80회에 걸쳐 방영한 "주몽"이었습니다. 아시다시피, 주몽은 고구려의 건국 시조입니다. 드라마 주몽의 출연진과 스태프는 탤런트 송일국 씨를 가리켜 마치 주몽 역할을 하기 위해 태어난 사람 같다고 입을 모았습니다. 주인공이 그 정도였으니, 어찌 드라마가 인기를 끌지 않을 수 있었겠습니까? 정말 대단한 사극이었습니다.

 드라마에 의하면, 주몽 아내 예소야는 간신히 부여를 탈출했지만, 곧 현토성에 억류되었습니다. 그녀는 다시 어렵게 현토성을 빠져 나와 남편이 있는 고구려로 향했습니다. 공교롭게도 그 날은 주몽이 소서노와 결혼식을 올리면서 고구려의 개국을 선포하는 날이었습니다. 어린 유리를 품에 안은 예소야는 뜨거운 눈물을 흘리면서, 남편의 결혼식장을 빠져나와야만 했습니다. 그 뒤 북옥저의 국경 마을에 정착하여 십수 년 동안 갖은 고생을 하면서, 아들 유리를 키웠습니다.

　유리는 그런 어머니를 잘 모시고 싶은 욕심으로, 어느 상단商團을 대신하여 밀거래를 하면서 돈을 벌었습니다. 그런데 어떤 사건으로 인해 상단의 밀거래가 발각되고, 유리 일행은 도망자 신세가 되었습니다. 유리가 친구들과 함께 각자의 어머니를 모시고 급히 집을 떠난 것이었습니다. 이미 객혈을 할 만큼 몸이 쇠약해진 예소야가 중간에 쉬기를 청했습니다. 유리가 그런 어머니를 위해 물을 떠 가지고 오다가, 친구 어머니가 아들에게 하는 말을 듣고 말았습니다.

　"이제 어디 가서 뭘 해먹고 산단 말이냐? 그러게 내가 뭐랬어, 유리 같은 애랑은 놀지 말라고 그랬지? 애비가 누구인지도 모르는 유리랑 어울리다가 이 꼴이 되었으니, 잘~했다!"

　"애비가 누구인지도 모르는 유리"란 말이 비수가 되어 그의 가슴을 후볐습니다. 그 때까지 어머니 예소야는 유리에게 단 한 번도 아버지 이야기를 하지 않았습니다. 유리는 아버지가 계시지 않는다는 사실이 슬픈 게 아니었습니다. 아버지란 존재 자체를 모른다는 사실이 그토록 막막하고 서러웠습니다. 마침내 유리는 용기를 내어 어머니께 간곡히 말씀드렸습니다.

　"어머니! 아버지는 어떤 분이셨나요? 돌아가셨지만, 어떤 분이셨는지는 알고 싶어요."

　유리 아버지는 한나라에까지도 그 명성이 자자한 고구려 왕이었습니다. 주변의 크고 작은 국가를 하나씩 정복해 간, 당대 최고의 장군이었습니다. 그뿐이 아니었습니다. 드라마에 의하면, 유리의 아버지는 시정잡배를 데려다가 어엿한 개국 공신으로 성장시킨 위대한 리더십의 소유자이기도 했습니다. 오이, 마리, 협보가 주몽의 호주머니를 턴 소매치기였다는 사실을 기억하실 겁니다. 그렇게 위대한 아버지가 계시건만, 유리는 "애비가 누구인지도 모르는 자식"으로 자라야만 했습니다.

드디어 어머니가 유리에게 아버지를 알려 주었습니다. 유리가 그 대단한 아버지를 찾아가, 고구려 제2대 유리왕이 되었음은 한국사가 우리에게 알려 주는 사실입니다.

그토록 대단한 아버지가 계심에도 불구하고 애비가 누구인지도 모르는 게 어찌 어린 시절의 유리뿐이겠습니까? 그런 사람은 지금 이 땅에도 부지기수不知其數로 많습니다. 하나님을 모르는 사람이 다름 아닌 '아버지가 누구인지도 모르는' 이들이기 때문입니다. 하나님이 그리스도인에게 아버지가 되시는 원리는, 요한복음 1장 12절 말씀이 설파하는 바입니다.

> 영접하는 자 곧 그 이름을 믿는 자들에게는 하나님의 자녀가 되는 권세를 주셨으니

우리의 신앙이 크든 작든 간에 여기까지 이르는 데도 굽이굽이 어려움이 많았습니다. 사람은 흔히 이런저런 삶의 아픔을 겪은 후 신앙의 길에 들어서거나, 그 신앙이 단단해집니다. 그러기에 예수 믿지 않는 가족과 함께 사는 가정이 허다합니다. 아니, 한 가문이 모조리 예수 믿는 경우가 오히려 희귀합니다. 이처럼 아버지를 모

르는 가족과 친척을 가슴에 품고 살아야 하니, 우리는 늘상 그 마음이 애잔할 수밖에 없습니다. 하지만 사랑하는 가족과 친지에게 진짜 아버지를 만들어 줄 수 있으니, 우리는 진정 행복한 사람들이기도 합니다.

그렇다면 우리는 그런 이들에게 하나님 아버지를 어떻게 소개해야 할까요?

먼저, 유일하신 하나님을 소개해야 합니다. 하나님의 유일성이란 이 세상에 신은 오직 하나님 한 분뿐이라는 사실을 가리키는 말입니다. 유일하신 하나님을 가장 먼저 소개해야 하는 건, 포스트모던 시대인 지금, 종교 다원주의가 득세하고 있기 때문입니다. 종교 다원주의란 세상의 모든 종교에 똑같이 구원이 있다고 주장하는 사상입니다. 그러나 나를 낳아 준 아버지가 오직 한 사람뿐인 것처럼, 나를 구원해 주실 수 있는 신도 오직 한 분밖에 안 계십니다. 오늘 본문 신명기 6장 4절과 4장 35절 말씀을 보십시오. 하나님의 유일성을 단적으로 증언합니다.

> 이스라엘아 들으라 우리 하나님 여호와는 오직 유일한 여호와이시니(신 6:4)

> 이것을 네게 나타내심은 여호와는 하나님이시요 그 외에는 다른 신이 없음을 네게 알게 하려 하심이니라(신 4:35)

신명기 6장 4절은 하나님의 유일하심을 단언합니다. 4장 35절은 한 걸음 더 나아가, 하나님 이외에는 다른 신이 없다고 표현하여, 하나님의 유일성을 더욱 강조합니다. 신명기는 모세의 마지막 설교이자 유언입니다. 모세는 하나님의 유일성을 이스라엘 백성에게, 그리고 오늘 우리에게 유언으로 알려 주었습니다.

상식적으로 생각해도, 이 세상에 신은 하나님 한 분밖에 안 계십니다. 고등 종교라 할 수 있는 불교, 유대교, 이슬람 교를 생각해 봅시다. 불교에는 신이 없습니다. 석가모니는 그저 해탈한 하나의 인간에 지나지 않습니다. 유대교를 믿는 이스라엘은 예수님을 메시아로 인정하지 못하고 십자가에 못 박는 죄를 범했습니다. 그래서 아직도 메시아를 기다립니다. 당연히 신약 성경도 하나님 말씀으로 인정하지 습니다. 그래도 유대교의 하나님만은 그대로 기독교의 하나님이십니다. 이슬람 교는 어떻습니까? 이슬람 교의 신은 '알라'입니다. 그런데 알라는 히브리 어 '엘'을 아랍 식으로 발음한 데 지나지 않습니다. '엘'이 하나님 이름이기에, 알라 또한 하나님이십니다. 고등 종교가 이럴진대, 하등 종교야 말해 무엇하겠습니까? 이 세상에 신은 오직 하나님 한 분뿐이십니다.

우리가 누군가를 소개할 때는 반드시 그의 이름을 대 줍니다. 이는 하나님을 소개할 때도 마찬가지입니다. 사람에게는 그 역할에 따라 다양한 호칭이 있습니다. 가정에서는 아버지이고 남편이지만, 직장에서는 과장이고, 교회에서는 교회 학교 선생님일 수 있습니다. 하나님께도 그 인격과 성품과 사역에 따라 여러 가지 이름이 있습니다. 구약 성경에는 하나님 이름이 네 가지로 나타납니다. 그 이름들은 구약 성경의 히브리 어에서 그리스 어로 바뀐 채 신약 성경에 그대로 사용됩니다. 이제 하나님의 네 가지 이름을 살펴봅니다.

첫째, 성경에 맨 처음 나오는 하나님 이름은 엘로힘입니다. '엘'은 바로 이 엘로힘의 단수입니다. 그리스 어로는 테오스이지요. 창세기 1장 1절은 천지를 창조하신 하나님을 지칭할 때 엘로힘을 사용했습니다. 그러나 창조 기사에서 하나님을 복수로 칭했다고 이상하게 여길 필요는 없습니다. 성부, 성자, 성령 삼위 하나님이 공히 천지 창조에 관여하셨기 때문입니다. 엘 혹은 엘로힘이란 이름은 하나님이 강하고 권능 있는 분이시기 때문에, 우리가 경외해야 할 대상이라는 사실을 강조합니다.

둘째, '나의 주님'이란 뜻의 아도나이가 있습니다. 이 이름은, 하나님이 인류의 소유자요, 통치자라는 사실을 드러냅니다. 그리스 어로는 퀴리오스입니다. 아도나이는 창세기 15장 2절에, 퀴리오스는 요한복음 20장 28절에 등장합니다.

> 아브람이 이르되 주(아도나이) 여호와여 무엇을 내게 주시려 하나이까(창 15:2)

> 도마가 대답하여 이르되 나의 주님(퀴리오스)이시요 나의 하나님이시니이다(요 20:28)

셋째, 전능하신 하나님이란 뜻의 엘 샤다이가 있는데, 신약 성경에는 나타나지 않는 이름입니다. 엘 샤다이는 하나님이 아브라함에게 이삭의 출생을 약속하실 때 사용하신 이름으로, 하나님이 그 백성의 복과 위안의 근원이 되심을 나타냅니다.

> 아브람이 구십구 세 때에 여호와께서 아브람에게 나타나서 그에게 이르되 나는 전능한 하나님이라 너는 내 앞에서 행하여 완전하라 (창 17:1)

넷째, 여호와는 가장 널리 알려진 하나님 이름입니다. 이는 출애굽기 3장 14절에 나오는 것으로, '스스로 있는 자'라는 뜻을 지닙니다. 여호와는 가장 신성하고 탁월한 이름이어서, 이스라엘 사람은 감히 그 입을 열어 발음을 하지 못합니다. 십계명에서 이 이름을 망령되이 일컫지 말라고 했으니 오죽했겠습니까? 하나님의 다른 이름들이 생긴 것도 바로 이 '여호와'를 입에 담지 않을 수 있게 하기 위해서였습니다. 하나님은 출애굽기 6장과 이사야 42장에서도 여호와를 당신 이름으로 제시하셨습니다.

> 하나님이 모세에게 말씀하여 이르시되 나는 여호와이니라(출 6:2)

> 나는 여호와이니 이는 내 이름이라 나는 내 영광을 다른 자에게 내 찬송을 우상에게 주지 아니하리라(사 42:8)

사람에게 아버지가 없다는 건 참으로 불쌍한 일입니다. 하지만 아버지가 누구인지 모른다는 건 그보다 훨씬 더 불쌍한 일입니다. 이곳 서울에도 그렇게 불쌍한 사람이 아주 많습니다. 그들이 다름 아닌 '서울의 유리들'입니다. 고구려 왕을 아버지로 두고도, 아버지가 누구인지 몰랐던 어린 시절의 유리처럼, 우주의 왕이신 하나님을 아버지로 두고도, 아버지가 누구인지 모르는 사람들 말입니다.

그렇게 가엾은 서울의 유리들에게 아버지를 소개해 주는 것이, 오늘 우리가 여기 존재하는 이유입니다. 다시 말하면, 우리는 예수 믿지 않는 가족과 친척, 그리고 서울 시민에게 아버지가 누구인지를 알려 주어야 하는 역사적 사명을 띠고, 지금 여기에 서 있습니다. 그 옛날 주몽이 고조선 유민을 구출할 사명을 띠고 한반도에 존재했던 것처럼 말입니다. 그러므로 우리는 "때를 얻든지 못 얻든지" 딤후 4:2 부지런히 세상 사람에게 하나님을 소개해야겠습니다. 제가 소개문 하나를 작성해 보았습니다.

"이 세상에 신이라곤 딱 한 분밖에 안 계십니다. 바로 하나님이시죠. 그분 이름은 엘 혹은 엘로힘, 아도나이, 엘 샤다이, 여호와, 네 가지나 된답니다. 각각의 이름에는 그분의 능력과 속성이 담겨 있지요."

하나님의 이름은 하나님의 능력과 속성을 대변하기 때문에, 그 이름을 부르는 것만으로도 훌륭한 신앙 고백이 될 수 있습니다. 불가능해 보이는 일을 구할 때에는, '엘 샤다이'라고 불러 보십시오. 전능하신 하나님이 흐뭇한 마음으로 기도를 들어 주실 것입니다. "너는 내 여자!"라고 자나깨나 사랑을 고백하던 남자 친구가, "너는 내 남자!"라고 씩씩하게 노래하던 여자 친구가 나를 떠났을 때는, 조용히 '아도나이'라고 읊조려 보십시오. 하나님이 "너는 내 것!"이라고 따스하게 속삭여 주실 것입니다.

사랑하는 교우 여러분!

예수를 믿지 않는다는 건 결국 신을 모른다는 것입니다. 이 세상에 신은 하나님 한분밖에 안 계시므로, 신을 모른다는 건 하나님을 모른다는 것이요, 하나님을 모른다는 건 아버지를 모른다는 것입니다.

이 세상을 한 번 돌아보십시오. 유일하신 하나님 아버지를 모신 나라만이 세계의 지도자로 부상되어 왔습니다. 그런가 하면 지지리도 못 사는 나라들은 하나같이 아버지를 모른 채 이상한 종교를 믿습니다. 이 사실은 개인에게도 그대로 적용되는 진리입니다.

그러므로 우리는 '행운동의 유리들' 혹은 '서울의 유리들'에게, 아버지가 누구인지를 더욱 열심히 알려 주어야겠습니다. 그들로 하여금 하나님을 아버지로 모신 우주적 가정을 만들 수 있도록 말입니다. 그러면 자연스럽게 돋는 해 교회 식구도 나날이 늘어 가지 않겠습니까?

창세기 12장 1~3절

여호와께서 아브람에게 이르시되 너는 너의 고향과 친척과 아버지의 집을 떠나 내가 네게 보여 줄 땅으로 가라 내가 너로 큰 민족을 이루고 네게 복을 주어 네 이름을 창대하게 하리니 너는 복이 될지라 너를 축복하는 자에게는 내가 복을 내리고 너를 저주하는 자에게는 내가 저주하리니 땅의 모든 족속이 너로 말미암아 복을 얻을 것이라 하신지라

33 기독교 명문가의 시조

콜럼버스가 미국 대륙을 발견한 건 1492년의 일이었습니다. 1620년에는 102명의 청교도가 미국을 향해 유럽 대륙을 떠났습니다. 그들이 바로 미국 건설의 주역인 순례 시조입니다. 미국은 1776년 독립을 선언할 때까지 영국 식민지였습니다. 식민지 시대의 미국 교회에는 두 번의 커다란 부흥기가 있었습니다. 미국 교회사에서는 그것을 대각성 운동이라고 합니다. 제1차 대각성 운동은 1734~1735년에, 제2차 대각성 운동은 1740~1742년에 일어났는데, 그 기간에 미국 교회는 교인 수가 폭발적으로 증가했습니다. 그 운동을 주도한 분은 다름 아닌 조나단 에드워즈 목사님이었습니다. 그렇다고 그분이 작심을 하고서 대각성 운동을 일으킨 건 결코 아니었습니다. 그분의 설교를 들은 사람들이 회개를 하고, 열심히 전도를 하다 보니, 어느 새 그 물결이 전국적으로 퍼진 것뿐이었습니다.

조나단 에드워즈1703~1758는 목회자요, 위대한 설교가요, 신학자로서, 말년에는 프린스턴 대학의 총장을 역임했습니다. 무엇보다도, 경건한 영성가여서 수많은 목회자가 그분처럼 살기를 열망합니다. 오죽하면 『조나단 에드워즈처럼 살 수는 없을까?』라는 책이 다 나왔겠습니까? 그분은 열여덟 살 때 디모데전서 1장 17절 말씀을 묵상하는 가운데 회심을 경험했습니다.

> 영원하신 왕 곧 썩지 아니하고 보이지 아니하고 홀로 하나이신 하나님께 존귀와 영광이 영원 무궁하도록 있을지어다 아멘

그 때, 그분이 세운 인생의 좌우명은 '지상에 있을 수 있는 단 한 사람의 그리스도인'이었습니다. 그분은 지금 그런 그리스도인으로 추앙받고 있습니다.

어떤 사람이 그토록 위대한 조나단 에드워즈의 후손을 일일이 추적하여 그분의 가계家系를 연구했답니다. 연구 당시, 그의 직계 후손은 873명이었습니다. 그 중 대학 총장을 지낸 사람이 12명, 교수 65명, 의사 60명, 성직자 100명, 군인 75명, 저술가 85명, 변호사 100명, 판사 30명, 공무원 80명, 상원 의원 2명, 하원 의원 3명, 미국 부통령 1명, 그리고 나머지 260명은 신실한 그리스도인으로 평범하지만 아름다운 삶을 살았습니다.

조나단 에드워즈에게는 어린 시절을 죽 함께 보낸 맥스 쥬크스란 친구가 있었습니다. 그들은 결석하는 일 없이 교회 학교를 아주 잘 다녔습니다. 그런데 어느 때부터인가 맥스 쥬크스는 교회를 떠나 방탕한 생활에 빠졌습니다. 급기야는 예수 믿지 않는 처녀와 결혼했습

니다. 조나단 에드워즈의 가계를 연구한 사람이 그러한 맥스 쥬크스의 후손 역시 추적해 보았답니다. 그의 직계 후손 1292명 가운데에는, 유아 사망 309명, 거지 310명, 불구자 44명, 매춘부 50명, 도둑 60명, 살인자 70명, 별볼일 없이 산 사람 53명이 있었습니다.

오늘 본문의 아브라함은 이스라엘뿐만 아니라, 전 세계 기독교인의 믿음 조상입니다. 아브라함 고향은 메소포타미아 지역 갈대아 우르였습니다. 우르는 세계 역사상 최초의 도시 국가 중 하나로, 온갖 신들이 우글거리는 곳이었습니다. 다시 말하면, 우상 숭배가 횡행하는 도시였죠. 그래서였을까요, 하나님이 아브라함을 부르셨고, 아브라함은 아버지를 모시고 하란으로 이사를 했습니다.

하란은 이스라엘 북동쪽에 위치한 도시로, 현재는 터어키에 속해 있습니다. 그 당시 하란은 동서 무역 중개지로 무척이나 부유한 도시였습니다. 아브라함 가정 역시 그 곳으로 이사한 뒤 더욱 큰 부자가 되었습니다. 아브라함이 하란에서 몇 년이나 살았는지는 성경에 명시되어 있지 않습니다. 다만, 아브라함이 75세 되던 해에 아버지 데라가 별세했음을 알 수 있습니다. 그런데 바로 그 때, 하나님이 다시 아브라함을 부르셨습니다. 어딘가로 또다시 이사를 하라고 말입니다. 오늘 본문 창세기 12장 1~3절 말씀은 그 부르심을 우리에게 보여 줍니다.

우선, 1절 말씀을 보십시오. 하나님이 아브라함에게 떠나라는 명령을 내리십니다.

> 너는 너의 고향과 친척과 아버지의 집을 떠나 내가 네게 보여 줄 땅으로 가라

고향과 친척과 아버지 집을 떠나라는 건, 일단 하란을 떠나라는 이야기입니다. 성도 여러분! 한번 생각해 보십시오, 서울에서 긴 세월 부자로 떵떵거리며 잘 살던 사람이 하루아침에 잘 알지도 못하는 나라, 그것도 아프리카 어디쯤에 있는 나라로 이민을 가야 하는 상황을요! 그것도 누군가의 강요에 의해 억지로 떠나야 한다면 얼마나 기가 막히겠습니까? 마른하늘에 날벼락도 유분수지 아브라함이 딱 그런 일을 당한 격이었습니다.

한 술 더 떠서, 하나님은 "내가 네게 보여 줄 땅으로 가라"고 말씀하셨을 뿐 목적지조차 알려 주지 않으셨습니다. 하나님이 나침반을 손에 쥐어 주시며 지도를 가지고 갈 길을 안내해 주셨더라도, 아브라함이 막막하기는 마찬가지였을 것입니다. 하물며 그냥 떠나라고만 하셨으니, 그 얼마나 당황스러웠겠습니까? 게다가 아브라함 시대에는 사람이 고향을 떠나면, 어디서 어떻게 죽음을 당할지 알 수 없었습니다. 맹수에게 물려죽을 수도 있고, 낯선 사람을 경계하는 방어 태세로 인해 어느 동네에서 맞아죽을 수도 있기 때문이었습니다.

그러면 하나님은 왜 그렇게 무리한 명령을 내리셨을까요? 물론 거기에는 그럴 만한 이유가 있었습니다. "너의 고향과 친척과 아버지의 집을 떠나라"는 건, '네가 살고 있는 상황을 떠나라.'는 뜻입니다. 이미 익숙해질 대로 익숙해져서 타성에 젖은 삶을 청산해 버리라는 거죠. 사실, 아브라함은 갈대아 우르에서도 하나님을 알고는

있었습니다. 그러나 그뿐, 아브라함의 삶에는 하나님으로 인한 감격이 전혀 없었습니다. 그런 아브라함에게 어느 날 문득, 하나님이 직접 찾아오셔서 떠나라는 명령을 내리신 것이었습니다.

여러분! 어떻습니까, 영화 배우 장동건 씨를 영화나 드라마에서만 보다가 어느 날 백화점에서 쇼핑하는 모습을 직접 보게 된다면, 얼마나 놀랍고 신기하겠습니까? 그의 사인signiture을 받고, 그와 함께 사진을 찍어 미니 홈피에 올리는 등 난리법석을 떨겠지요. 그러고 나면 장동건이라는 배우가 훨씬 더 가깝고 생생하게 느껴질 것입니다. 하나님을 그냥 알고만 있던 아브라함에게, 하나님이 직접 찾아오셔서 명령을 하셨다는 건, 바로 그런 의미를 띠는 아브라함 일생일대의 사건이었습니다.

그 때 아브라함의 나이 무려 75세! 하지만 그는 묵묵히 거대한 이삿짐을 챙겨 길을 떠났습니다. 하인도 많고, 가축도 그 수를 헤아릴 수 없을 정도였습니다. 아브라함이 엄청난 부자였기 때문입니다. 고대 사회에서 씨족氏族 국가 하나가 그 본거지를 옮긴다고 생각하면, 이사 행렬의 장관을 쉽사리 짐작할 수 있을 것입니다. 그런 거대한 행렬이 목적지도 모른 채, 가다가 천막을 치고, 가다가 천막을 치고 또 쳤습니다. 그러다 보니 어디메쯤에서 하나님이 말씀하셨습니다.

"이제 다 왔다. 여기가 바로 내가 네게 보여 줄 땅이다."

아브라함이 드디어 가나안 땅에 도착한 것이었습니다. 아브라함은 그렇게 하나님 명령에 순종해서 인생의 대전환점을 마련했습니다. 기독교 명문 가정의 시조, 그리고 전 세계 기독교인의 조상으로서의 영광된 인생 경력을 시작한 것이었습니다.

아브라함의 이사 행렬에는 하나님 약속이란 깃발이 펄럭였습니다. 본문 2절과 3절에 그 내용이 나와 있습니다. 우선, 2절 말씀을 보십시오.

> 내가 너로 큰 민족을 이루고 네게 복을 주어 네 이름을 창대하게 하리니 너는 복이 될지라

이 약속의 말씀에 따라, 아브라함은 참으로 큰 민족의 조상이 되었습니다. 이렇게 말씀드리면, 유식한 성도들은 금세 고개를 갸우뚱거릴지도 모르겠습니다.

'이스라엘 인구라고 해 봐야 고작 500만인데, 그게 무슨 큰 민족이람?'

맞는 이야기입니다. 하지만 유대인이 세계의 상권을 쥐고 있기 때문에, 이스라엘은 경제적인 면에서 큰 민족입니다. 또, 세계적인 석학, 예술가 중에도 유대인이 많아, 그 분야에서도 이스라엘은 큰 민족입니다. 무엇보다도, 아브라함은 혈통상으로는 이스라엘 조상이지만, 영적으로는 전 세계 모든 기독교인의 조상입니다. 현재 전 세계 기독교인, 즉 영적 이스라엘 민족은 20억에 육박합니다. 우리나라 인구가 5천만인 걸 생각하면, 아브라함이 얼마나 큰 민족의 조상인지 금방 알 수 있습니다.

계속해서 3절 말씀을 보십시오.

> 너를 축복하는 자에게는 내가 복을 내리고 너를 저주하는 자에게는 내가 저주하리니 땅의 모든 족속이 너로 말미암아 복을 얻을 것이라

하나님이 아브라함을 축복의 통로로 만들어 주겠다고 약속하셨습니다. 그렇다면 이 약속은 또 어떻게 성취되었을까요? 지구상에 존재하는 200여 나라 중에서 지도자로 부상되어 있는 경우를 한번 살펴보십시오. 하나같이 기독교 국가입니다. 그들의 믿음 조상은 물론 아브라함입니다. 그런가 하면, 지지리도 못 사는 나라들은 예외 없이 이상한 종교를 믿습니다. 이 사실은 개인에게도 그대로 적용됩니다. 예수를 제대로 믿는 사람치고 복을 받지 못한 사람 있으면 나와 보라고 하십시오. 이처럼 아브라함에게서 시작된 축복의 파이프가 계속해서 영적 이스라엘에 개통되고 있습니다.

그런데 지금으로부터 4천 년 전, 하나님이 아브라함에게 하신 약속이 21세기를 살고 있는 나와 무슨 상관이 있을까요? 신앙이란 성경 66권 속에 있는 약속을 하나님이 내게 해 주신 것으로 믿고 받아들이는 마음입니다. 그런 견지에서, 오늘 본문 창세기 12장 1~3절 말씀은 그대로 하나님이 내게 내리신 명령이요, 하나님이 내게 해 주신 약속입니다. 이 명령에 따라서 우리는 하나님을 직접 만나야 합니다. 또, 우리 각자의 하란을 떠나야 합니다. 그러면 하나님이, 약속하신 대로, 우리를 축복의 통로로 삼아 주실 것입니다. 이제 축복의 통로가 되기 위해, 우리가 구체적으로 해야 할 일은 무엇일까요?

첫째, 하나님을 최우선 순위에 모시는 가정을 이룩합니다.

이런 가정은 하나님을 호주로 모십니다. 가족 모두가 하나님을 최우선 순위에 모시고, 그 다음은 이웃, 그리고 나 자신은 최후에 고려하는 삶을 삽니다. 그런 이들은 천하없는 일이 있어도 주일 성수를 합니다. 주일에 결혼식 초대를 받는 경우, 토요일에 미리 가서 축하해 주고 주일에는 하나님께 집중합니다. 그래야 훗날 그들을 전도했을 때, 무리 없이 주일 성수를 가르칠 수 있습니다.

둘째, 축복의 통로가 되기 원하는 사람은 예배 의식이 투철합니다.

예배는 구원받은 하나님 백성이 하나님의 창조 은총과 구원 은총에 감격하고, 감사해서 그분께 바치는 응답의 행위입니다. 예배는 영이신 하나님께 드립니다. 그래서 우리 또한 영으로 예배드려야 합니다. 예배 대상은 오직 하나님이십니다. 그래서 예배에 사람 사이의 나눔이 끼어들 수 없습니다. 예배와 집회는 그 점에서 차이가 납니다. 집회에서는 사람끼리의 나눔이 얼마든지 가능합니다.

우리의 예배 대상이 오직 하나님이시기에, 예배 시간 엄수가 더없이 중요한 사안이 됩니다. 우리가 만찬 초대를 받고 청와대에 들어간다고 생각해 봅시다. 혹, 대통령보다 늦게 도착해도 괜찮다고 하는 사람이 있으면, 모르긴 해도 정신과 치료를 받아야 할 것입니다. 참으로 유치한 질문이지만, 한국 대통령과 하나님 중 어느 분이 더 잘나셨나요? 예배 시간을 지키지 않는 건, 하나님을 일개 대통령보다 못하게 여기는 괴악한 처사處事입니다. 그런 태도는 우주의 대통령이신 하나님을 만홀히 여기는 불경죄를 구성합니다. 예배가 시작될 때면, 하나님이 이미 예배당에 도착해 계시기 때문입니다.

셋째, 축복의 통로 된 자는 자녀 혹은 손주들을 반드시 교회 학교에 보냅니다.

교회 학교 교육이 제대로 이루어지면, 학생이 학교 공부에의 도전을 강하게 받습니다. 학교에서 얻는 지식이 그대로 성경 말씀을 공부하는 수단이 되기 때문입니다. 그렇다면 성수 주일 하는 자녀로 키워 주는 것보다 더 값진 유산은 없습니다. 우리는 그렇게 해서 내게 이른 축복의 파이프를 자녀 인생에 개통해 줄 수 있습니다.

사정이 이럴진대, 돈는 해 교회는 교회 학교 부서를 고루 구비해야 합니다. 학생이 모인 후에 시작한다 생각하지 말고, 먼저 교회 학교 부서를 각각 열어 놓고 학생이 모이게 해야 합니다. 부모나 학교 교사의 권위로 자라나는 세대를 교육할 수 있는 시대는 지난 것 같습니다. 참된 교육은 점점 더 하나님의 권위, 혹은 성경의 권위로만 가능하게 될 것입니다. 교회 학교는 한국 교육의 마지노 선입니다. 그리고 오늘의 교회 학교는 내일의 돈는 해 교회요, 내일의 한국 교회입니다. 무엇보다도, 교회 학교 아이들이 돈는 해 교회의 문화 전수자가 될 것입니다.

사랑하는 교우 여러분!

하나님의 부르심을 받은 아브라함은 즉시 하란을 떠났습니다. 익숙해진 삶의 자리를 박차고 일어나 하나님께 달려간 것입니다. 그 결과, 기독교 명문 가정의 시조가 되었습니다. 하나님의 약속을 유산으로 물려주는 가정, 그래서 하나님의 약속이 그대로 실현되는 가정이 기독교 명문 가정입니다. 그런 아브라함 가계를 통해 메시아가 탄생했고, 아브라함은 바야흐로 20억 영적 이스라엘 민족의 조상이 되었습니다.

하나님이 여러분을 돈는 해 교회로 부르신 건, 아브라함처럼 하란을 떠나게 하시기 위해서입니다. 그렇다면 여러분 각자의 하란은 무엇입니까? 이 시간 그것을 헤아려 보고, 영적 이삿짐을 싸서 긴 여행길에 오르십시오. 그런 다음에는 돋는 해 교회가 떠나야 할 하란까지 챙겨 주십시오. 하나님을 최우선 순위에 모시는 가정, 예배 의식이 투철한 성도, 교회 학교 각 부서의 개설을 서두르는 교회가 되도록 말입니다.

이런 결단을 하는 사람이 기독교 명문 가정의 시조가 될 수 있습니다. 이제 우리는 선택해야 합니다. 아브라함 혹은 조나단 에드워즈처럼 기독교 명문가의 시조가 될 것인지, 아니면 맥스 쥬크스처럼 기독교 멸문가滅門家의 시조가 될 것인지를 말입니다. 하나님께 이르는 길은 흑과 백이 있을 뿐, 회색은 없습니다.

사울이 스데반을 만났을 때

발행일 | 2012년 9월 20일
지은이 | 소을순
편집/디자인 | 이성민
펴낸이 | 소을순
펴낸곳 | 한글과 진리
판권ⓒ한글과 진리 2012

주소 | 서울시 양천구 목동 917-9 현대 41타워 1906호
총판 | 생명의 말씀사
전화 | 070-7519-9249
e-mail | portuka24@hanmail.net

ISBN 978-89-98036-03-4
ISBN 978-89-98036-02-7(세트)

등록 | 2012년 4월 27일

값 13,000원